Christina Schneider

Wales – Der Norden
Wanderführer

Impressum

Christina Schneider
Reise Know-How Wanderführer Wales – Der Norden
erschienen im
Reise Know-How Verlag Peter Rump GmbH
Osnabrücker Str. 79, 33649 Bielefeld

1. Auflage 2019

Gestaltung
Umschlag: G. Pawlak (Layout und Realisierung)
Inhalt: G. Pawlak (Layout), Svenja Lutterbeck (Realisierung)
Karten: Thomas Buri
Fotonachweis: Christina Schneider (cs)
Titelfoto: Christina Schneider
(Motiv: In den Bergen des Cwm Bychan, Tour 10)

Lektorat: Svenja Lutterbeck

Druck und Bindung: Himmer GmbH, Augsburg

ISBN 978-3-8317-3061-2

Dieses Buch ist erhältlich in jeder Buchhandlung Deutschlands, der Schweiz, Österreichs, Belgiens und der Niederlande. Bitte informieren Sie Ihren Buchhändler über folgende Bezugsadressen:

Deutschland
Prolit GmbH, Postfach 1109, D-35461 Fernwald (Annerod)
sowie alle Barsortimente
Schweiz
AVA Verlagsauslieferung AG, Postfach 27, CH-8910 Affoltern
Österreich
Mohr Morawa Buchvertrieb GmbH, Sulzengasse 2, A-1230 Wien
Niederlande, Belgien
Willems Adventure, www.willemsadventure.nl

Wer im Buchhandel trotzdem kein Glück hat,
bekommt unsere Bücher auch über unseren
Büchershop im Internet: www.reise-know-how.de

Zum Gebrauch des Wanderführers

Wissenswertes

Landeskunde

Wanderregionen

Auf der Insel Anglesey

In Snowdonia

Auf der Halbinsel Lleyn

An der Nordküste

Im nördlichen Grenzland

Anhang

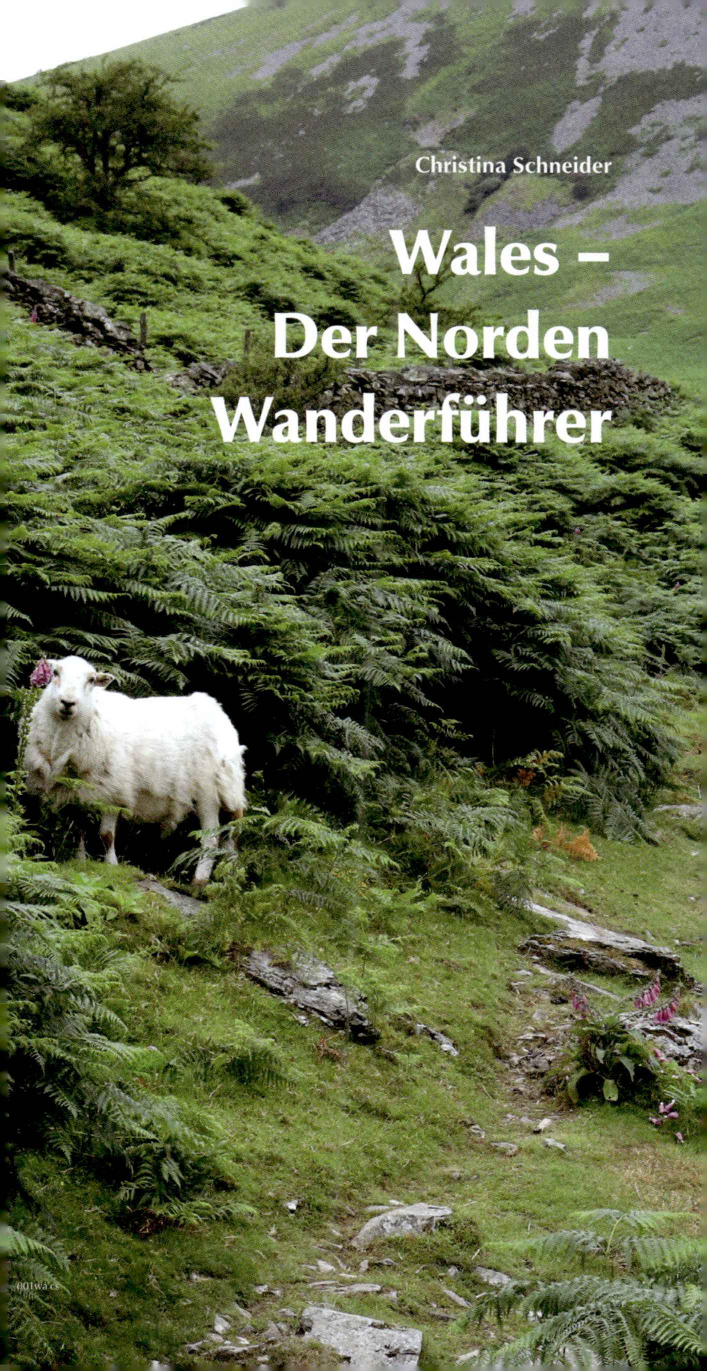

Christina Schneider

Wales – Der Norden Wanderführer

001wa cs

Vorwort

Die Halbinsel Wales liegt westlich von England und ist ein **echter „Geheimtipp“ für Wanderungen** in Großbritannien. Deutlich weniger bekannt als seine Nachbarn Schottland und Irland, hat das keltische Land dennoch eine einzigartige Landschaft zu bieten. Im Norden laden zahlreiche Regionen mit unterschiedlichen Charakteristiken zu ausgiebigen Touren ein. Das sehr gut ausgebaute Wegenetz mit unzähligen Möglichkeiten für Wanderungen jeglicher Längen und Schwierigkeitsgrade sowie diverse National Trails und Fernwanderwege bieten ideale Bedingungen, die vielfältige Natur zu Fuß zu erkunden. Zudem macht das gemäßigte Klima mit kühlen Sommern und milden Wintern – Schnee gibt es in der Regel nur in den Gebirgsregionen – den Norden das ganze Jahr über zu einem lohnenswerten Wanderziel.

Dieser Wanderführer spricht durch die vielfältigen Kombinationsmöglichkeiten der Touren untereinander – die Entfernungen sind in dem kleinen Land nicht allzu groß – **sowohl Halbtages- als auch Tageswanderer** an. Zudem führen viele Routen teilweise auch auf **Abschnitten der National Trails und Fernwanderwege** entlang, die zu mehrtägigen Wanderungen einladen. Die Wandermöglichkeiten im Norden von Wales sind vielfältig und die 22 ausgewählten Wanderungen führen in einige der schönsten Regionen. Lassen Sie sich überraschen von den vielen lohnenswerten Zielen rund um die spektakuläre Küste, die langen Sandstrände, majestätischen Berge, idyllischen Seen, Wasserfälle, Täler und märchenhaften Wälder. Reisen Sie in die Vergangenheit zu historischen Schätzen wie den **mittelalterlichen Burgen,** die zum UNESCO-Welterbe gehören, und wandern Sie zu magischen Orten, um die sich zahlreiche Mythen und Legenden ranken.

Das Buch deckt während der Reise durch diese einzigartige Landschaft so einige **Superlative** ab. Kommen Sie mit auf den höchsten Berg des Landes, auf den längsten durchgängigen Küstenpfad der Welt, in den größten Nationalpark und auf die größte Insel von Wales sowie ins größte Seebad und an den längsten Pier des Landes. Und falls die Füße dann doch einmal schmerzen, unternehmen Sie einfach eine Fahrt mit einer der nostalgischen Schmalspurbahnen, die nicht nur Eisenbahnfans in ihren Bann ziehen, oder kehren in einem der gemütlichen Pubs ein.

Zudem stehen zu jeder Wanderung **GPS-Tracks** unter **www.reise-know-how.de** zum kostenlosen Download bereit.

Viel Spaß beim Wandern im wundervollen Norden von Wales!

Christina Schneider

Caernarfon Castle

002wa cs

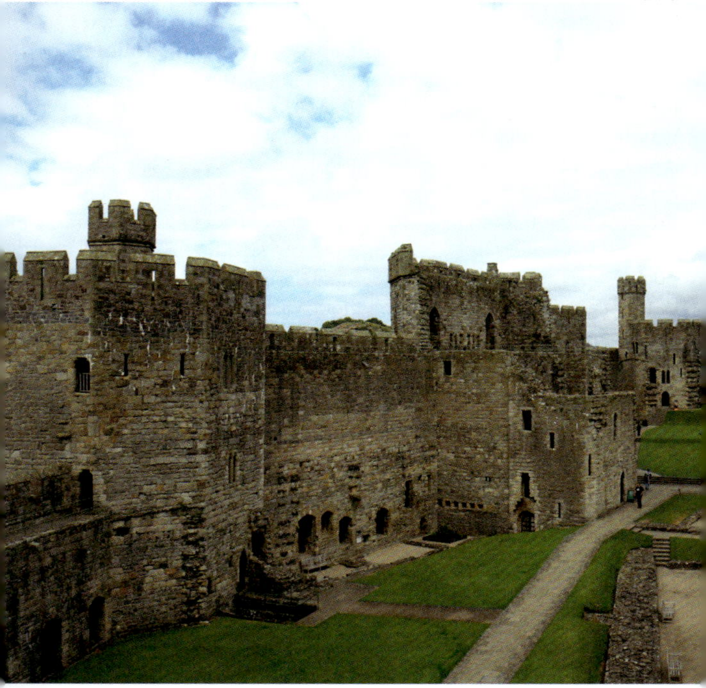

Inhalt

Wanderregionen 74

Wandern in Wales

Die in diesem Wanderführer beschriebenen Wanderungen sind zur Darstellung des jeweiligen Schwierigkeitsgrads (s. S. 17) durch drei verschiedene Farben gekennzeichnet.

grün = leicht **orange = mittelschwer** **rot = schwer**

Wanderungen auf der Insel Anglesey 92

Wanderungen in Snowdonia 116

Anhang 224

Exkurse

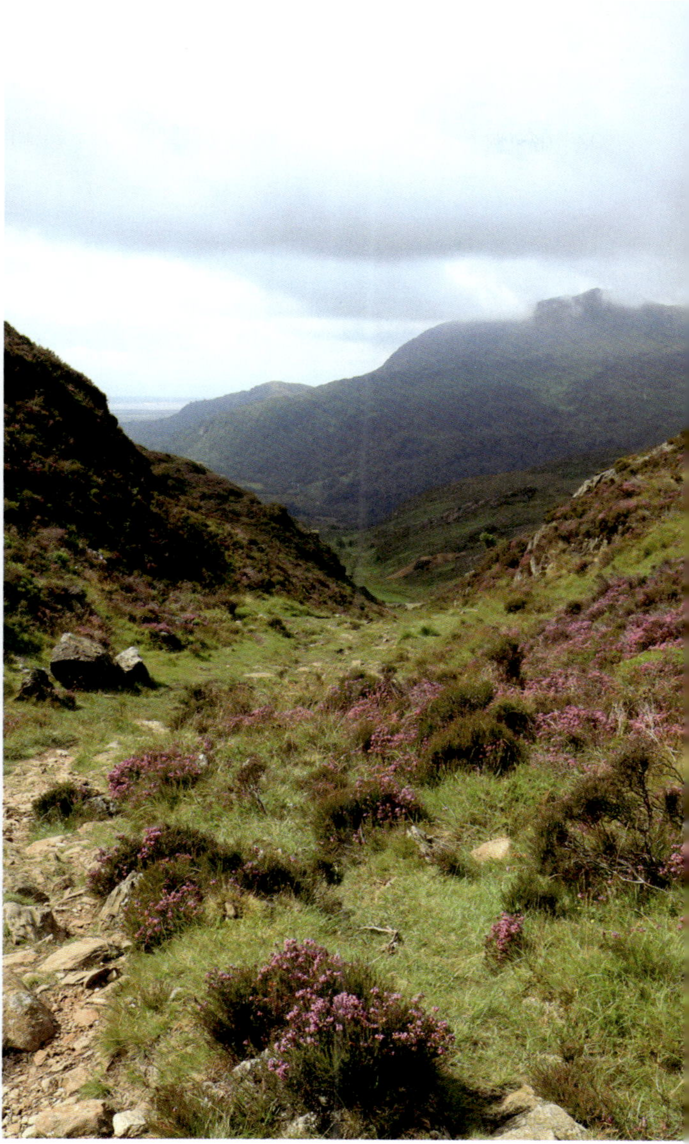

037wa cs

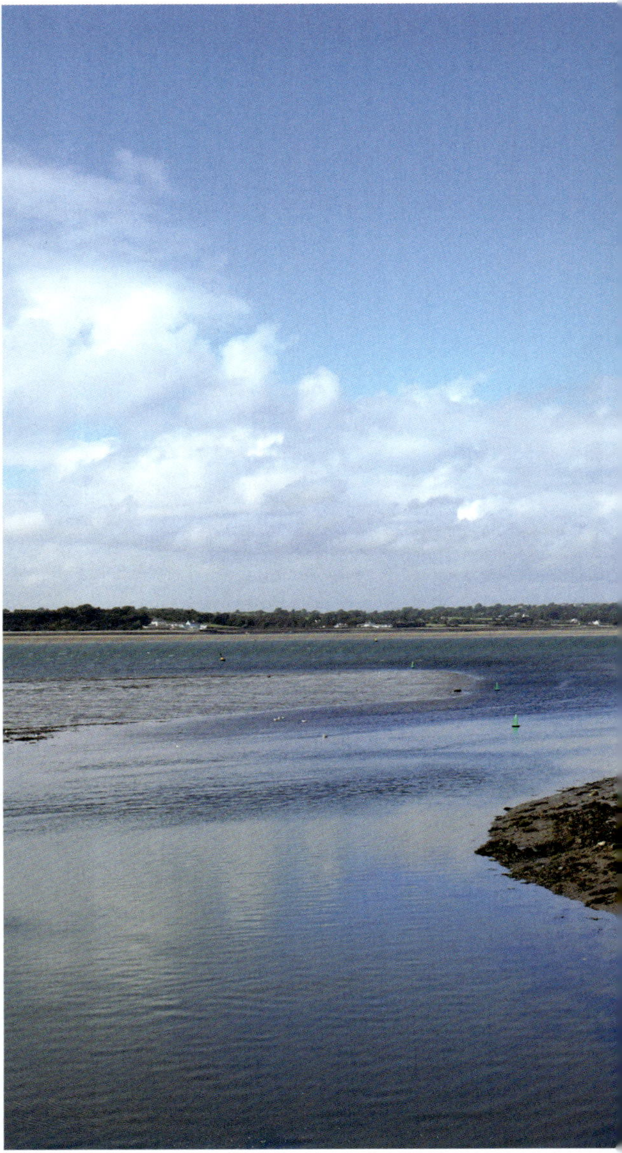

003wa cs

Zum Gebrauch des Wanderführers

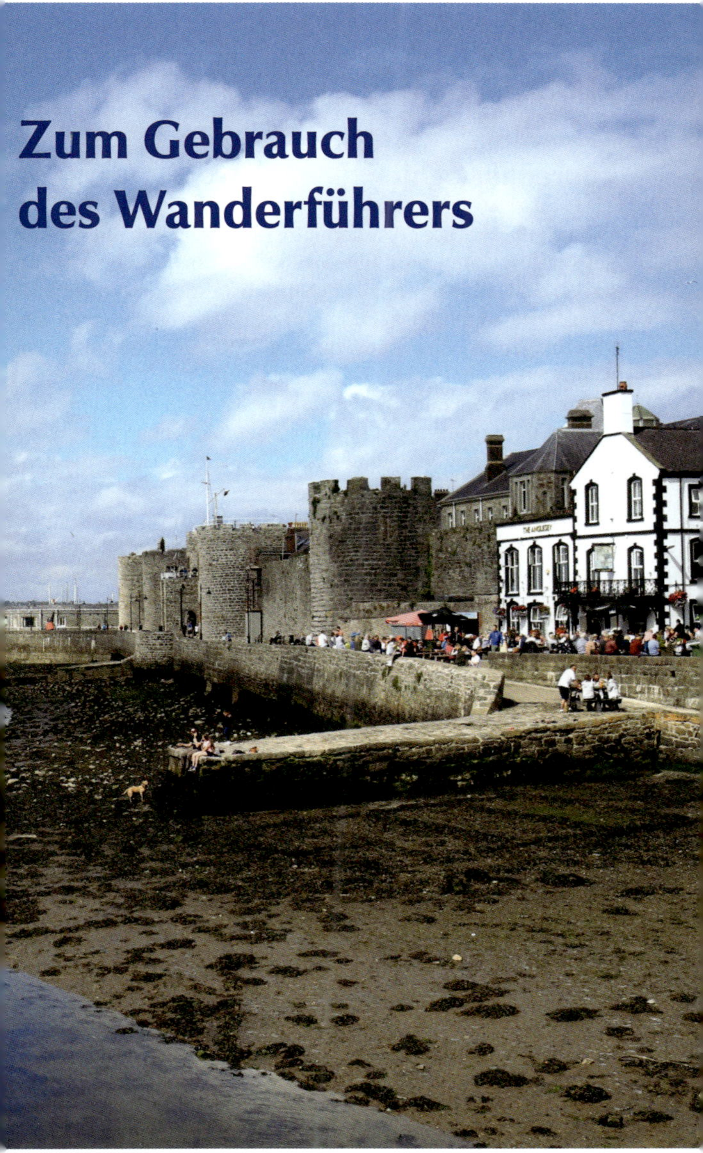

Zum Gebrauch des Wanderführers

Tourenauswahl

Die Touren in diesem Wanderführer erstrecken sich über die **Insel Anglesey,** den **nördlichen Teil des Snowdonia-Nationalparks,** die **Halbinsel Lleyn,** die **Nordküste** sowie das **nördliche Grenzland zu England.** Zudem decken die Wanderungen **alle vier Burgen in Nordwales,** die zum UNESCO-Weltkulturerbe zählen, ab.

Das Buch beinhaltet sowohl leichte Strecken für jedermann, die sich mit der Besichtigung einer Stadt oder Sehenswürdigkeit in der Umgebung verbinden lassen, als auch anspruchsvollere Wanderungen entlang der Küste oder in den Bergregionen. Um die **ideale Tour** auszuwählen, dienen die Schwierigkeitsgrade sowie die Gesamtzeiten und Längenangaben als Entscheidungshilfe. Bis auf drei Ausnahmen (Touren 4, 15, 16) sind alle Touren **Rundwanderungen** bzw. Wanderungen zu einem Aussichtspunkt und auf gleichem Weg zurück zum Ausgangspunkt.

Beschreibung der Touren

Zu jeder der 22 Wanderungen gibt es eine **kurze Charakterisierung** der Strecke und steckbriefartige Informationen zu **Ausgangspunkt, Ausgangsort, Höhenunterschied, Gesamtzeit, Länge, Schwierigkeit, Karte, Anforderungen, Einkehr** und **Kombinationsmöglichkeiten** sowie gegebenenfalls weitere Tipps.

Die detaillierte **Wegbeschreibung** zeigt den Verlauf der Wanderung, der zudem jeweils in eine Karte eingezeichnet ist. Das **Höhenprofil** charakterisiert An- und Abstiege einer Tour und

Kapitelstartseite:
Caernarfon (Tour 18)

wird in diesem Buch nur bei Wanderungen mit nennenswerten Höhenunterschieden verwendet. Zudem stehen zu jeder Wanderung **GPS-Tracks zum Download** zur Verfügung.

Steckbriefe der Wanderungen

Der **Ausgangsort** kennzeichnet den Ort/die Stadt, der/die dem Ausgangspunkt einer Wanderung am nächsten ist, während der **Ausgangspunkt** hingegen den genauen Startpunkt einer Wanderung beschreibt – in der Regel ein Parkplatz. Zusätzlich zur Adresse sind Längen- und Breitengrade für die Zieleingabe in ein Navigationsgerät enthalten. Befinden sich Bushaltestellen in der Nähe, sind diese, inklusive Angaben zu den Buslinien, ebenfalls aufgeführt. Mit Ausnahme der Touren 1, 2, 4 und 22, für die ein Mietwagen sinnvoll ist, sind alle Wanderungen gut mit dem Bus zu erreichen.

Der **Höhenunterschied** gibt die Gesamtanzahl der Höhenmeter an, die während einer Wanderung zurückgelegt werden müssen – nicht die Differenz zwischen Startpunkt und Ende und auch nicht zwangsläufig die zwischen Startpunkt und höchstem Punkt. Die Angaben zur **Karte** beziehen sich bis auf eine Ausnahme (Tour 13) auf die Wanderkarten vom Ordnance Survey OS Explorer und OS Landranger.

Die **Gesamtzeit** beschreibt die reine Gehzeit einer Wanderung in Stunden ohne Pausen. Allerdings hängt diese sehr von der persönlichen Kondition sowie den Wetter- und Wegbedingungen ab, weshalb die Angaben nur als grobe Anhaltspunkte dienen. Die **Länge** einer Wanderstrecke ist in Kilometern angegeben und liegt für die 22 Touren zwischen 2,4 und 15 km.

Daraus ergeben sich drei **Schwierigkeitsgrade,** die zur besseren Einschätzung der Schwierigkeit einer Wanderung mit Farben gekennzeichnet sind, für die in der Regel folgende Kriterien gelten:

grün – leicht

Die Wanderwege sind in der Regel gut markiert oder stellen keine hohen Anforderungen an das Orientierungsvermögen. Die Touren sind relativ kurz und wenig anstrengend. Die Gehzeit beträgt meist weniger als 2 Stunden. Einzelne steinige oder feuchte Stellen können auftreten.

orange – mittelschwer

Die Wanderwege erfordern eine gewisse Ausdauer und Orientierungsvermögen an Stellen, an denen keine Markierung vorhanden ist. Die Gehzeit der meist längeren Küsten-, Berg- oder Waldwanderungen auf teils schmalen Pfaden beträgt in der Regel mehr als 2 Stunden. Auf steinigeren Abschnitten ist Trittsicherheit erforderlich. Feuchte Stellen treten häufiger auf. Die Wanderungen führen teilweise durch wegloses Gelände und können dem Wetter ausgesetzt sein.

rot – schwer

Die Wanderwege erfordern gute Ausdauer, Orientierungsvermögen und Trittsicherheit. Die Gehzeit der anspruchsvollen Wanderungen beträgt in der Regel mehr als 4 Stunden. Die Wanderungen führen auch durch wegloses Gelände auf oft steinigen und feuchten bis nassen Pfaden und können stark dem Wetter ausgesetzt sein.

004wa cs

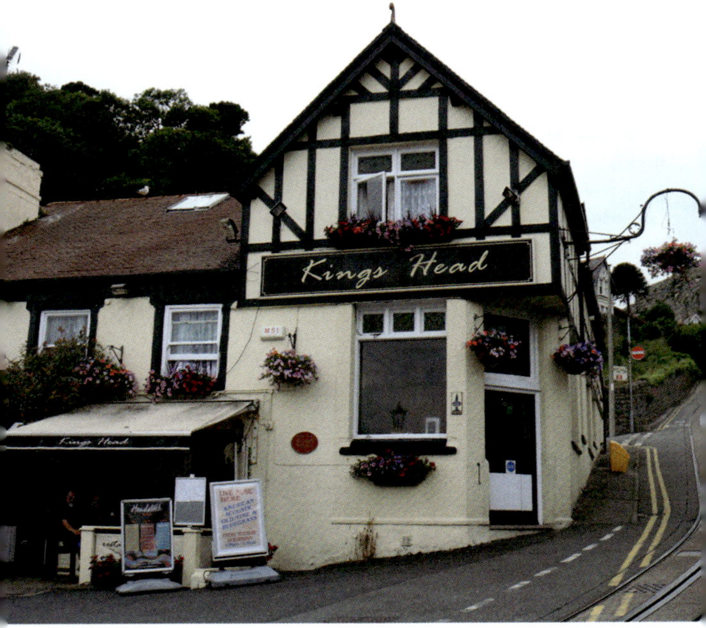

Diese Gesamtcharakteristik der drei Schwierigkeitsgrade der Wanderungen dient als **Anhaltspunkt** für eine durchschnittliche Situation. Das Wetter oder andere ungünstige Bedingungen können den Schwierigkeitsgrad einer Tour erhöhen. Zusätzlich zeigen die Anforderungen auf, welche spezifischen Gegebenheiten den Wanderer auf einer Strecke erwarten. Wege können beispielsweise schwierig zu sehen sein und führen häufig über Zaunübertritte. Und auch das **Wetter** spielt besonders in den Bergen und an der Küste eine wichtige Rolle. Die Touren wurden jedoch so ausgewählt, dass die Wege normalerweise gut begehbar sind. Für kleine oder auch größere Pausen sind zudem, sofern vorhanden, **Einkehrmöglichkeiten** während einer Wanderung aufgeführt.

Die **Tipps** geben Hinweise auf lohnenswerte Sehenswürdigkeiten und Aktivitäten rund um eine Tour. Manchmal befinden sich in der Nähe einer Wanderung spannende Orte, zu denen ein Abstecher lohnt.

Abschließend zeigen die **Kombinationsmöglichkeiten** auf, mit welchen weiteren Touren eine Wanderung gut verbunden werden kann. Dabei sind die jeweilige Tour sowie die Entfernung zu ihrem Ausgangspunkt angegeben. Da die Abstände zwischen den Wanderungen grundsätzlich nicht allzu groß sind, kann man insbesondere mit einem Mietwagen zügig zur nächsten Tour gelangen. Zudem folgen einige der Wanderungen zum Teil einem Abschnitt eines National Trails oder eines Fernwanderwegs, die zu mehrtägigen Wanderungen einladen.

Buchtipp

Im **Reiseführer Wales,** erschienen im Reise Know-How Verlag, finden sich praktische Reiseinformationen, sorgfältige Beschreibungen aller sehenswerten Orte und Landschaften, Stadtpläne sowie Übersichtskarten, Tipps zur Anreise und vieles mehr.

Einkehrmöglichkeit im Pub „Kings Head“

005wa cs

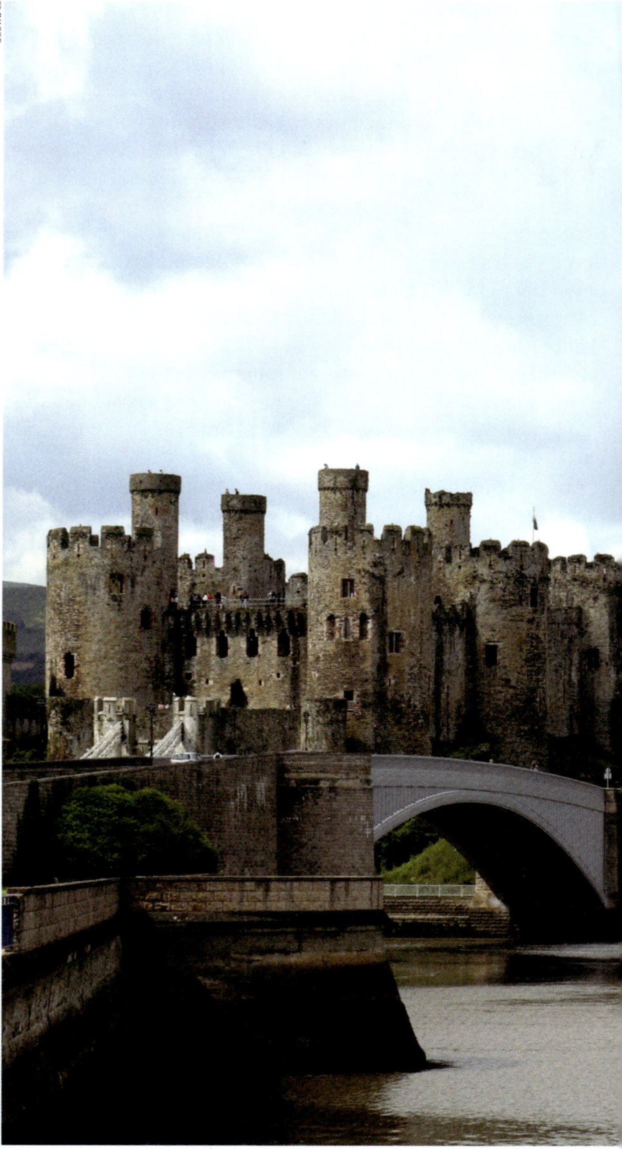

Wissenswertes

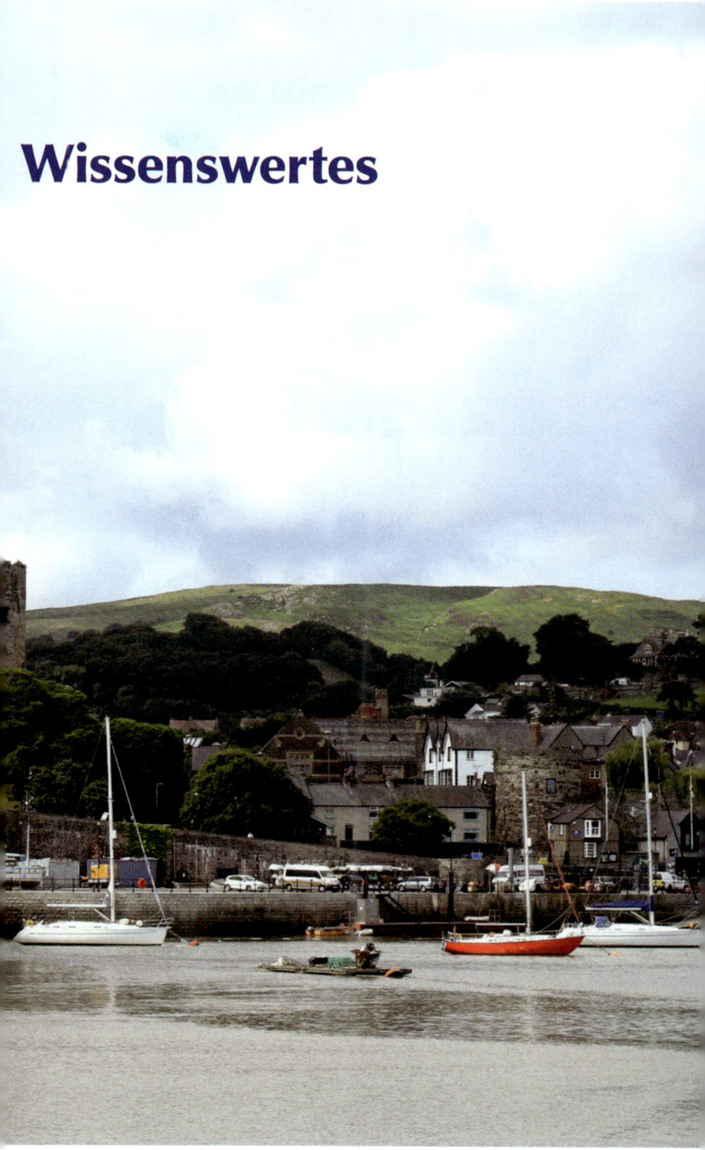

Wissenswertes

Wandern im Norden von Wales

Wales ist das **Land mit der größten Burgendichte.** Nirgendwo sonst auf der Welt gibt es mehr dieser historischen Baudenkmäler pro Quadratkilometer als im Land des Drachen. Doch nicht nur die vier Festungen aus der Zeit des Königs Edward I. im Norden des Landes laden dazu ein, zu Fuß in die epische Geschichte einzutauchen. Auch die uralten Hügellandschaften, die in breite Flusstäler abfallen sowie märchenhafte Wälder und die Küste mit beeindruckenden Felslandschaften machen Nordwales zu einem Paradies für Wanderer.

Rund um die vier zum UNESCO-Welterbe zählenden Burgen in **Harlech, Beaumaris, Caernarfon** und **Conwy** kann man wunderbar auf den Spuren von König Artus wandern. Zudem runden tosende Wasserfälle in alten Wäldern, historische Schätze und magische Orte wie bei Alice im Wunderland den bunten Mix der Touren durch den Norden von Wales ab. Sowohl der Genusswanderer mit Schwerpunkt auf der langen Geschichte als auch diejenigen, die auf der Suche nach anspruchsvolleren Bergwanderungen sind, finden hier ihr persönliches Abenteuer.

Der **Wales Coast Path** – der längste durchgängige Küstenpfad der Welt – verführt zu ausgiebigen Wanderungen. Und auch die imposante Bergkulisse im Snowdonia-Nationalpark rund um den Mount Snowdon, den höchsten Gipfel des Landes, bietet zahlreiche Möglichkeiten für eindrucksvolle Bergtouren.

Spektakuläre Landschaften (Tour 10)

Kapitelstartseite:
Conwy Castle (Tour 15)

Die Filmkulissen

Wales bietet seit jeher mit seinen majestätischen Bergen, langen Sandstränden und den historischen Burgen tolle Filmkulissen. Die Schönheit dieser einzigartigen Landschaft wussten schon zahlreiche Regisseure und Filmemacher zu schätzen. Einige berühmte Beispiele sind **Ridley Scotts „Robin Hood"** aus dem Jahr 2010 mit Russell Crowe in der Hauptrolle und auch die erfolgreiche **„Harry-Potter"-Reihe** hat hier schon ihr Set aufgebaut. Eine Szene aus dem letzten Buch wurde in den Dünen des Freshwater West Beach im Pembrokeshire-Nationalpark gedreht.

Im neuen **Guy-Ritchie-Film „King Arthur: Legend of the Sword"** (2017) spielten die Berge des Snowdonia-Nationalparks rund um das verschlafene Bergdorf Capel Curig eine Hauptrolle. Und auch **James Bond** war schon zum Drehen in Wales. Im 20. Teil der Reihe – **„Stirb an einem anderen Tag"** – diente der Penbryn Beach in Ceredigion als Kulisse. Zudem wird bereits seit 1963 die TV-Serie **„Doctor Who"** in Wales gedreht.

014wa cs

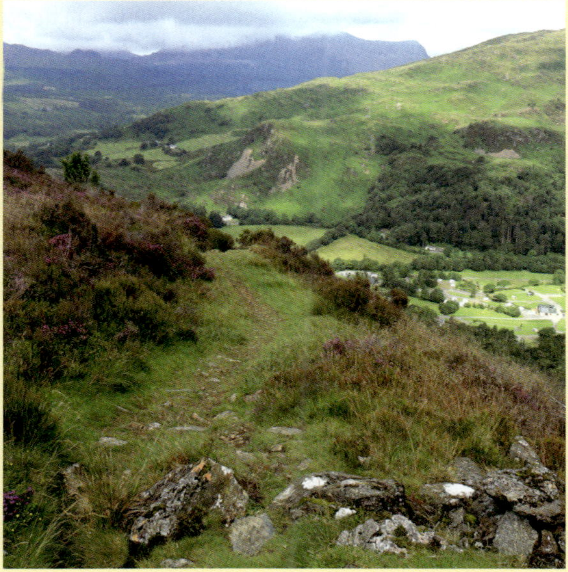

Klima und Wanderzeit

Mit **kühlen Sommern** und **milden Wintern** ist das Klima im Norden von Wales aufgrund des **Golfstroms** gemäßigt. Schnee kommt in der Regel nur in den höheren Bergregionen vor. Im Vergleich zur Küste, wo es meistens wärmer und sonniger ist, herrschen dort kältere Temperaturen und es regnet häufiger. Besonders am Mount Snowdon ist es oftmals sehr nass. Generell ist die **Niederschlagsmenge** höher als bei uns. Zudem ist das Wetter aufgrund der häufigen Winde besonders im Sommer durch **schnelle Umschwünge** charakterisiert.

Aufgrund dieser Witterungsbedingungen kann man in Nordwales **das ganze Jahr über wandern.** Am sonnigsten ist es im Juni. Allerdings muss man zu jeder Jahreszeit mit einigen Regentagen rechnen. Das beste Wetter sowie die längsten Tage hat man von Mai bis September. Im Juni, Juli und August sind allerdings viele Touristen im Land, weshalb besonders die Wege in sehr beliebten Regionen etwas voller sein können. Wer es einsamer mag, sollte im Herbst und Winter zum Wandern in den Norden von Wales reisen. Dann gibt es jedoch auch mehr Regentage. In höheren Regionen kann es schneien und Bergwanderungen daher schwierig machen. Zudem sind einige Unterkünfte und Sehenswürdigkeiten zu Jahresbeginn nicht geöffnet.

Länge der Tage (monatliche Durchschnittswerte)

	Sonnenaufgang	Sonnenuntergang
Januar	8:05	16:20
Februar	7:25	17:15
März	6:15	18:10
April	6:05	20:05 Sommerzeit
Mai	5:10	20:55
Juni	4:45	21:30
Juli	5:00	21:15
August	5:50	20:25
September	6:40	19:20
Oktober	7:35	18:05
November	7:30	16:10 Winterzeit
Dezember	8:10	15:50

Da in Wales die westeuropäische Zeit gilt, muss man die **Uhr um 1 Stunde zurückstellen,** wenn man von Mitteleuropa dorthin reist. Im Frühling wird die Uhr auf Sommerzeit umgestellt.

Wegweiser, Wegerechte und Verhalten im Gelände

In der Natur existiert für Wanderer kein allgemeines Betretungsrecht, sondern ein Netzwerk öffentlicher Wege mit unterschiedlichen Wegerechten. Entsprechende Wegweiser erleichtern die Orientierung. Diese öffentlichen Wege werden folgendermaßen unterschieden:

Öffentlicher Fußweg (public footpath/llwybr cyhoeddus)

Auf öffentlichen Fußwegen dürfen sich ausschließlich Fußgänger bewegen. Hunde können an der kurzen Leine mitgeführt werden. Holzschilder mit der Aufschrift public footpath gibt es nicht mehr so häufig wie die neueren **gelben Richtungspfeile mit weißer Aufschrift auf grünem Hintergrund.** Die Wegweiser befinden sich meist an einer Kreuzung oder Abzweigung von einem befestigten, öffentlichen Weg. Im Gelände kommen auch gelbe Wegmarken vor.

Öffentlicher Reitweg (public bridleway/llwybr ceffyl cyhoeddus)

Auf öffentlichen Reitwegen dürfen sich Fußgänger, Reiter und Radfahrer bewegen. Holzschilder mit der Aufschrift public bridleway, **blaue Wegmarken oder ein weißer Reiter mit Pferd auf grünem Hintergrund** kennzeichnen den öffentlichen Reitweg.

Öffentlicher Seitenweg für allgemeinen Verkehr (byway open to all traffic/cilffordd)

Auf öffentlichen Seitenwegen dürfen sich neben Fußgängern, Reitern und Radfahren grundsätzlich auch Fahrzeuge bewegen. Jedoch können aufgrund ihrer Beschaffenheit nicht alle öffentlichen Seitenwege von normalen Pkw genutzt werden. Mit motorisiertem Verkehr sollte man aber dennoch rechnen. **Rote Wegmarken** kennzeichnen den öffentlichen Seitenweg.

Beschränkt zugänglicher Seitenweg (restricted byway/llwybr cyfyngedig)

Auf beschränkt zugänglichen Seitenwegen dürfen sich neben Fußgängern, Reitern und Radfahrern auch andere nicht motorisierte Fahrzeuge bewegen. **Dunkelrote Wegmarken** kennzeichnen den beschränkt zugänglichen Seitenweg.

Freigegebener Weg (permissive path/llwybr caniataol)

Ein freigegebener Weg ist ein vom Grundeigentümer freiwillig freigegebener Weg für Fußgänger, Reiter und Radfahrer. Ein **weißer Richtungspfeil auf braunem Hintergrund** kennzeichnet den freigegeben Weg.

Zusätzlich zu diesen öffentlichen Wegen existieren diverse Fernwanderwege und National Trails sowie regionale Wanderrouten mit spezifischen Markierungen.

Neben den Wegerechten gibt es weitere Hinweise, die beim Wandern beachtet werden müssen. Denn in ganz Wales gilt der **Countryside Code (Côd Cefn Gwlad),** der das Verhalten in der Natur regelt. Unter dem Grundsatz „Respektieren, beschützen, genießen" beinhaltet er unter anderem folgende Richtlinien:

- Andere Menschen/Wanderer respektieren
- Tore und Eigentum so verlassen wie man sie vorgefunden hat
- Vorgegebene Pfade und Wege nicht verlassen
- Keinen Abfall hinterlassen
- Hunde unter Kontrolle halten
- Touren im Voraus planen und gut vorbereitet sein
- Wegweisern folgen
- Tore und Wege nicht mit dem Auto versperren
- Ausreichend Abstand halten, wenn Landwirte ihr Vieh sammeln oder zu einem anderen Weideplatz treiben
- Pflanzen und Tiere schützen

Besonders auf ein Tier trifft der Wanderer während seinen Touren durch die Natur immer wieder: Auf rund 3 Millionen Einwohner kommen in Wales nämlich dreimal so viele **Schafe.** Die harmlosen Zeitgenossen sind beim Wandern nahezu allgegenwärtig. Ob auf eingezäunten Weiden, ein Muttertier mit ihren Jungen frei am Wegesrand oder unmittelbar auf dem Wanderpfad. Da sie jedoch sehr scheu sind, begeben sie sich in der Regel schnell auf die Flucht, sobald sich ihnen ein Wanderer nähert. Damit sie sich währenddessen nicht verletzen – auch steilere Abhänge sind in Momenten der Angst kein Hindernis –, sollte man ruhig an ihnen vorbeigehen und sie nicht allzu sehr erschrecken.

Schafe sind in Wales allgegenwärtig

006wa cs

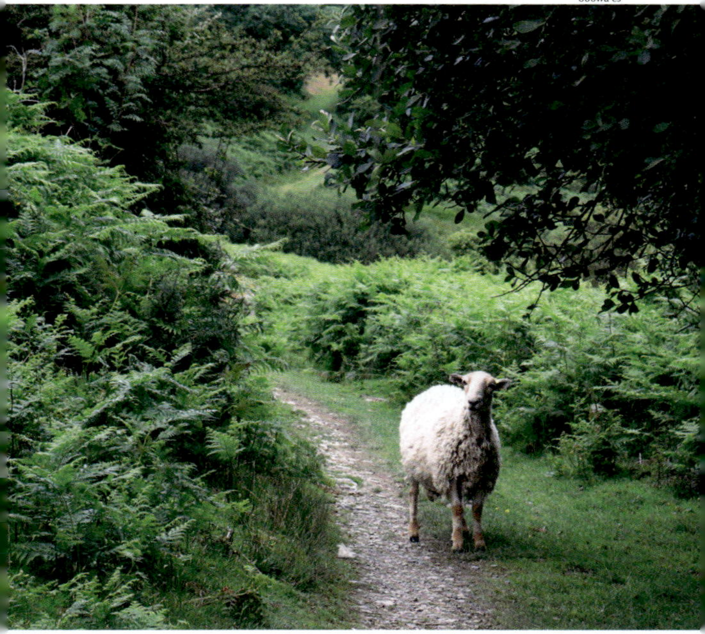

Ausrüstung und Karten

Für die leichteren Touren reichen in der Regel bequeme **Turnschuhe** aus. Bei Wanderungen durch anspruchsvolleres Gelände sollte man hingegen auf **feste, knöchelhohe Wanderstiefel** zurückgreifen. Zudem ist **wasserdichtes Schuhwerk** sehr sinnvoll, da die Wetterverhältnisse häufig nass und feucht sein können. Daher sollten die **Regenjacke** und im Idealfall auch eine **wind- und wasserabweisende Hose** ebenfalls nicht fehlen. **Mütze, Schal** und **Handschuhe** sind besonders in der kühleren Jahreszeit sehr empfehlenswert.

Aber auch an sehr warmen Tagen gehört ein **Kopfschutz** in den Wanderrucksack, um vor der knallenden Sonne zu schützen. Weiterhin sollte grundlegendes Wanderequipment wie **Sonnencreme, ausreichend Verpflegung** sowie für den Notfall ein **Erste-Hilfe-Set** und eine **Taschenlampe** eingepackt werden. Sinnvolle Ergänzungen sind zudem **Wechselkleidung, Wanderstöcke** und ein **Kompass.**

Zur Orientierung im Gelände sind **Wanderkarten** unerlässlich, ein entsprechender Regenschutz empfehlenswert. Da Wanderwege zum Teil undeutlich und schwer sichtbar sein können, sind **GPS-Geräte** zusätzlich zur Karte ebenfalls hilfreich. Für Wanderungen im Norden von Wales eignen sich am besten die Karten von **Ordnance Survey.** Sie kosten in der Normalausgabe 8,99 Pfund (etwa 10 Euro). Der Preis für die wetterfeste Variante liegt bei 14,99 Pfund (etwa 17 Euro). Sie können online bestellt oder vor Ort in Buchläden, Souvenirshops und Touristeninformationen gekauft werden. Mehr Informationen zu den Wanderkarten unter www.ordnancesurvey.co.uk/shop/maps.html.

Die Karten der Reihe **OS Explorer** bilden eine Region im Maßstab 1:25.000 inklusive Fußwege ab. Vier Zentimeter auf der Karte entsprechen einem Kilometer.

Die Karten **OS Landranger** bilden mit einem Maßstab von 1:50.000 zwar eine größere Region, dafür aber weniger Details ab. Zwei Zentimeter auf der Karte entsprechen einem Kilometer.

Gefahren und Gesundheit

Wales ist ein **sehr gastfreundliches Land** und gilt grundsätzlich als **ziemlich sicheres Reiseziel.** Nichtsdestotrotz sollte man – wie bei jeder Reise – auf seine Wertsachen achten und diese nicht unbeaufsichtigt im Auto lassen, während man eine Wanderung durch die Natur unternimmt. Das **Fahrzeug** ist am besten auf einem (bewachten) Parkplatz an den Touristeninformationen oder Besucherzentren aufgehoben.

Da das Wetter auch im Sommer sehr wechselhaft ist, sollte man speziell in den Regionen rund um den Mount Snowdon auf **plötzliche Wetterumschwünge** mit starkem Regen, Nebel und rapide absinkenden Temperaturen gefasst sein. **Dichter Nebel** kann die Sicht erheblich einschränken und besonders im Gebirge und an der Küste zu Orientierungslosigkeit führen. Auf engen Pfaden gilt dann äußerste Vorsicht, um nicht abzurutschen. Da es in Wales zudem kaum Wander- und Schutzhütten gibt, sollte daher speziell bei Höhenwanderungen in jedem Fall vorher ein Blick auf die **Wettervorhersage** geworfen werden: www.metoffice.gov.uk.

007wa cs

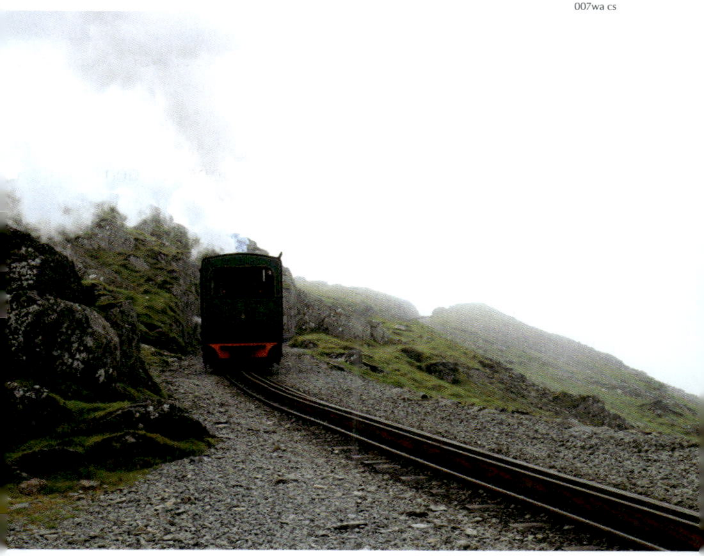

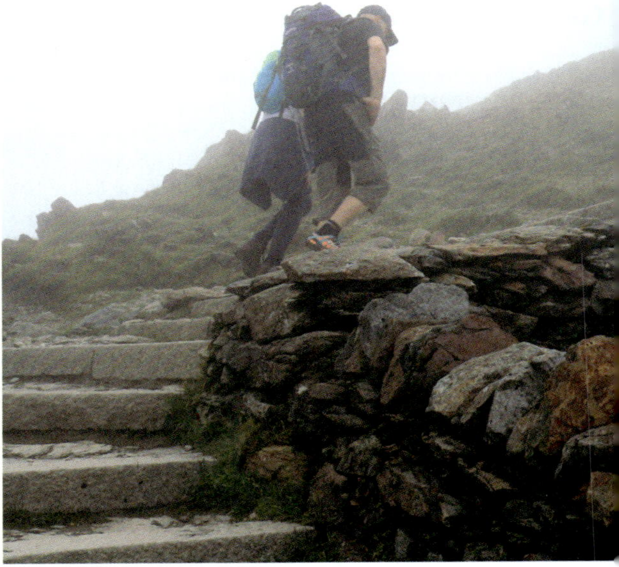

Doch nicht nur schlechte Wetterverhältnisse sorgen für Gefahren. Denn obwohl die Temperaturen im Sommer nicht allzu hoch ansteigen, kann man sich auch in Wales schnell einen **Sonnenbrand** holen. Nicht nur für längere Wanderungen sollte man daher **Sonnenschutz** und **ausreichend Wasser** einpacken. Gerade letzteres ist enorm wichtig, denn die Landschaft ist nicht zu unterschätzen. Besonders auf schwierigeren Wegen können die Touren sehr anstrengend sein und zur Erschöpfung führen. Daher hinterlässt man am besten in seiner Unterkunft eine Information darüber, welche Tour man plant und wo man sich aufhält.

Plagen den Wanderer trotz Vorsichtsmaßnahmen dennoch mal kleinere Verletzungen oder Krankheiten, gibt es jedoch keinen Grund, gleich in Panik zu verfallen. Denn rezeptfreie Medikamente erhält man in der **Apotheke** und in der Regel läuft die **Gesundheitsversorgung** für Touristen in Wales problemlos. Das Sozialversicherungsabkommen zwischen Großbritannien und Deutschland (Stand: November 2017) regelt die **kostenlose Behandlung in Krankenhäusern** (National Health Service Hospitals) **und bei staatlichen Ärzten** (National Health Service Doc-

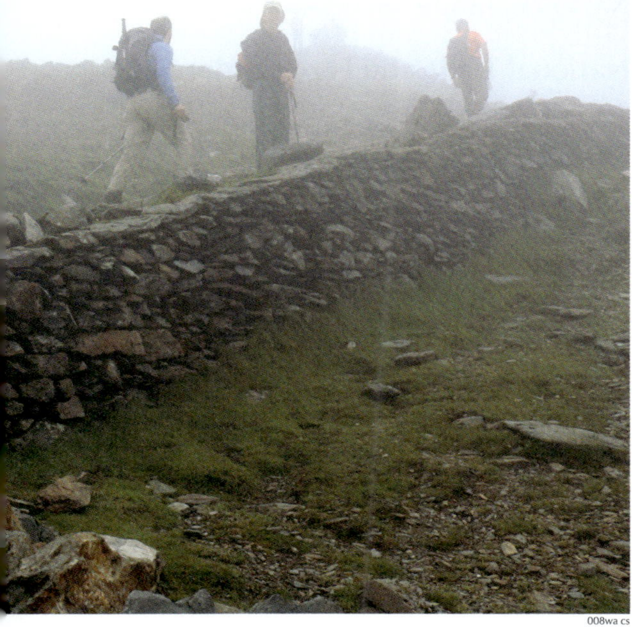

008wa cs

tors). Hierzu genügt normalerweise der Personalausweis. Als weiteren Nachweis kann man die europäische Versicherungskarte mitführen. Jedes Krankenhaus ist dazu verpflichtet, Notfallpatienten unabhängig von Nationalität und Finanzierung aufzunehmen. Notaufnahmen sind 24 Stunden am Tag geöffnet. Die Kosten in privaten Krankenhäusern können jedoch sehr hoch sein. Daher ist eine zusätzliche **private Auslandskrankenversicherung** empfehlenswert, die auch den Rücktransport und Kosten bei einem Spezialisten abdeckt.

Spezielle **Impfungen** sind für eine Reise nach Nordwales nicht notwendig und das **Leitungswasser** ist im ganzen Land trinkbar.

Wanderung bei dichtem Nebel (Tour 5)

National Trails und Fernwanderwege

In Wales gibt es **vier National Trails.** Diese nationalen Wanderwege führen durch einzigartige Landschaften und bieten dem Wanderer herrliche Naturerlebnisse sowie historische Einblicke an der Küste, in den Bergen und im Binnenland.

Wales Coast Path

Der 2012 eröffnete Wales Coast Path ist mit seinen rund 1400 Kilometern **der längste durchgängige Küstenpfad der Welt.** Von Chepstow im Süden des Landes führt er an der gesamten Küste entlang bis nach Queensferry im Norden. Um die **zahlreichen Buchten und Klippen** ranken sich jede Menge Legenden um Piraten, Schmuggler, Schiffswracks, Heilige, verschollene Dörfer und vom Sand überschwemmte Burgen.

Mehr Informationen zum Wales Coast Path unter www.walescoastpath.gov.uk.

009wa cs

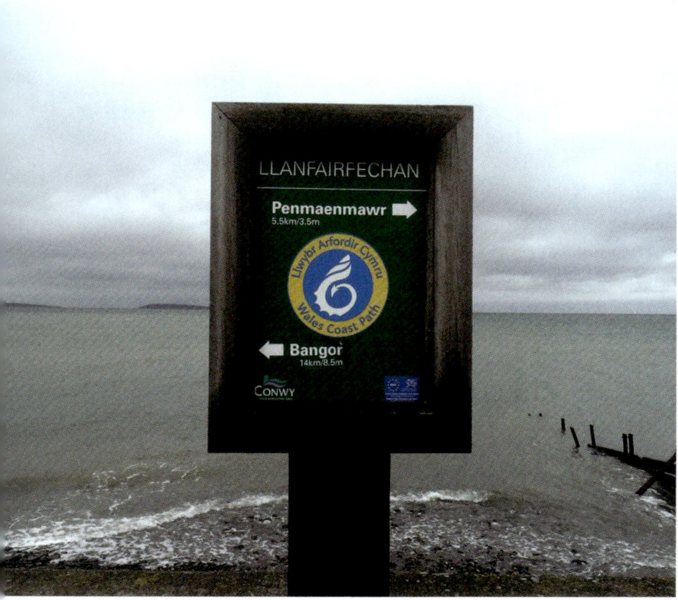

Offa's Dyke Path

Der 283 Kilometer lange Offa's Dyke Path gilt als **längstes historisches Denkmal Großbritanniens.** Heute formt der 1971 eröffnete Langstreckenpfad die ehemalige britisch-walisische Grenze von Chepstow nach Prestatyn und folgt dabei dem Weg des vom englischen König Offa im 8. Jahrhundert errichteten **Grenzwalls.** Die meisten Wanderer benötigen 12 Tage für die Tour durch das Wye Valley zu den Hügeln von Shropshire und Clwydian bis nach Prestatyn. Der abwechslungsreiche, **weniger bekannte und daher nicht überlaufene Wanderweg** zählt zu den besten der Welt.

Mehr Informationen zum Offa's Dyke Path unter www.nationaltrail.co.uk/offas-dyke-path.

Glyndwr's Way

Der 2002 eröffnete Glyndwr's Way führt über **217 Kilometer durch Mittelwales** von Knighton über Machynlleth bis nach Welshpool. Dabei windet er sich durch **beliebte Regionen** wie den Snowdonia-Nationalpark und die Brecon Beacons. Für die Strecke, vorbei an zahlreichen historischen Orten und durch idyllische Landschaften, benötigen Wanderer etwa 9 Tage.

Mehr Informationen zum Glyndwr's Way unter www.nationaltrail.co.uk/glyndwrs-way.

Pembrokeshire Coast Path

Der 300 Kilometer lange Pembrokeshire Coast Path ist der **älteste National Trail.** Bereits seit 1970 führt er vorbei an 58 Stränden sowie 14 Häfen von Amroth bis Cardigan und bietet **traumhafte Aussichten auf die Küste.** Der weltbekannte Langstreckenwanderweg wurde 2011 von National Geographic zum zweitbesten seiner Art der Welt ernannt. Klippenlandschaften, idyllische Strände, die Berge im Hintergrund und die Kathedrale des heiligen David machen ihn zu einem echten Erlebnis für Wanderer.

Mehr Informationen zum Pembrokeshire Coast Path unter www.nationaltrail.co.uk/pembrokeshire-coast-path.

Neben den vier National Trails gibt es noch **zahlreiche weitere Fernwanderwege** in ganz Wales. Hier eine Auswahl von Touren, die durch den Norden des Landes verlaufen:

Isle of Anglesey Coastal Path

Der 200 Kilometer lange Isle of Anglesey Coastal Path führt, überwiegend **an der Küste entlang,** einmal rund um die Insel Anglesey.

Mehr Informationen zum Isle of Anglesey Coastal Path unter www.visitanglesey.co.uk/en/about-anglesey/isle-of-anglesey-coastal-path.

Cambrian Way

Der Cambrian Way verläuft über 468 Kilometer **von Conwy im Norden bis zur Hauptstadt Cardiff** im Süden.

Mehr Informationen zum Cambrian Way unter www.cambrianway.org.uk.

Cistercian Way

Der 1050 Kilometer lange Cistercian Way ist eine **Rundwanderung entlang aller Zisterzienserklöster in Wales.**

Mehr Informationen zum Cistercian Way unter www.cistercianway.wales.

North Wales Path

Der 80 Kilometer lange North Wales Path führt **entlang der walisischen Nordküste** von Bangor über Llandudno bis nach Prestatyn.

Mehr Informationen zum Nord Wales Path unter www.visitllandudno.org.uk/things-to-do/north-wales-path-p291981.

Pubs

Pubs haben in Wales eine **lange Tradition** und man findet sie überall im Land. Sie dienen als Ersatz für diejenigen, die nicht in die Kirche gehen, denn beides schließt sich in Wales traditionell aus. Diese „Tavernen“ eignen sich nicht nur für den typischen *pup crawl,* bei dem man abends von Pub zu Pub zieht und nur jeweils ein Getränk trinkt. Für die Einkehr während oder nach einer Wanderung sind Pubs eine tolle Möglichkeit, auch die Pausen zu einem Erlebnis zu machen. Hier eine Auswahl schöner Pubs in Nordwales:

Tafarn y Plu in Llanystumdwy

Die preisgekrönte Tafarn y Plu liegt nur **wenige Meter vom Llyn Coastal Path,** der mittlerweile zum Wales Coast Path gehört, entfernt. Der familiengeführte Pub lädt mit traditioneller Einrichtung und Küche zur gemütlichen Einkehr im Süden der Halbinsel Lleyn ein.

Llanystumdwy, Gwynedd LL52 0SW; (01766) 523 276; www.tafarnyplu.com

Tanronnen Inn in Beddgelert

Das Tanronnen Inn in Beddgelert liegt **im Herzen des Snowdonia-Nationalparks.** Nach einem Aufstieg in den Hügeln des Cwm Bychan oder gemütlichen Spaziergang auf dem Fisherman's Path entlang der Klamm von Aberglaslyn kann man hier bei gemütlicher Atmosphäre eine leckere Mahlzeit oder einfach nur ein erfrischendes Pint genießen.

A498, Beddgelert, Gwynedd LL55 4YB; (01766) 890 347; www.tanronnen.co.uk

The Corn Mill in Llangollen

Wie der Name schon sagt, befindet sich der Pub in einer alten Mühle. Heute erwartet den Gast ein **rustikales Ambiente direkt am Fluss Dee.** Das Wasserrad dreht sich direkt hinter der Bar. Draußen auf der Terrasse genießt man bei gutem Wetter einen schönen Blick auf das Wasser und die grünen Hügel rund um Llangollen.

Dee Lane, Llangollen, Denbighshire LL20 8PN; (01978) 869 555; www.brunningandprice.co.uk/cornmill

The Kings Head in Llandudno

The Kings Head ist der **älteste Pub in Llandudno** und lädt – direkt an der Trambahn hinauf zum Great Orme gelegen – zur Einkehr nach der Wanderung ein. Wenn man draußen Platz nimmt, kann man bei einem Pint wunderbar den vorbeifahrenden **Schmalspurbahnen** zuschauen.

Old Road, Llandudno, Conwy LL30 2NB; (01492) 877 993; www.kingsheadllandudno.co.uk

Ty Coch Inn in Porthdinllaen

Das Ty Coch Inn in Porthdinllaen auf der Halbinsel Lleyn ist **einer der berühmtesten Pubs** in Wales. Zugang mit dem Auto zum Pub in diesem **denkmalgeschützten Fischerdorf** gibt es nur für Einwohner, auf Besucher wartet ein gemütlicher Spaziergang am Strand. Im Hintergrund erheben sich die Gipfel von Yr Eifl, dem höchsten Bergmassiv der Halbinsel.

Morfa Nefyn, Porthdinllaen, Gwynedd LL53 6DB; (01758) 720 498; www.tycoch.co.uk

Ship Inn am Red Wharf Bay

Das Ship Inn am Red Wharf Bay ist ein **altes Gasthaus.** Das Gebäude mit mehreren Räumen stammt noch aus dem 16. Jahrhundert. Früher wurde hier den vielen Seemännern, die am Hafen ankamen, das Ale serviert. Heute genießen Wanderer sowohl drinnen als auch draußen eine Rast am Strand in einem stilvollen alten Pub auf der Insel Anglesey.

Red Wharf Bay, Pentraeth, Anglesey LL75 8RJ; (01248) 852 568; www.shipinnredwharfbay.co.uk

Die nordwalisischen Burgen

Mit seinen **641 Burgen** weist Wales die **größte Burgendichte pro Quadratkilometer der Welt** auf. Man findet sie in allen möglichen Formen, Größen und Zuständen. Jede davon erzählt ihre eigene Geschichte. Manche sind seit Jahrhunderten bewohnt, andere wiederum nur noch verfallene Ruinen, abgelegen in märchenhaften Wäldern. Im Norden von Wales stehen die schönsten dieser historischen Baudenkmäler.

Seit 1986 zählen vier Festungen aus der Zeit des englischen Königs Edward I. zum **UNESCO-Welterbe.** Die Burgen in Harlech, Beaumaris, Caernarfon und Conwy bildeten zusammen mit den Bauten in Aberystwyth und Flint eine **Verteidigungskette entlang der nordwalisischen Küste** in der Nähe zur englischen Grenze. Der König unterwarf damit die Waliser 1284 endgültig der englischen Krone und sicherte so seine Position. Heute sind sie **Zeugnisse der mittelalterlichen Militärarchitektur** und lohnenswerte Ausflugsziele in Nordwales.

010wa cs

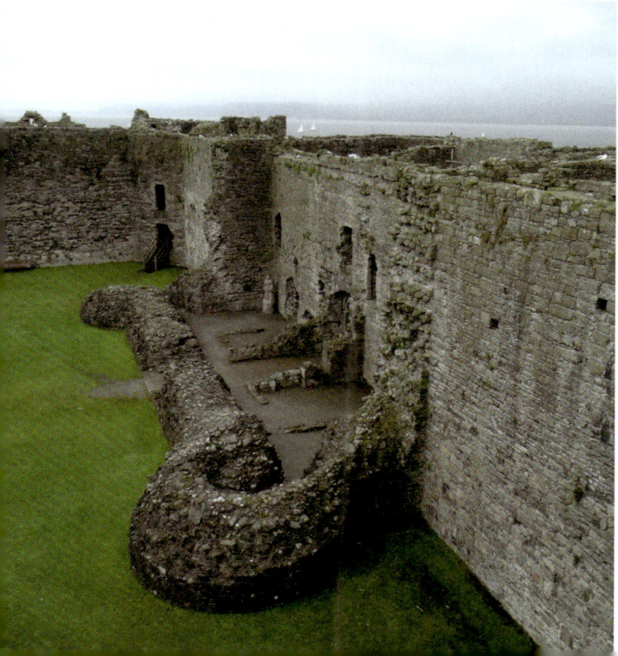

Weitere Aktivitäten

Der Norden von Wales ist nicht nur für Wanderer ein Naturparadies. Für **Angler** gibt es zahlreiche gute Forellen- und Lachsgewässer an der Küste, den Seen und den Flüssen. **Golfer** kommen auf dem größten Golfplatz des Landes in Harlech am Fuße der Burg auf ihre Kosten. **Radfahrer und Mountainbiker** finden überall tolle Strecken. **Bergsteiger** können unter anderem auf den Mount Snowdon steigen. **Reiter** finden besonders auf Anglesey und der Halbinsel Lleyn tolle Pfade. **Surfer** haben ebenfalls auf der Halbinsel Lleyn gute Bedingungen. Auch das **Schwimmen** ist an der langen Küste mit den vielen Stränden an vielen Orten möglich.

Hier eine Auswahl von Aktivitäten und Sehenswürdigkeiten im Norden von Wales:

Anglesey Riding Centre

Im **Reitzentrum auf der Insel Anglesey** finden sowohl Anfänger als auch fortgeschrittene Pferdefreunde eine Herausforderung auf den privaten Reitwegen mit Blick auf das beeindruckende Caernarfon Castle und die Berge des Snowdonia-Nationalparks.

Tal-y-foel, Dwyran, Anglesey LL61 6LQ; (01248) 430 377; www.angleseyridingcentre.co.uk

Anglesey Sea Zoo

Der Anglesey Sea Zoo ist bei jedem Wetter eine Attraktion für die ganze Familie. Das **einzigartige Aquarium** gibt in über 40 Becken einen Einblick in das britische Meeresleben.

Brynsiencyn, Anglesey LL61 6TQ; (01248) 430 411; www.angleseyseazoo.co.uk

Bodnant Garden

Der Bodnant Garden ist ein **weltberühmter Garten** in Nordwales mit einer Auswahl an heimischen Pflanzen sowie preisgekrönten Bäumen.

Bodnant Road, Tal-y-Cafn, Conwy LL28 5RE; (01492) 650 460; www.nationaltrust.org.uk/bodnant-garden

Electric Mountain Llanberis

Im **Pumpspeicherkraftwerk** Electric Mountain kann man eine Reise ins Innere des Berges zur Dinorwig Power Station unternehmen und ein **weitläufiges Labyrinth von dunklen Tunneln** erkunden.

Llanberis, Gwynedd LL55 4UR; (01286) 870 636; www.electricmountain.co.uk

Ffestiniog Railway

Die **Schmalspurbahn** Ffestiniog Railway und die Welsh Highland Railway fahren auf einer Gesamtstreckenlänge von 65 Kilometern gemütlich durch den Snowdonia-Nationalpark.

Harbour Station, Porthmadog, Gwynedd LL49 9NF; (01766) 516 024; www.festrail.co.uk

Llandudno Cable Car

Llandudno Cable Car ist die **längste Luftseilbahn in Großbritannien.** Seit 1969 transportiert eine der beliebtesten Attraktionen der Stadt ihre Gäste vom Happy Valley auf die Spitze des **Great Orme.**

North Parade, Llandudno, Conwy LL30 2LP; (01492) 877 205; www.visitllandudno.org.uk/things-to-do/llandudno-cable-car-p277371

Llechwedd Slate Caverns

In den Llechwedd Slate Caverns kann man in die **Geschichte des Schieferbaus** in Nordwales eintauchen und einen Blick in die alten Minen unter der Erde werfen.

A470, Blaenau Ffestiniog, Gwynedd LL41 3NB; (01766) 830 306; www.llechwedd-slate-caverns.co.uk

Pete's Eats Paragliding

Im Snowdonia-Nationalpark kann man nicht nur den höchsten Berg von Wales erklimmen, sondern auch gut **paragliden.**

40 High Street, Llanberis, Gwynedd LL55 4EU; (01286) 870 117; www.petes-eats.co.uk

Pontcysyllte-Äquadukt und Kanal

Der 307 Meter lange und 38 Meter hohe Pontcysyllte-Äquadukt ist **das größte Bauwerk seiner Art in Großbritannien** und führt den Llangollen-Kanal über den Fluss Dee. Zusammen mit 18 Kilometern des Kanals zählt die „Wasserstraße über den Wolken“ als Meisterwerk der Ingenieurskunst seit 2009 zum UNESCO-Welterbe. Man kann ihn entweder mit dem Boot überqueren oder auf dem Treidelpfad auf die andere Seite laufen.

Trevor Basin, Off Station Road, Trevor, Wrexham LL20 7TY; (01978) 822 912; www.pontcysyllte-aqueduct.co.uk

RibRide Adventure Boat Tours

Hier stehen verschiedene **Bootstouren** entlang der **Insel Anglesey** auf dem Programm.

Porth Daniel Watersports Center, Water Street, Menai Bridge, Anglesey LL59 5DE; (0333) 1234 303; www.ribride.co.uk

Auf dem Weg zum Mount Snowdon (Tour 5)

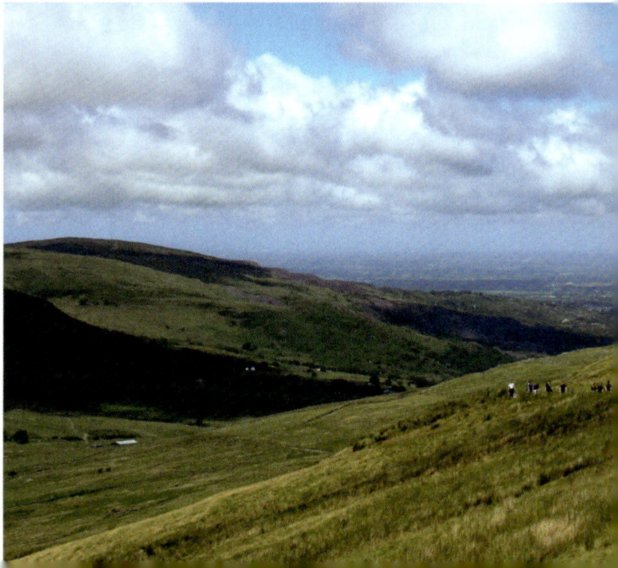

Snowdon Mountain Railway

Als einzige **Zahnradbahn** in Großbritannien nimmt die Snowdon Mountain Railway seit 1896 die Besucher von Llanberis mit **auf den Gipfel des Mount Snowdon.** Eine unvergleichliche Reise auf die Spitze von Wales mit toller Aussicht.

Victoria Terrace, Llanberis, Gwynedd LL55 4TT; (01286) 870 223; www.snowdonrailway.co.uk

Surf Snowdonia

In einer **alten Aluminiumfabrik** wurde ein **Paradies für Surfer** errichtet. Alle zwei Minuten schießt mitten in einem Tal im Snowdonia-Nationalpark eine zwei Meter hohe Welle in die Luft.

Conway Road, Dolgarrog, Conwy LL32 8QE; (01492) 353 123; www.surfsnowdonia.com

Zip World Penrhyn Quarry

Die Zip World ist ein **Abenteuerspielplatz für Adrenalinjunkies.** Hier wartet unter anderem die schnellste Zipline der Welt.

011wa cs

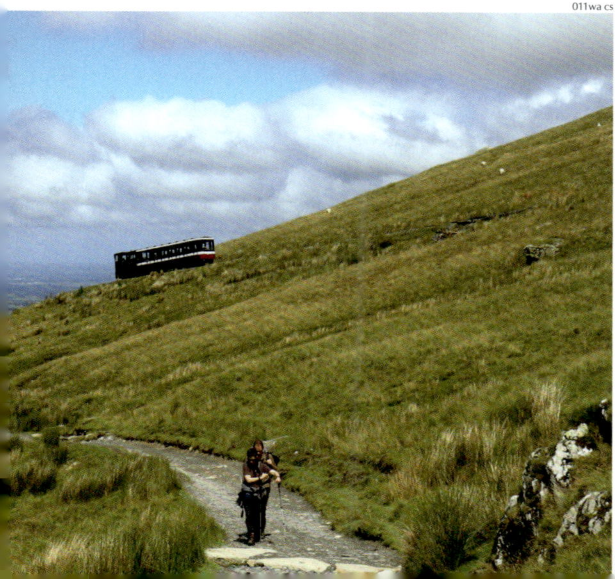

In einer Schieferhöhle sind auf drei Etagen Sprungnetze gespannt und mit Rutschen und Leitern verbunden.

Bethesda, Gwynedd LL57 4YG; (01248) 601 444; www.zipworld.co.uk

Informationen

Sehr gute Informationen über den Norden von Wales, auch in deutscher Sprache, findet man unter **www.visitwales.com/de.** Dort gibt es neben zahlreichen Tipps zu Land, Sehenswürdigkeiten und Ausflugszielen auch tolle Wanderempfehlungen. Die **Broschüre „Das ist Wales"** liefert ebenfalls einen umfangreichen Einblick in das Land des Drachen und steht zum kostenlosen Download zur Verfügung: www.visitwales.com/de.

Weitere gute Adressen (englischsprachig) zum Wandern im Norden von Wales sind **www.walkinwales.com** und **www.ramblers.org.uk/wales.**

Informationen vor Ort über eine Region und deren Sehenswürdigkeiten, Aktivitäten, Routen, Restaurants, Unterkünfte und mehr findet man in den **Tourist Information Centres (TIC).** In der Regel sind sie von 10 bis 17 Uhr geöffnet. Manche haben jedoch über den Winter geschlossen.

Anglesey: Tourist Information Centre: Station Site, LL61 5UJ; (01248) 713 177

Bala: Tourist Information Centre: Pensarn Road, LL23 7SR; (01678) 521 021; saisonal geöffnet

Barmouth: Tourist Information Centre: The Station, Station Road, LL42 1LU; (01341) 280 787

Beddgelert: Tourist Information Centre: Canolfan Hebog, LL55 4YD; (01766) 890 615; saisonal geöffnet

Betws-y-Coed: Tourist Information Centre: Royal Oak Stables, LL24 0AH; (01690) 710 426

Caernarfon: Tourist Information Centre: Oriel Pendeitsh, Castle Street, LL55 1ES; (01286) 672 232

Conwy: Tourist Information Centre: Castle Buildings, LL32 8LD; (01492) 592 248

Dolgellau: Tourist Information Centre: Ty Meirion, Eldon Square, LL40 1PU; (01341) 422 888

Harlech: Tourist Information Centre: Llys y Graig, High Street, LL46 2YE; (01766) 780 658; saisonal geöffnet

Llanberis: Tourist Information Centre: 41b High Street, LL55 4EU; (01286) 870 765; saisonal geöffnet

Llandudno: Tourist Information Centre: Library Building, Mostyn Street, LL30 2RP; (01492) 577 577

Llangollen: Tourist Information Centre: Y Chapel, Castle Street, LL20 8NU; (01978) 860 828

Mold: Tourist Information Centre: Library Museum & Art Gallery, Earl Road, CH7 1AP; (01352) 759 331

Porthmadog: Tourist Information Centre: High Street, LL49 9LP; (01766) 512 981

Pwllheli: Tourist Information Centre: Min y Don, Station Square, LL53 5HG; (01758) 613 000

Rhyl: Tourist Information Centre: Rhyl Children's Village, West Parade, LL18 1HZ; (01745) 355 068

Welshpool: Tourist Information Centre: The Vicarage Gardens Car Park, Church Street, SY21 7DD; (01938) 552 043

Wrexham: Tourist Information Centre: Lambpit Street, LL11 1WN; (01978) 292 015

Weitere Internetadressen zu Touristenregionen in Nordwales:
Snowdonia-Nationalpark: www.visitsnowdonia.info
Insel Anglesey: www.visitanglesey.co.uk/en
Halbinsel Lleyn: www.ahne-llyn-aonb.org

Llandudno und Conwy: www.visitllandudno.org.uk
Llangollen: www.llangollen.org.uk
Nordostwales: www.northeastwales.wales
Nordwales: www.gonorthwales.co.uk

Sprache

In Wales wird **offiziell Englisch und Walisisch** gesprochen. Bezeichnungen für Orte und Regionen gibt es daher häufig in beiden Sprachen. Dabei haben die verschiedenen Varianten oft kaum Ähnlichkeit zueinander. Auf Hinweisschildern befinden sich daher normalerweise beide Namen.

Walisisch ist eine **alte keltische Sprache,** die auch heute noch jeder fünfte Einwohner spricht. Da Englisch überall verstanden wird, muss man zwar nicht zwingend die walisische Sprache lernen, allerdings freuen sich die Einheimischen in Wales auch darüber, wenn man ein paar Wörter kennt. Deutsch- oder andere Fremdsprachenkenntnisse sind kaum verbreitet.

An- und Einreise

Um mit dem **Flugzeug** nach Nordwales zu reisen, fliegt man am besten an einen der grenznahen, englischen Flughäfen in **Manchester** (www.manchesterairport.co.uk) oder **Liverpool** (www.liverpoolairport.com). Hier kann man, wenn gewünscht, direkt seinen **Mietwagen** in Empfang nehmen. Die Fahrzeit beträgt beispielsweise von Manchester bis Caernarfon knapp zweiein-

Buchtipp

Ein sehr praxisorientierter Sprachführer Walisisch ist im Reise Know-How Verlag in der Kauderwelsch-Reihe erschienen: **„Walisisch – Wort für Wort“** (Band 153). Dazu ist ein begleitender **AusspracheTrainer** auf Audio-CD oder als mp3-Download erhältlich.

halb Stunden (ca. 170 Kilometer). Von Manchester fahren zudem regelmäßig **Direktzüge** nach Llandudno, Bangor und Holyhead.

Wer vom europäischen Festland mit dem **Zug** in den Norden von Wales reisen möchte, erreicht Großbritannien mit dem „Eurostar"-Hochgeschwindigkeitszug (www.eurostar.com) von Paris oder Brüssel über den **Channel Tunnel (Eurotunnel)** – den längsten Unterwassertunnel der Welt. Von London fahren dann ebenfalls Direktzüge weiter nach Nordwales. Weitere Informationen zu den Zugverbindungen unter www.nationaltrail.co.uk.

Busreisende kommen mit National Express Eurolines (www.eurolines.co.uk/en) mit Umstieg in London nach Nordwales. Die Fahrt mit dem Bus ist allerdings sehr zeitaufwändig, dafür aber vergleichsweise kostengünstig. Von London bis beispielsweise Llandudno sind es mit dem Bus etwa 9 Stunden.

Wer mit dem **Auto** anreist, findet Informationen zu **Fährverbindungen** vom europäischen Festland nach Großbritannien bei folgenden Anbietern:

Brittany Ferries: www.brittanyferries.de
Condor Ferries: www.condorferries.co.uk
DFDS Seaways: www.dfdsseaways.de
LD Lines: www.ldline.co.uk
P&O: www.poferries.com/de/portal
Stena Line: www.stenaline.de

Zudem steuern diverse **Kreuzfahrtschiffe** zwischen Mai und September unter anderem den Hafen in Holyhead an.

Für die **Einreise nach Wales** genügt für EU-Bürger ein bis zum Ende der Reise gültiger Personalausweis oder Reisepass. Schweizer benötigen einen Reisepass. Aufgrund des Austritts Großbritanniens aus der Europäischen Union ist es allerdings ratsam, sich vor der Einreise bei der Botschaft oder beim Auswärtigen Amt (www.auswaertiges-amt.de) über die aktuellen Einreisebestimmungen zu informieren.

Um **Hunde und Katzen** nach Wales einzuführen, benötigen diese Tiere einen Mikrochip, einen Heimtierausweis sowie eine gültige Tollwutimpfung. Bei Hunden muss vor der Einreise zudem eine Bandwurmbehandlung durchgeführt und in den EU-Heimtierausweis eingetragen werden. Weiterhin muss eine Erklärung zu den bisherigen Aufenthaltsorten ausgefüllt werden.

Weitere Informationen zur Einreise mit Tieren unter www.gov.uk/take-pet-abroad/overview.

Hinsichtlich der **Zollbestimmungen** gelten – solange Großbritannien den Austritt aus der Europäischen Union noch nicht vollzogen hat – weiterhin die Regeln der EU. Der Warenverkehr ist daher frei. Für den privaten Gebrauch von Genussmitteln gelten folgende Richtmengen:

Alkohol: 110 Liter Bier, 60 Liter Schaumwein, 10 Liter Spirituosen und alkoholhaltige Süßgetränke, 20 Liter Zwischenerzeugnisse (z.B. Sherry oder Portwein)
Tabak: 800 Stück Zigaretten, 400 Stück Zigarillos, 200 Stück Zigarren, 1 kg Rauchtabak
Kaffee: 10 kg Kaffee, 10 kg kaffeehaltige Waren

Mitgeführte **Barmittel** und gleichgestellte Zahlungsmittel im Gesamtwert von 10.000 Euro oder mehr müssen dem Zoll auf Befragen mündlich angezeigt werden. Weitere Informationen zu den Zollbestimmungen innerhalb der EU unter **www.zoll.de.**

Unterkunft

Wales ist **touristisch gut erschlossen.** Es gibt zahlreiche Hotels, Guest Houses, B&Bs, Jugendherbergen, Ferienwohnungen und Campingplätze. Guest Houses entsprechen etwa der deutschen Pension. Sie sind privat betrieben und meist günstiger als Hotels und teurer als ein B&B. Campingplätze sind relativ preiswert. Spezielle Wanderhütten gibt es nicht. Da im Juni, Juli und August die meisten Touristen im Land sind, sollte man zu dieser Zeit im besten Fall bereits im Vorfeld der Reise eine Unterkunft buchen.

Vor Ort geben Schilder mit der Aufschrift **vacancies** oder **no vacancies** Aufschluss darüber, ob in der jeweiligen Unterkunft (B&Bs und Guest Houses) Zimmer frei sind. Das **Qualitätszeichen Cymru/Wales** des offiziellen Qualitätsbewertungssystems von Wales garantiert, dass eine Unterkunft auf verschiedene Kriterien geprüft wurde. Je nach Güte werden 1 bis 5 Sterne vergeben.

Auto fahren

Das Auto ist die **ideale Möglichkeit,** im Norden von Wales zu reisen und auch bequem in abgelegene Regionen zu gelangen. Alle im Buch beschriebenen Wanderungen sind mit dem Auto erreichbar.

Am besten bucht man bereits vor der Reise einen **Mietwagen.** Am Flughafen in Manchester (England) befinden sich unter anderem folgende Anbieter:

Avis: www.avis.de
Europcar: www.europcar.de
Hertz: www.hertz.de/rentacar/reservation
Sixt: www.sixt.de
Alamo: www.alamo.de

Mietwagen sind mit einer **Rechtssteuerung** ausgestattet. Da in Wales wie in ganz Großbritannien das **Linksfahrgebot** gilt und das Fahren gerade am Anfang sehr gewöhnungsbedürftig sein kann, ist ein Fahrzeug mit Automatikgetriebe empfehlenswert.

Fahrer eines Mietwagens müssen mindestens 21 Jahre alt sein. Je mehr Fahrer bestimmt werden, desto teurer wird zudem der Preis. Das gilt auch für Zusatzversicherungen. Der ungewohnte Linksverkehr verleitet zwar dazu, sich rundum abzusichern. Aber auch dann wird es teurer.

Neben dem Linksverkehr gibt es noch weitere Besonderheiten, die beim Auto fahren beachtet werden müssen. **Kreisverkehre** sind beispielsweise weit verbreitet. Hier hat Vorfahrt, wer von rechts kommt. An Kreuzungen bestimmen Linien, wer zuerst fahren darf. Eine **Querlinie** weist darauf hin, dass man warten muss. Eine **doppelte Linie** bedeutet „Stopp".

Grundsätzlich sind die Straßen nicht so voll wie in Deutschland, allerdings **manchmal sehr eng** – unmittelbar am Straßenrand befinden sich zum Teil alte Steinmauern. Es gibt Straßen der **Kategorien A und B** sowie nicht spezifizierte. Autobahnen findet man im Norden von Wales hingegen nicht. Die autobahnähnliche A55, auch bekannt als **North Wales Expressway,** ist mit am besten ausgebaut. A-Straßen sind in der Regel breiter als B-Straßen, nicht spezifizierte meist einspurig. Hier fährt der Fahrer zurück, der sich näher an einer Einbuchtung befindet. Gera-

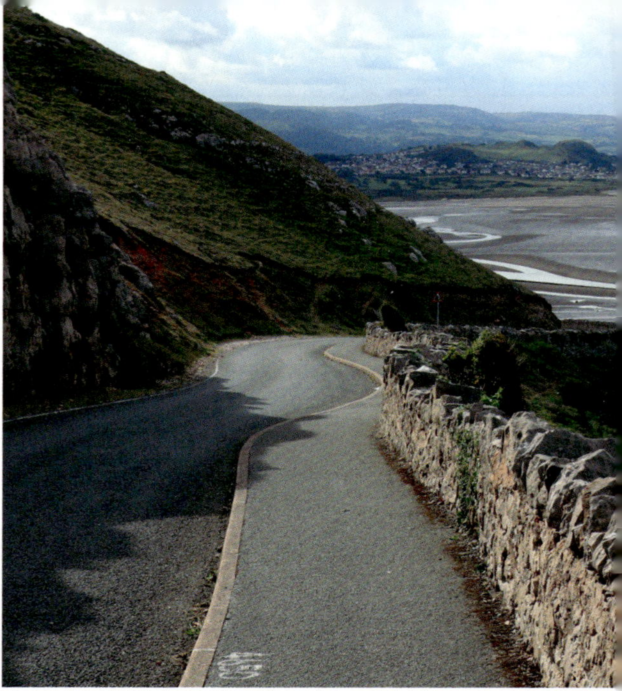

de am Anfang ist es angenehmer, auf den A-Straßen zu fahren, da Einheimische in engen und kurvenreichen Straßen aufgrund ihrer Erfahrung oft recht zügig unterwegs sind. Daher sind B-Straßen für Anfänger zwar anspruchsvoller, allerdings bieten sie die schöneren Ausblicke. Informationen zu Routenplanung, Fahranweisungen, Entfernungen sowie detaillierte Karten findet man unter www.rac.co.uk oder www.theaa.com.

Parkplätze sind in Nordwales meist gebührenpflichtig. Die Automaten nehmen allerdings oft nur Kleingeld an. Den Parkschein legt man gut sichtbar ins Auto. Gelbe Linien am Straßenrand weisen auf Parkverbot hin, doppelte gelbe Linien auf absolutes Halteverbot.

Verkehrsschilder sind zweisprachig gehalten (englisch und walisisch). Und obwohl auch in Wales das metrische System gilt, sind Entfernungen auf Verkehrsschildern und Geschwindigkeitsbegrenzungen in Meilen angegeben. Eine Meile entspricht 1,6 Kilometern. Die zulässige **Höchstgeschwindigkeit** in walisischen Ortschaften beträgt 48 km/h (30 mph), auf Landstraßen 96 km/h (60 mph) und auf Autobahnen 112 km/h (70 mph).

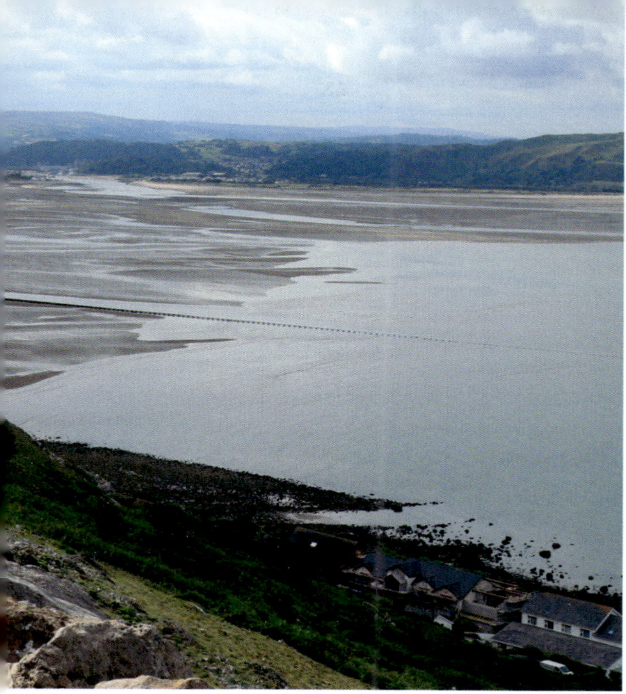

012wa cs

Anschnallen ist Pflicht, Führerschein und Fahrzeugschein müssen mitgeführt werden. Der maximal zulässige **Blutalkoholgehalt** liegt bei 0,8 Promille. Ein Blick auf die britische Straßenverkehrsordnung ist ebenfalls hilfreich: www.visitbritain.com/de/de/plan-your-trip/befoerderung-grossbritannien/reisen-mit-dem-auto.

Tankstellen sind in der Regel von 7 bis 22 Uhr geöffnet, in großen Städten und an Hauptverkehrsrouten sogar 24 Stunden lang. Die Bezahlung ist auch mit internationalen Kreditkarten möglich. Unleaded entspricht unserem „Super", premium unserem „Superplus". „Diesel" heißt sowohl auf Englisch als auch Walisisch diesel. Bevor man in abgelegene Regionen fährt, sollte man immer ausreichend tanken.

Bei einer **Panne** helfen die Automobile Association (AA) unter der Telefonnummer (0800) 887 766 sowie der Royal Automobile Club (RAC) unter der (0800) 828 282 aus.

Auf dem Marine Drive nach Conwy (Tour 15)

Die Schmalspurbahnen in Wales

In ganz Wales gibt es **14 nostalgische Schmalspur- und Dampfbahnen.** Viele davon gehören zu den **Great Little Trains of Wales** (www.greatlittletrainsofwales.co.uk). Mit der Great Little Trains of Wales Discount Card erhält man eine Vergünstigung von bis zu 20 Prozent auf den regulären Fahrpreis.

Bevor sie touristisch genutzt wurden, dienten die Bahnen bis zur Schließung zahlreicher Werke dazu, Kohle, Schiefer und andere Rohstoffe sowie später auch Personen zu transportieren. Die alten Strecken werden auch dank der Initiative von Dampflokfans restauriert. Einige davon befinden sich im Norden des Landes.

Snowdon Mountain Railway

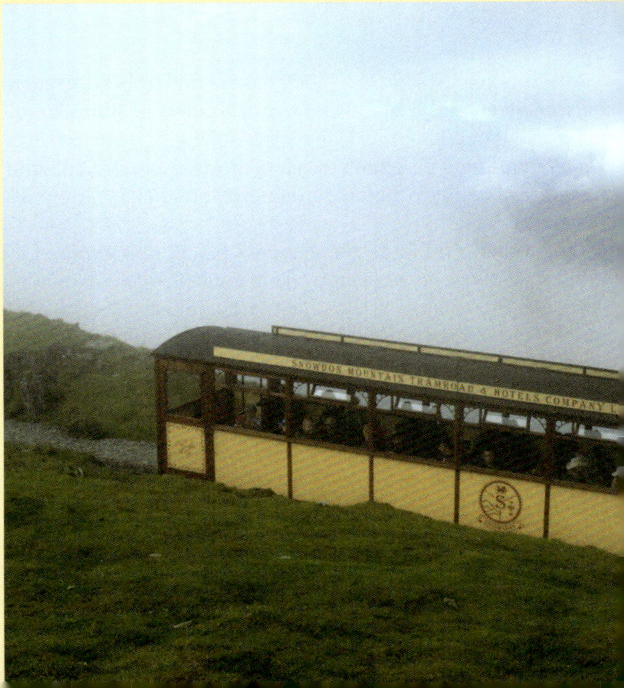

Hier eine Übersicht aller Schmalspur- und Dampfbahnen in Wales (1, 4, 5, 6, 8, 9, 10, 13 und 14 befinden sich in Nordwales):

1. **Bala Lake Railway** (Bala)
2. **Brecon Mountain Railway** (Merthyr Tydfil)
3. **Corris Railway** (Machynlleth)
4. **Ffestiniog Railway** (Porthmadog, Blaenau Ffestiniog)
5. **Fairbourne Railway** (Barmouth)
6. **Great Orme Tramway** (Llandudno)
7. **Gwili Railway** (Carmarthen)
8. **Llanberis Lake Railway** (Llanberis)
9. **Llangollen Railway** (Llangollen)
10. **Snowdon Mountain Railway** (Llanberis)
11. **Talyllyn Railway** (Tywyn)
12. **Vale of Rheidol Railway** (Aberystwyth)
13. **Welsh Highland Heritage Railway** (Pothmadog, Caernarfon)
14. **Welshpool and Llanfair Light Railway** (Welshpool)

013wa cs

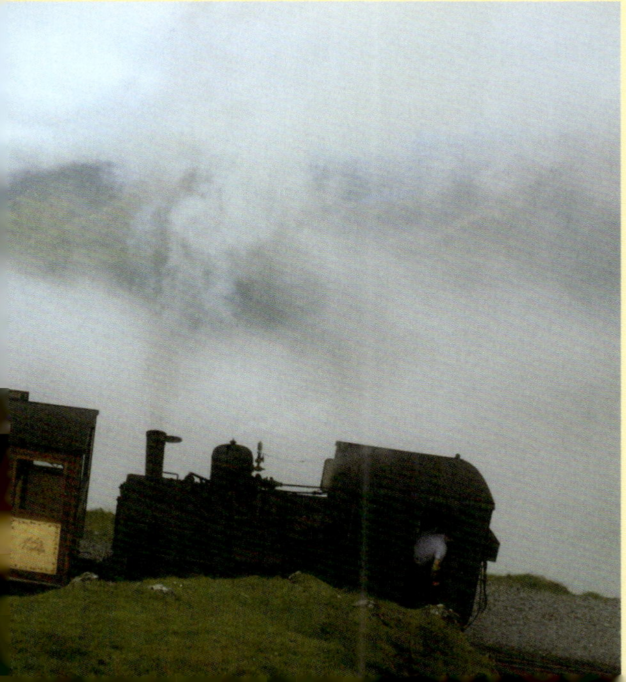

Öffentliche Verkehrsmittel

Das **Busnetz** in Nordwales ist sehr gut ausgebaut und hauptsächlich vom Unternehmen Arriva (www.arrivabus.co.uk/wales) erschlossen. Im **Snowdonia-Nationalpark** ist die Buslinie Snowdon Sherpa (www.gwynedd.gov.uk/en/Residents/Parking-roads-and-travel/Travel-passes/Snowdon-Sherpa.aspx) für Wanderer interessant. Sie deckt ein weites Gebiet rund um den Gipfel mit Ausstieg an beliebten Wanderzielen ab. Für entlegenere Gegenden kann es jedoch auch mit dem Bus teilweise mühsam werden.

Das **Bahnnetz** ist hingegen weniger gut ausgebaut. Als Transportmittel ist es für Wanderer daher nicht empfehlenswert. Die vielen **Schmalspurbahnen** sind dennoch eine Attraktion für sich und eine gemütliche Abwechslung zur ausgiebigen Wanderung. So kann man zum Beispiel alternativ zur Tour auf den Mount Snowdon bequem mit der Snowdon Mountain Railway nach oben fahren und die tolle Aussicht im nostalgischen Zugabteil genießen.

Geldangelegenheiten

Die offizielle **Währung** in Wales und ganz Großbritannien ist der **Pfund Sterling.** Allerdings gibt es zwei unterschiedliche Arten von Banknoten, da sowohl die Bank of England, die für England und Wales verantwortlich ist, als auch die Bank of Scotland Banknoten herausgeben. Im Gegensatz zu Schottland hat Wales keine eigenen Banknoten, jedoch eigene Pfundmünzen. Diese bilden die beiden Nationalsymbole Drachen oder Lauch ab. Auf dem Rand steht ein Teil der walisischen Nationalhymne geschrieben. 1 Pfund Sterling wird in 100 Pence unterteilt. Münzen sind zu 1p, 2p, 5p, 10p, 20p, £1 und £2, Scheine zu £5, £10, £20 und £50 im Umlauf. Je nach **Wechselkurs** entspricht 1 Britischer Pfund etwa 1,12 Euro (Stand September 2018).

In den meisten Geschäften, Restaurants und Unterkünften werden zudem gängige **Kreditkarten** wie VISA oder Mastercard akzeptiert. Man sollte aber auf jeden Fall auch immer etwas **Bargeld** bei sich haben, da gerade kleinere B&Bs dies oft als einziges Zahlungsmittel annehmen. Bargeld kann man an zahlreichen Geldautomaten sowohl mit EC-(Maestro-)karte als auch

Kreditkarte abheben. Die Kosten einer Barabhebung sind dabei abhängig von der kartenausstellenden Bank.

Eine feste **Trinkgeld-Regel** gibt es in Wales nicht. Wenn man mit dem Service zufrieden ist, kann man diesen nach Belieben würdigen. Speziell in Restaurants sind dann etwa 10 bis 15 Prozent des Rechnungsbetrags üblich. Das Trinkgeld lässt man dann einfach auf dem Teller liegen, auf dem die Rechnung gebracht wurde. Allerdings kann es sein, dass ein Bedienungsgeld *(service charge)* bereits in der Rechnung aufgeführt ist. In Bars und Pubs ist Trinkgeld hingegen unüblich. Jedoch kann man den Angestellten als Dankeschön ein Getränk anbieten. Für Hotelmitarbeiter gibt es ebenfalls keine feste Regelung, sodass man auch hier nach eigenem Ermessen handeln kann. Ein Trinkgeld für Taxifahrer ist besonders bei längeren Strecken und wenn der Fahrer mit dem Gepäck hilft üblich.

Öffnungszeiten und Feiertage

Die **Geschäfte** sind in der Regel montags bis samstags von 9 bis 17:30 Uhr geöffnet – in größeren Ortschaften und Städten auch sonntags von 10 bis 16 Uhr. Kleinere Lebensmittelgeschäfte in Dörfern haben teilweise längere Öffnungszeiten. Supermärkte sind bis 20 Uhr geöffnet, manche Superstores an Wochentagen sogar rund um die Uhr.

Die Öffnungszeiten von **Banken** sind normalerweise montags bis freitags von 9 bis 17 Uhr sowie samstags von 9 bis 12 Uhr.

Pubs sind in der Regel durchgehend von 11 bis 23 Uhr geöffnet, manche auch länger. Andere öffnen erst am Abend.

Sehenswürdigkeiten haben etwa von 10 bis 17 Uhr geöffnet.

An **Feiertagen** hingegen sind viele Einrichtungen geschlossen.

1. Januar: Neujahr (New Year's Day)
März/April: Karfreitag (Good Friday)
März/April: Ostermontag (Easter Monday)
Erster Montag im Mai: Maifeiertag (Early May Bank Holiday)
Letzer Montag im Mai: Frühlingsfeiertag (Spring Bank Holiday)
Letzter Montag im August: Sommerfeiertag (Summer Bank Holiday)
25. Dezember: Erster Weihnachtsfeiertag (Christmas Day)
26. Dezember: Zweiter Weihnachtsfeiertag (Boxing Day)

Der heilige David

Am **1. März ist Nationalfeiertag** (nicht arbeitsfrei) in Wales. Die Einwohner feiern am St David's Day ihren Schutzpatron, den heiligen David. Der Bischof aus dem 5. Jahrhundert gründete die heutige Kathedrale in Pembrokeshire sowie mehrere Klöster in Wales und der Bretagne. Im 12. Jahrhundert setzte der Papst sogar zwei Pilgerreisen zur Kathedrale in St David in Pembrokeshire mit einem Trip nach Rom gleich und drei Pilgerschaften mit einer nach Jerusalem.

Neben den bekannten Feiertagen wie Neujahr, Ostern oder Weihnachten gibt es in Wales noch die sogenannten **bank holidays.** Diese freien Montage ersetzen weggefallene Feiertage wie beispielsweise Christi Himmelfahrt. Die Banken hatten bis 1834 an bestimmten Feiertagen geschlossen. Seit 1871 gibt es ein Gesetz, das gesetzliche Feiertage als bank holidays bezeichnet. Fällt ein Feiertag zudem auf ein Wochenende, ist der anschließende Montag ebenfalls ein Feiertag.

Telefonieren, Internet und Notruf

Die **internationale Vorwahl** für Wales (sowie für England, Schottland und Nordirland) ist die +44 bzw. 0044. Nach diesen Ziffern folgt die Ortsvorwahl ohne Null sowie die Teilnehmernummer. Die Auskunft ist unter der 11 81 18 oder der 11 88 88 erreichbar.

Die **Netzabdeckung für Mobiltelefone** ist gut. Solange Großbritannien noch Mitglied in der Europäischen Union ist, kann man das eigene Mobiltelefon problemlos unter den vom Anbieter geltenden **EU-Roaming-Bedingungen** nutzen. Viele Restaurants, Pubs und Unterkünfte bieten zudem **kostenlose Wifi-Verbindungen** an. Öffentliche Telefonzellen hingegen haben sich wie in Deutschland in den letzten Jahren verringert. Die alten roten Telefonzellen funktionieren in der Regel nicht mehr und dienen nur noch der Dekoration.

Polizei, Feuerwehr und Rettungsdienst haben in ganz Wales die **Notrufnummer 999.** Gerät man während einer Wanderung in Not, sollte man nach der **Bergrettung (mountain rescue)** fragen, seine Position möglichst genau angeben können und die Anzahl der verletzten Personen nennen.

Sollte man darüber hinaus Hilfe benötigen, kann man sich an die **diplomatischen Vertretungen des Heimatlandes** wenden. In der walisischen Hauptstadt Cardiff befindet sich mit dem Honorarkonsulat der Bundesrepublik Deutschland eine Außenstelle der Deutschen Botschaft in Großbritannien.

Honorarkonsulat der Bundesrepublik Deutschland
c/o Berry Smith Solicitors, Haywood House, Dumfries Place, Cardiff CF10 3GA, United Kingdom, (02920) 345 511, cardiff@hk-diplo.de

Diplomatische Vertretungen für Österreich und die Schweiz:

Österreichische Botschaft in London
18 Belgrave Mews West, London SW1X 8HU, United Kingdom, (02073) 443 250, london-ob@bmeia.gv.at, www.aussenministerium.at/london

Schweizer Konsulat
c/o Morgan Cole Solicitors, Bradley Court, Park Place, Cardiff CF10 3DP, (02920) 488 533, cardiff@honorarvertretung.ch

Strom

In Wales werden Steckdosen des Typs G verwendet. Dafür ist ein **dreipoliger Reisestecker-Adapter** nötig. Die Netzspannung beträgt 230 Volt und die Frequenz ist 50 Hz. Manche Steckdosen sind nur für Rasierapparate geeignet. Dafür wird kein Adapter benötigt. Allerdings darf man dort sonst keine anderen Geräte anschließen.

015wa cs

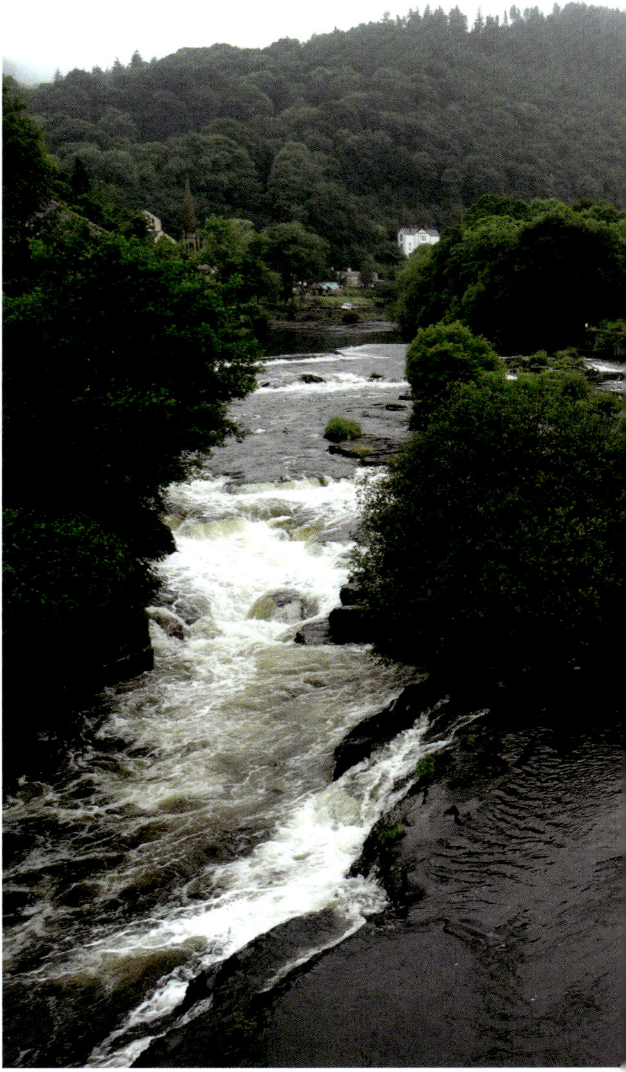

Landeskunde

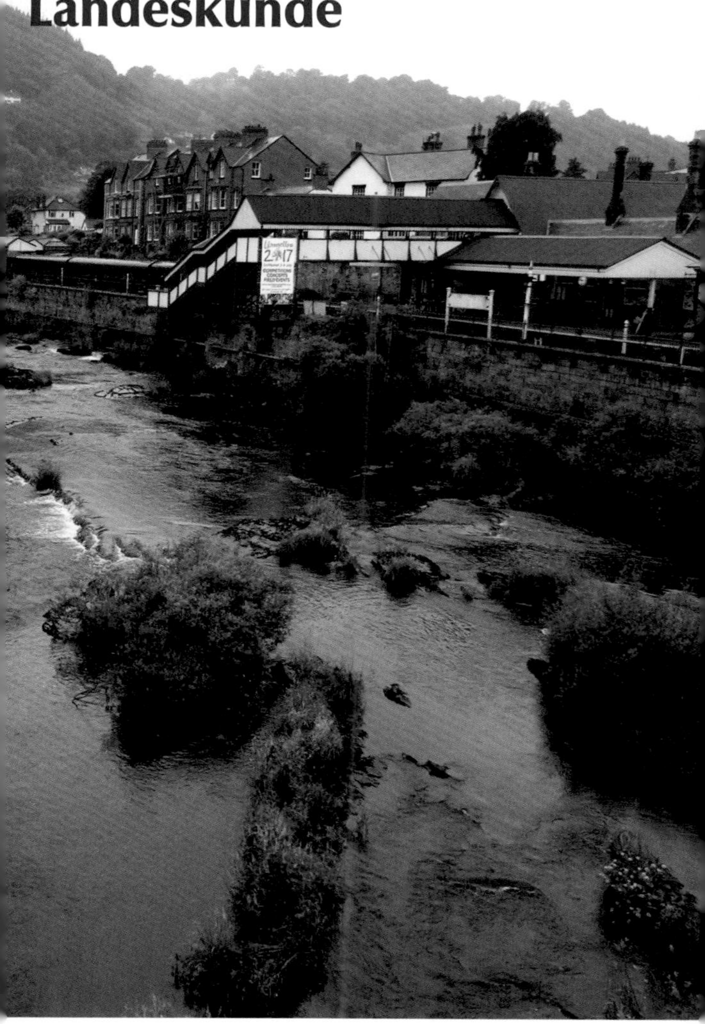

Landeskunde

Landschaft

Die Halbinsel Wales bildet zusammen mit England, Nordirland und Schottland das **Vereinigte Königreich Großbritannien** und setzt sich aus 22 Landkreisen/Principal Areas zusammen. Im Osten grenzt Wales an England, die anderen drei Seiten sind vom Meer umgeben. Die Cardigan Bay und die Irische See trennen das Land an der West- und Nordküste von Irland und der Isle of Man.

In der Hauptstadt **Cardiff** und den angrenzenden Städten an der Südküste leben die meisten der rund 3 Millionen Einwohner. Im Vergleich zu England ist das 270 Kilometer lange und 100 Kilometer breite Wales mit einer Gesamtfläche von etwa 20.720 Quadratkilometern damit eher dünn besiedelt. Und auch hinsichtlich der Landschaft unterscheidet sich Wales von seinem englischen Nachbarn. Zusammen mit Schottland hat es die meisten **Gebirgsregionen** im Vereinigten Königreich und ist von kargen Bergen und Hügeln geprägt. Die höheren Lagen sind charakterisiert durch Gras- und Moorland. Wälder und zum Teil Sümpfe sowie zahlreiche Wiesen und Weiden findet man eher in den Tälern. Die raue Felsküste öffnet zwischen ihren Klippen immer wieder Platz für lange Sandstrände.

Von Norden nach Süden verlaufen die Hügel der **Cambrian Mountains,** während sich die Landschaft der **Insel Anglesey** ebenso flach wie der südliche Teil von Wales gestaltet. **Nordwales** hingegen, das einst als Zufluchtsort walisischer Prinzen diente, besticht durch seine Berglandschaft. Dort befindet sich mit dem **Llyn Tegid** bei Bala auch der größte natürliche See des Landes. Manche Seen in Wales, zum Beispiel der Lake Vyrnwy im Nordosten, sind hingegen künstlich angelegt und dienen als Wasserreservoir.

Ynys Llanddwyn auf der Insel Anglesey (Tour 1)

Kapitelstartseite:
In Llangollen (Tour 19)

Die drei **Nationalparks Snowdonia, Brecon Beacons** und **Pembrokeshire Coast** umfassen etwa 20 Prozent des Landes. Obwohl die Nationalparks in Wales, wie in ganz Großbritannien, bewohnt sind, leben rund 80 Prozent der Waliser in den Städten. Der größte Anteil der Landschaft wird zur **Schafzucht** genutzt. Neben den drei Nationalparks gibt es zusätzlich fünf Gegenden mit dem offiziellen Status **Gebiete von außerordentlicher natürlicher Schönheit/Areas of Outstanding Natural Beauty.** Dazu zählen im Norden die Insel Anglesey, die Bergkette Clwydian Range sowie die Halbinsel Lleyn. Weitere mit diesem Status ausgezeichnete Regionen in ganz Wales sind Gower und das Wye-Tal. Zudem gibt es über das Land verteilt zahlreiche Naturschutzgebiete, in Nordwales unter anderem Coedydd Aber bei Bangor, ein Tal rund um die Aber Falls am Fuß des Gebirges Carneddau, die Dünen um Morfa Harlech bei der gleichnamigen Stadt, Newborough Warren mit seinen Dünen und Kiefern auf der Insel Angelsey oder das eisenzeitliche Tal Cwm Idwal bei Llanberis im Gebirge von Snowdonia.

016wa cs

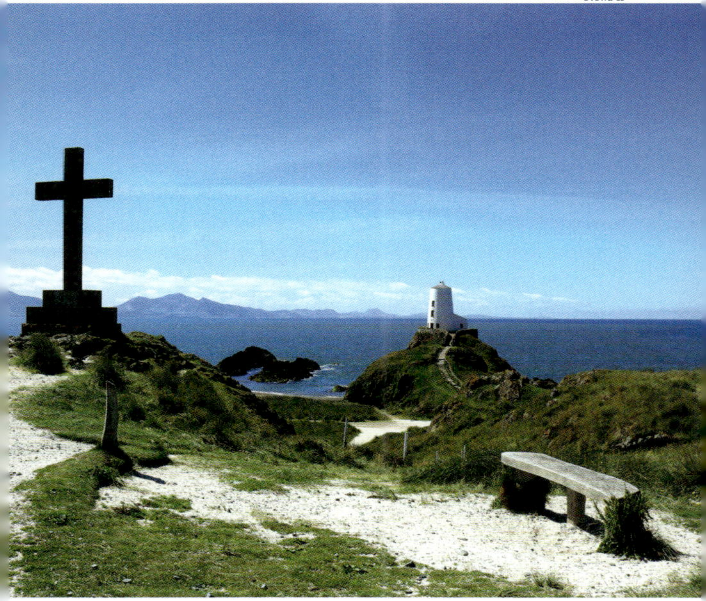

Die großen Waliser

In der internationalen Kultur- und Sportszene sind zahlreiche große Waliser vertreten. Unter den bekanntesten Schauspielern finden sich Namen wie **Richard Burton, Sir Anthony Hopkins, Catherine Zeta-Jones** oder **Timothy Dalton.** Berühmte Sänger sind **Sir Tom Jones, Dame Shirley Bassey, Bonnie Tyler** oder **Duffy.** Schriftsteller **Dylan Thomas** gilt als Größe der Literatur. Kleingeblümte Muster und Rüschen ließen **Laura Ashley** zur Modeikone aufsteigen. Für ihre Designer-Fähigkeiten wurde **Bethan Grey** ausgezeichnet. **Bertrand Russell** war ein großer Philosoph und Mathematiker. Zu den erfolgreichsten Paralympioniken der Geschichte zählt Leichtathletin **Dame Tanni Grey-Thompson. Gareth Bale** schoss Wales 2016 bis ins Halbfinale der Fußball-Europameisterschaft in Frankreich und spielt aktuell bei Real Madrid. **Bryn Terfel** gilt als bester Bass-Bariton unserer Zeit. Und nach **Sir George Everest** wurde der Mount Everest benannt.

Geschichte

Während **erste Spuren von menschlichen Siedlern** in Wales an der Nord- und Südküste entdeckt wurden, hatte das wärmer werdende Klima ab der Mittelsteinzeit (ca. 10.000 v. Chr.) nicht nur zur Folge, dass Menschen auch ins Landesinnere zogen, sondern **ließ auch den Meeresspiegel ansteigen.**

Gegen 8500 v. Chr. trennte sich Großbritannien vom Festland und wurde zur Insel. Mit Beginn der Eisenzeit (ab dem 7. Jh. v. Chr.) kamen schließlich die ersten **Kelten** ins Land und errichteten zahlreiche Forts. Walisische Ortsnamen, die mit „llan" (Kirche oder Gemeinde) beginnen, gehen auf keltische Heilige zurück. Später wurde Wales aufgrund seiner Metalle auch für die **Römer** interessant, die 47 n. Chr. erstmals die Bevölkerung angriffen. Knapp 400 Jahre später verließen die Römer das damals England (bis zum Hadrianswall), Cornwall und Wales umfassende Britannien, doch schon kurz darauf mussten sich die Bewohner der Insel mit den einfallenden **Angelsachsen** auseinandersetzen.

Die Invasoren aus dem 5. Jh. drangen jedoch nicht bis nach Wales durch. Der Stoff für die Legenden um König Artus soll aus dieser Zeit stammen. Zudem siedelten sich in Wales vermehrt **Iren** an, womöglich auch flüchtende Kelten aus dem nahen England – die **Wurzeln der keltischen Sprachen** Walisisch, Kornisch und Bretonisch führen in diese Zeit. Obwohl Wales im 6. Jh. aus einzelnen Königreichen bestand, verbündeten sie sich gemeinsam gegen die Angelsachsen, die im heutigen England ihr Lager aufschlugen. Durch die angelsächsische Besetzung Englands wurde Wales jedoch weitestgehend vom Festland isoliert. Mit dem Ende der Kämpfe zwischen Wales und den Angelsachsen im Mittelalter wurde schließlich der **Offa's Dyke** um 800 n. Chr. gebaut. Die Grenze zwischen Wales und dem Königreich Mercia galt als Symbol der Waffenruhe.

Doch kaum waren die Auseinandersetzungen mit den Angelsachsen vorläufig vorbei, fielen im 9. Jahrhundert die **Wikinger** in Wales ein. König Rhodi Mawr besiegte den neuen Feind jedoch auf der Insel Anglesey und schaffte es zudem erstmals, die vielen walisischen Königreiche zu vereinen. Das von seinem Enkel Hywel Dda im Jahr 930 verfasste und verbreitete mittelalterliche Gesetz von Wales galt bis zum Ende der Unabhängigkeit im Jahr 1536.

Im 11. Jahrhundert eroberten die **Normannen** England und drangen auch bis nach Wales vor. Daraufhin entstanden in den Folgejahren Kathedralen, Klöster und Orden wie die Zisterzienser, die keltische Kirche verschwand. Mitte des 12. Jahrhunderts gelang es den Walisern jedoch, einige Gebiete von den Normannen zurückzuerobern und **Llywelyn der Große** (Llywelyn ap Iorwerth) schaffte es im 13. Jahrhundert schließlich, Wales erneut zu vereinen. Dessen Enkel Llywelyn II. (Llywelyn ap Gruffudd) regierte von 1246 bis 1284 und bemühte sich darum, das Erbe und die erlassenen Reformen seines Großvaters aufrecht zu erhalten. Doch während der englische König Heinrich III. Llywelyn den Letzten, wie Llywelyn II. auch genannt wurde, noch als Prinz von Wales anerkannte, wollte sein Nachfolger Edward I. die Einigung Großbritanniens erreichen und startete einen Feldzug gegen Llywelyn.

Mit dem Bau seiner Burgen an der Nordküste und dem Tod Llywelyns **unterwarf Edward I. Wales endgültig der englischen Krone** und teilte die walisischen Gebiete in Grafschaften ein. Den Titel „Prince of Wales" übertrug er im Jahr 1301 seinem im Caernarfon Castle geborenen Sohn Edward II. Wales verlor daraufhin seine Eigenständigkeit und war im 14. Jahrhundert Hungersnot und Pest ausgesetzt. Zu hohe Steuern und Ausbeutung durch die englischen Lords führten schließlich zu einer Rebellion, die von **Owain Glyndwr,** einem Erben walisischer Königshäuser, angeführt wurde. Die unterdrückten Waliser sahen in ihm die lang ersehnte Rückkehr von König Artus, der einst tapfer gegen die Angelsachsen gekämpft haben soll. Owain Glyndwr eroberte ein paar der edwardianischen Burgen, ein Großteil der Bevölkerung folgte ihm. Doch nachdem er sich selbst zum „Prince of Wales" ernannte und ein Parlament einberief, wurden die Burgen in Aberystwyth und Harlech von den Engländern zurückerkämpft. Nach weiteren Niederlagen resignierte Owain Glyndwr endgültig. Politische Veränderungen blieben unter ihm zwar aus, dennoch ist er bis heute ein Volksheld in Wales.

Mit Beginn der **Tudor-Dynastie** in England unter Heinrich VII. 1485, der sich in den walisischen Farben grün-weiß zum König krönen ließ, schöpften die Waliser zunächst zwar Hoffnung, Wales würde von nun an wieder von Kelten regiert. Doch nur wenig später verlor das Land unter dessen Sohn König Heinrich VIII. 1536 endgültig seine Unabhängigkeit und wurde in den **Acts of Union** (Gesetze zur Eingliederung von Wales) an das Englische Königreich angeschlossen – mit den Acts of Union von 1707 vereinigten sich schließlich die Königreiche England und Schottland zum Königreich Großbritannien. Englische Gesetze und Regierung erhielten Einzug in die neu eingeteilten Grafschaften, die walisische Kirche wurde der anglikanischen zugeordnet, Klöster wurden aufgelöst, das Kirchenland fiel an die Adeligen. Die walisische Sprache wurde zudem immer mehr in den Hintergrund gedrängt. Wer ein öffentliches Amt übernehmen wollte, musste Englisch können. Der Verlust der nationalen Identität drohte. Und auch während der **Stuart-Dynastie** in England ab 1603 verloren die Waliser noch mehr Privilegien.

Erst mit Beginn der Neuzeit im 18. Jahrhundert erhielt das **nationale Bewusstsein** mithilfe der Religion einen neuen Aufschwung. Der **walisische Methodismus** war geboren und maß-

Landeskunde

Die keltischen Nationen

Die Kelten siedelten in der Eisenzeit in Wales und anderen Teilen Europas. Mittlerweile umfasst der **Bund keltischer Nationen** Bevölkerungsgruppen im heutigen Europa, die sich zusammen zur Aufgabe gemacht haben, die keltische Kultur zu erhalten und vor allem dem Verlust ihrer Sprachen entgegenzuwirken. Dem Bund gehören Länder und Regionen an, die sich mit dem keltischen Brauchtum identifizieren und in denen auch heute noch oder bis vor kurzem eine keltische Sprache gesprochen wurde. Mitglieder sind **Wales mit Walisisch, Schottland mit Schottisch-Gälisch** auf den Hebriden und zum Teil auch in den Highlands, **Irland mit Irisch, die Bretagne mit Bretonisch** sowie die **Isle of Man** mit dem erst in den 1970er Jahren ausgestorbenem **Manx** und **Cornwall** mit dem im 18. Jahrhundert verlorengegangenen **Kornisch.** Es gibt jedoch Versuche, Manx und Kornisch wiederzubeleben.

Für die **modernen Kelten** sind ihre Kultur, Traditionen und Sprachen ein Ausdruck der eigenen Identität und Lebenseinstellung. Während früher zum Teil Spannungen unter den einzelnen Gruppierungen herrschten, kämpfen sie in der Gegenwart gemeinsam für ihr Ziel. So findet man zum Beispiel in Wales hin und wieder die gehissten Flaggen anderer keltischer Regionen und Länder.

017wa cs

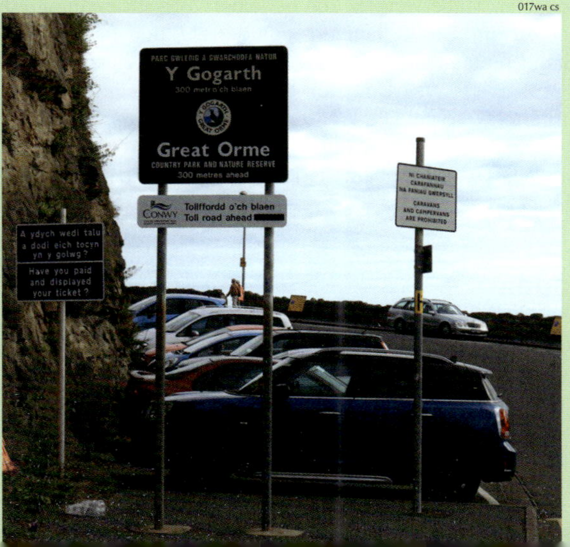

geblich daran beteiligt, die walisische Sprache wieder vermehrt zu verbreiten. In der Zeit der **Industrialisierung** war Wales schließlich auch wichtiger Kohlelieferant für Großbritannien. Eisenbahnen wurden gebaut, Arbeitsplätze geschaffen. Aus dem neu gewonnen Selbstbewusstsein der walisischen Bevölkerung resultierten nun auch **erste Autonomieforderungen.** Zudem durften Universitäten gegründet werden und das erste internationale Eisteddfod fand statt.

Im **Ersten Weltkrieg** stieg der Lebensstandard der Waliser weiter. Die Wirtschaft erfuhr einen Aufschwung. Erst in den Zeiten der **Depression** in den 1920er Jahren gestaltete sich ein umgekehrtes Bild. Die Arbeitslosigkeit stieg an. Viele Waliser wanderten nach England aus. Die Wende kam schließlich im **Zweiten Weltkrieg,** der neue Arbeit mit sich brachte. Allerdings wollten nicht alle Waliser an der Seite der Engländer kämpfen und verweigerten den Dienst.

1955 erhielt Wales mit Cardiff seine erste **Hauptstadt,** die 1964 aktiv wurde. Zudem wurde die **Nationalflagge** anerkannt und nachdem 1964 die „Gesellschaft der walisischen Sprache" entstand, wurde Wales 1967 **offiziell zweisprachig.** Auch sein eigenes Parlament sollte das Land bekommen, doch bei einer Volksabstimmung 1979 stimmten 80 Prozent dagegen, da sie die gewährleistete Autonomie als nicht ausreichend ansahen. 1999 wurde schließlich die walisische Nationalversammlung eingerichtet. Mittlerweile wurde bei einer Volksabstimmung 2016 der Austritt Großbritanniens aus der EU, der im März 2019 (Stand September 2018) vollzogen werden soll, beschlossen.

2017 feierte Wales im **„Jahr der Legenden"** seine jahrhundertealte Geschichte. Die Waliser sind sehr stolz darauf, dass die Historie des Landes seit jeher tief mit Sagen und Legenden verwurzelt ist und sich überall in der wunderschönen Natur Mythen verstecken.

Fauna

Die Tierwelt von Wales ist einzigartig in Europa und zu jeder Jahreszeit sehenswert. Die **216 Naturschutzgebiete** im ganzen Land, die vom **Wildlife Trust Wales** verwaltet werden, sind zudem kostenfrei zugänglich und geben Einblicke in die große Vielfalt.

Das **walisische Meer** bietet beispielsweise Lebensraum für Lederrückenschildkröten, Seepferdchen, Delfine, Schweinswale, Robben, Schwertwale, Riesenhaie und Wale. Die **felsige Küste** ist hingegen Heimat für zahlreiche Meeresvögel wie die schnittige Seeschwalbe. In den **Bergen** lebt unter anderem der Wanderfalke, der schnellste Vogel der Welt. An **Flüssen, Kanälen und Seen** hausen zudem Enten, Libellen und Schmetterlinge.

Frühling und Sommer sind für Tierbeobachtungen ideal. Birkenhähne führen dann ihre Balztänze auf, Delfine springen in die Luft und Meeresvögel finden sich massenhaft an den Klippen ein. Ab dem Frühjahr bis Ende Juli sieht man auf Bardsey Island bei der Halbinsel Lleyn rund 14.000 brütende Schwarzschnabelsturmtaucher. Aber auch **Herbst und Winter** haben ihren Reiz. Im November schwimmen die atlantischen Lachse und Forellen die Flüsse hoch, um Laichplätze zu finden. Zudem sind große Scharen von Wildvögeln im Winter auf der Suche nach Futter und Plätzen zum Überwintern. Das Naturschutzgebiet Conwy Estuary Reserve beispielsweise beheimatet im Wechsel der Jahreszeiten zahlreiche Zugvögel. Im Herbst sieht man hier Uferschnepfen, im Frühling kehren die Sumpfbuschjäger aus Afrika zurück.

Die Kombination aus Klippen, Gras- und Heideland und Wäldern im **Great Orme Country Park** bei Llandudno bietet ebenfalls gute Lebensbedingungen für eine Vielzahl von Tieren. Wer zur Vogelbeobachtung kommt, kann Ringellummen, Klippenmöwen und Tordalken entdecken. Im Sommer kommen Wanderfalken und Steindohlen hinzu. Zudem ist das Naturschutzgebiet Heimat von über 20 Schmetterlingsarten. Hier leben unter anderem Argus-Bläulinge und Rostbindenfalter. Die Klippen und Graslandschaft um den **Little Orme** ziehen hingegen viele Vögel auf der Durchreise an. Im Frühling kommt der Eissturmvogel, im Winter der seltene Schwarzscheitelwaldsänger.

Moorschneehühner, Birkhühner, Kornweihen, Feldlerchen, Wiesenpieper, Kuckucke, Kreuzottern, Feldhasen und zum Teil Fischadler leben im Heideland in **Gors Maen Llwyd,** während das Naturschutzgebiet **Coedydd Aber** rund um die Wasserfälle Aber Falls Waldvögel wie Atlasschnäpper, Waldlaubsänger, Buntspecht, Wasseramseln, Gebirgsstelzen und Ringamseln beheimatet. Im Naturreservat **Traeth Lafan Local** bei Llanfairfechan findet man die größte Gruppe von Haubentauchern in ganz Großbritannien. Außerdem ist es Heimat für große Austernfischer, Mittelsäger und Schellenten. An der **Flussmündung des Dee** an der Nordküste lebt zudem eine große Ansammlung von Stelzvögeln.

Auf der **Insel Anglesey** ist **Cemlyn** ein international bedeutender Lebensraum und ein wahres Paradies für Meeresvögel. Neben Küsten- und Flussseeschwalben leben hier über 1000 Nestpaare und damit die größte Population in Großbritannien an Brandseeschwalben. Auch zahlreiche Säugetiere, Insekten und Meerestiere sind hier zuhause. Krabben und Hummer werden unter anderem auch auf Anglesey gefangen. Rund um den **Holyhead Mountain** tummeln sich im Frühling zudem Ringellummen, Tordalken, Papageientaucher, Eissturmvögel und Möwen. In der **Bull Bay** auf der Insel Anglesey kann man Delfine sehen.

Die größte heimische **Delfinpopulation** lebt in der Cardigan Bay, einer Bucht an der Westküste von Wales am nördlichen Ausgang des St.-George-Kanals bis zur Irischen See zwischen der Halbinsel Lleyn und Pembrokeshire. Im Sommer ist die Chance am größten, hier Delfine oder Kegelrobben zu Gesicht zu bekommen. Mit etwas Glück huscht auch ein Schweinswal

018wa cs

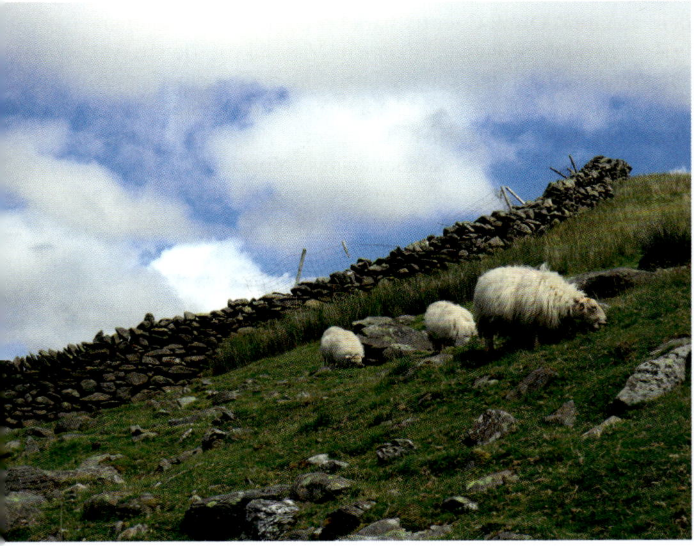

vorbei und in seltenen Fällen auch Schwertwale, Riesenhaie und Wale. Der seltene Fisch Gwyniad kommt hingegen nur im Llyn Tegid bei Bala vor.

In der weiten Landschaft von Nordwales trifft der Wanderer nicht nur auf die zahlreichen **Schafe.** Die rund 9 Millionen Exemplare im ganzen Land sind harmlos, aber scheu. Auch Füchse, Hasen, Wiesel, Iltisse und Grauhörnchen sind weit verbreitet. Im Gegensatz zum roten Eichhörnchen hält sein grauer Cousin keine Winterruhe und stellt nicht nur in der kalten Jahreszeit eine ernste Konkurrenz bei der Futtersuche dar. Das aus Nordamerika stammende Grauhörnchen hat größere Fettreserven als das nur etwa halb so schwere rote Eichhörnchen und dieses bereits weitgehend aus Großbritannien verdrängt.

Wildpferde (Welsh Ponys) sind im Süden von Wales im Pembrokeshire-Nationalpark, in den Brecon Beacons und auf Gower beheimatet. Auch für den **Roten Milan,** einen beliebten Greifvogel mit einer Spannweite von fast zwei Metern, muss man in südlichere Gefilde des Landes reisen.

Flora

Der **waldarme Norden** von Wales ist geprägt von **kargen Hügeln und Moorland.** Klima, Schafzucht und Baumrodung spielen eine wichtige Rolle für die einzigartige Pflanzenwelt. Vom ursprünglichen Waldbestand ist nicht viel erhalten. Häufig findet man nicht-einheimische Nadelbäume, doch auch die Neuanpflanzung von Laubmischwäldern wird mittlerweile wieder vermehrt vorangetrieben. Das Naturschutzgebiet Coedydd Aber zum Beispiel besteht aus Eichenwäldern. Der Coed-y-Felin in Flintshire ist noch einer der wenigen uralten Laubwälder.

Besonders im Frühling gedeihen unter dem Schutz dieser Bäume **Glockenblumen** und **Bärlauch.** Im niedrigen Weide- und Moorland an den Küsten sind hingegen zahlreiche **Wildblumen** wie Stechginster oder Adlerfarn zuhause, die im Frühjahr wunderschön blühen – die ideale Zeit für Pflanzenbeobachtungen in Nordwales. Im **Heideland,** beispielsweise in Gors Maen Llwyd, wachsen dann violettes Heidekraut, Glockenheide und

Schafe in den Bergen

Besenheide. Auf dem Little Orme sprießen **Zistrosen** in die Höhe. An den Kalksteinen rund um Llandudno kann man die rote Zwergmispel beobachten und auch an den Klippen explodieren im Frühling **Wildblumen** wie Schöllkraut, Bartnelke, Strandaster oder Seelavendel. Im Mai und Juni bestehen hingegen beste Chancen, **Orchideen** und andere **Wiesenblumen** beispielsweise im Naturschutzgebiet Mynydd Marion zwischen Colwyn Bay und Abergele zu sehen.

Am Straßenrand trifft der Wanderer immer wieder auf **Fingerhut,** während im höheren Gebirgsmoor viel **Borstgras** wächst. Im Gebirge des Snowdonia-Nationalparks findet man zudem **arktisch-alpine Pflanzen.** Hier sind zum Beispiel Wald-Scheinmohn, Landkartenflechte, Steinbrech, Rosenwurz und Rollfarn zuhause und die vom Aussterben bedrohte **Späte Faltenlilie** *(Snowdon lily)* gibt es nirgendwo sonst in Großbritannien.

Bunte Blumen am Wegesrand

Fingerhut

019wa cs

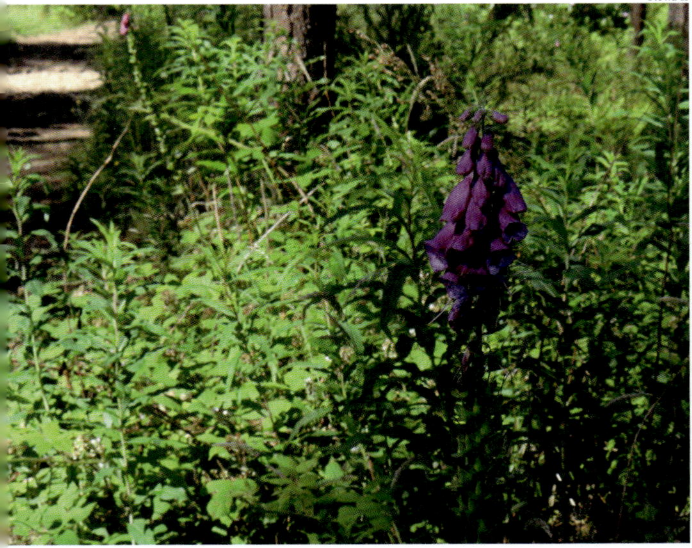

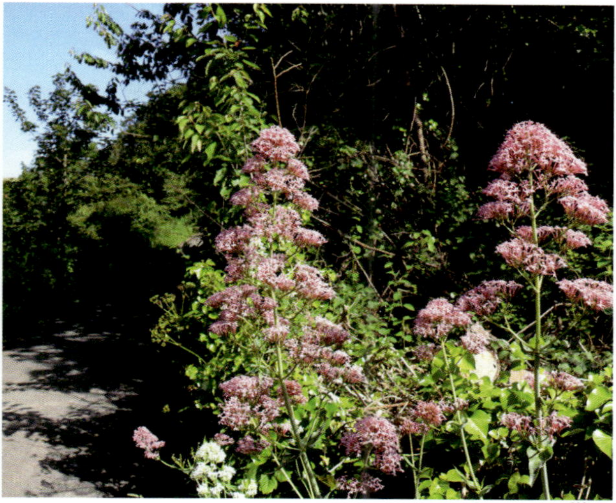

020wa cs

Bräuche und Traditionen

Wales gehört zwar zusammen mit England, Schottland und Nordirland zum Vereinigten Königreich Großbritannien, die Einwohner sind den Traditionen ihrer walisischen Heimat jedoch sehr verbunden und unheimlich stolz auf ihr Land. Sie sprechen – zumindest ein nicht unerheblicher Teil der Bevölkerung – eine **eigene Sprache** und singen zu verschiedenen Anlässen **ihre Nationalhymne.**

Nachdem Wales seine Unabhängigkeit verlor, rückte die englische Sprache immer mehr in den Vordergrund. Die walisische Sprache und der Nationalstolz erhielten erst durch den im 18. Jahrhundert entstandenen Methodismus einen neuerlichen Aufschwung. Durch den walisischsprachigen Gottesdienst und die Literatur, die zu dieser Zeit entstand, lernten wieder mehr Leute die **alte keltische Sprache.**

Als **„Land der Lieder"** hat Wales zudem eine **lange Musik- und Dichtertradition,** die bis in die Keltenzeit zurückgeht. Im 19. und 20. Jahrhundert brachte das Land nach zahlreicher religiöser Literatur auch wieder große Dichter hervor. Mit **Dylan Thomas** (1914–1953), dem bekanntesten Dichter des Landes, ist

Der rote Drachen

Neben den beiden anderen **Nationalsymbolen Lauch** und **Osterglocke** ist der rote Drachen in Wales allgegenwärtig. Seit 2000 Jahren ist er das **Wahrzeichen des Landes** und seit 1959 auf der Nationalflagge offiziell anerkannt.

Er zierte bereits die Flaggen alter keltischer Stämme, walisischer Prinzen und Tudor-Könige, heute schmückt er die grün-weiße Fahne von Wales. Der Legende nach kämpften der weiße englische Drache und sein rotes keltisches Gegenüber, bis der rote Drache als Sieger aus der epischen Schlacht hervorging und den weißen Drachen vertrieb. Historiker hingegen vermuten hinter dem Nationalsymbol ein römisches Banner mit einem roten Drachen, das die Waliser übernahmen, nachdem sich die Römer aus Britannien zurückzogen.

021wa cs

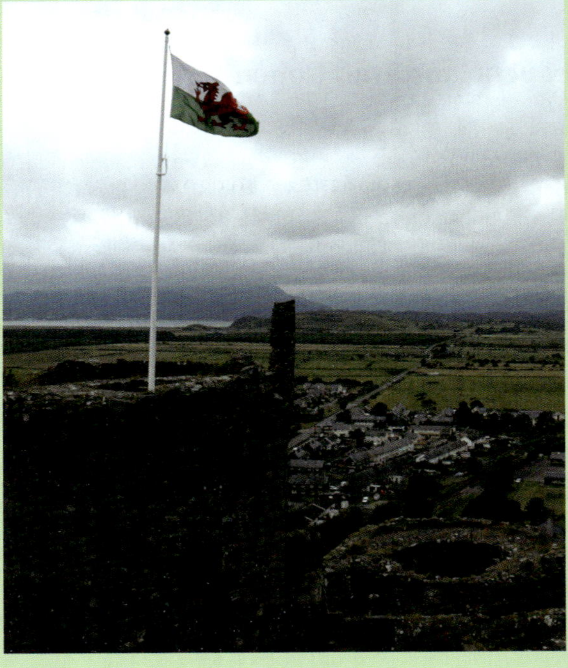

die anglo-walisische Literatur stark verbunden. Traditionelles Instrument ist die **Harfe** und auch **Männerchöre** spielen seit der jüngeren Vergangenheit eine immer größere Rolle und sind im ganzen Land verbreitet.

Ihren Höhepunkt erlebt diese Kultur Jahr für Jahr beim traditionellen **National Eisteddfod,** dem größten und ältesten Kunstfestival in Wales. Seine Spuren können bis ins Jahr 1176 zurückverfolgt werden, als in der Burg von Cardigan das erste Eisteddfod stattgefunden hat. In Anlehnung an die **alten keltischen Bardenturniere** ist das Festival mit Wettbewerben in verschiedenen Disziplinen verbunden und zugleich eine Feier der Kultur, Kunst und Sprache. Im Rahmen des Festes wird der größte Dichter- und Gesangswettbewerb Europas ausgetragen. Den heutigen Eisteddfod gibt es seit 1880 und findet jedes Jahr in der ersten Augustwoche an einem anderen Ort statt. Auf dem Kulturfestival wird ausschließlich Walisisch gesprochen. Auch die junge Generation wird bereits früh in Kultur und Traditionen eingeführt. Jedes Jahr im Juni gibt es das Nationale Eisteddfod für die Jugend, das ebenfalls immer an einem anderen Ort veranstaltet wird. Am Nationalfeiertag werden in Schulen und Firmen zudem kleinere Eisteddfod-Festivals gefeiert.

Darüber hinaus findet seit 1947 im Juli in Llangollen eine Woche lang das **International Eisteddfod Festival** statt. Jedes Jahr kommen rund 4000 Interpreten aus 50 Ländern sowie 50.000 Zuschauer zu dieser einzigartigen Kombination aus Wettkampf und Kultur. Tagsüber werden in der Regel die Wettbewerbe ausgetragen, die Abende eines der größten Musikfestivals der Welt gehören den Konzerten.

Eine weitere beliebte Tradition der Einheimischen ist der **St Dwynwen's Day,** den die Waliser jedes Jahr am 25. Januar feiern. Ähnlich wie der Valentinstag gibt er walisischen Liebenden einen Anlass dazu, ihre Zweisamkeit bei einem romantischen Abendessen und Kerzenschein zu zelebrieren. Der Tag ist benannt nach der heiligen Prinzessin Dwynwen, die sich im 5. Jahrhundert nach einer gescheiterten Liebe für ein Leben als Nonne entschied. Auf Llanddwyn Island errichtete die Schutzheilige der walisischen Liebenden ein Kloster und betete von nun an für das Glück anderer verliebter Seelen.

Essen und Trinken

Die walisische Küche ist unkompliziert. Obwohl ihr das Image der schlechten britischen Küche anhaftet, gibt es auch in Wales kulinarische Highlights. 2017 haben walisische Restaurants vom **Guide Michelin** eine Rekordzahl von sieben Sternen erhalten. Auch die vielen **Food Festivals** mit einheimischen Produkten sprechen für sich.

Besonders berühmt ist Wales für sein **Lammfleisch.** Mit Minzsoße zubereitet findet man es häufig auf den Speisekarten. Auch das Fleisch vom **Waliser Schwarzvieh** ist weit verbreitet. Das Biolamm- und Rindfleisch von Lord Newborough beispielsweise wird weltweit in die besten Restaurants exportiert. Die lange Küste gibt zudem großartige Meeresfrüchte und Fisch her. Die berühmten **Fish & Chips** findet man überall. Im Süden sind die **Herzmuscheln** ein beliebtes Gericht. Aber auch **Vegetarier** finden in Wales eine reiche Auswahl an Mahlzeiten.

022wa cs

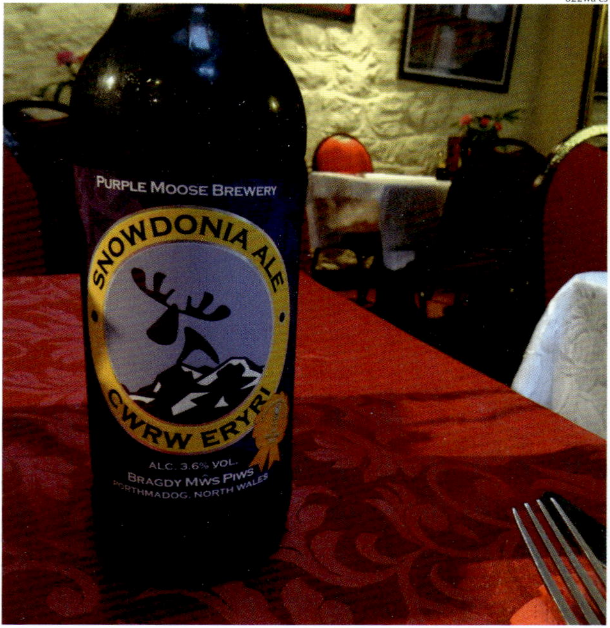

Auf **Käsefans** warten erstklassige Käsesorten wie der cremige Perl Wen, der blauadrige Perl Las von Caws Cenarth sowie der mehrfach ausgezeichnete, kräftige Celtic Promise von Caws Teifi und jede Menge Cheddar in allen Variationen.

Rezepte für **cawl** (ein Eintopf mit Gemüse und Fleisch, manchmal auch Käse) werden seit Generationen weitergegeben. Außerdem dürfen, wie in ganz Großbritannien, auch in Wales die **pickles** (eingelegtes Gemüse) nicht fehlen.

Beim **Frühstück** hat man in der Regel die Wahl zwischen *english/welsh* und *continental*. Letzteres beinhaltet Toast oder Croissant mit Marmelade sowie Müsli und Cornflakes. Das walisische Frühstück besteht aus Spiegel- und Rühreiern, gegrillten Tomaten und Champignons, gebratenem Schinken, Würstchen, *baked beans* (gebratene weiße Bohnen mit Tomatensoße) und Toast mit Butter und Orangen-Marmelade. Dazu wird frischer Orangensaft gereicht. Den **Tee** genießt man mit *bara brith* (Früchtebrot) oder *teisennau* (kleine Kuchen) und auch der Schwarze Tee erfreut sich großer Beliebtheit.

Zudem brauen die Waliser köstliches **Bier,** das alkoholische Nationalgetränk der Bevölkerung. Nahezu jeder Pub schenkt eine Biersorte oder einen **Apfel- oder Birnenwein** wie Gwaun Valley, Tiny Rebel, Purple Moose, Gwynt y Ddraig oder Morfa Nefn aus der nahen Umgebung aus. Bestellt wird – übrigens direkt am Tresen und mit sofortiger Bezahlung – entweder *half a pint/hanner peint* (0,28 Liter) oder ein *pint/peint* (0,57 Liter). Ein helles Bier heißt *lager/lager. Bitter/chwerw* ist vergleichbar mit unserem Altbier. Das irische Guiness ist dunkel und am stärksten.

Und auch **Weintrinker** kommen auf ihre Kosten, denn Wales ist eines der nördlichsten Weinbaugebiete in Europa. Trotz des gemäßigten Klimas bringen walisische Weingüter edle Qualitätsweine hervor. Zudem erleben die **Whisky-Destillerien,** allen voran die Penderyn Distillery in den Brecon Beacons, mittlerweile wieder einen Aufschwung.

Walisisches Bier

023wa cs

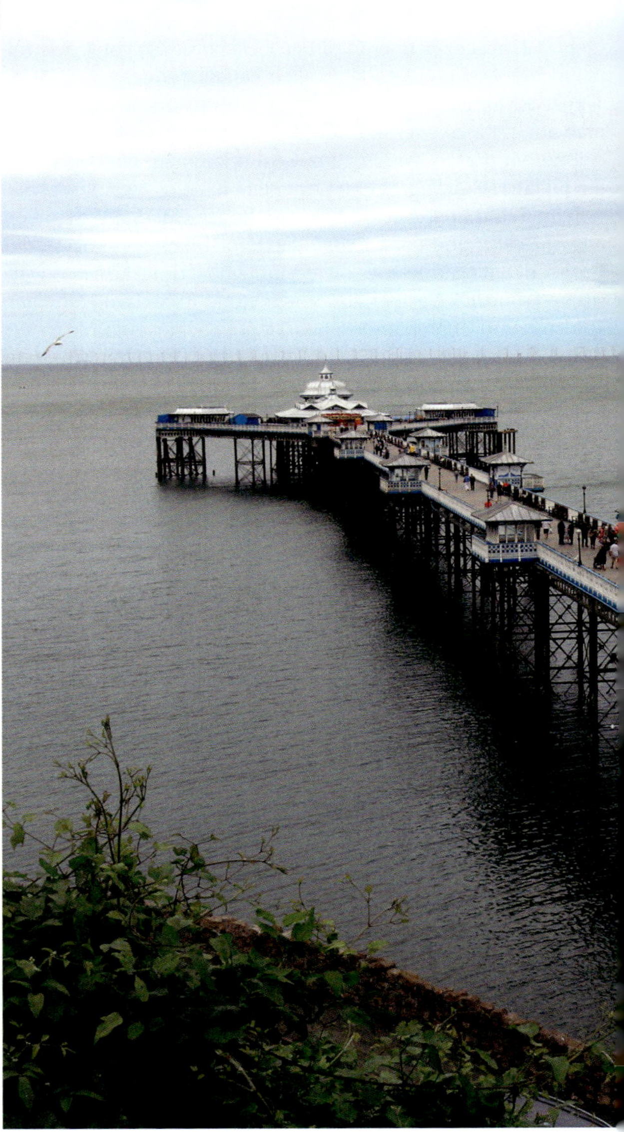

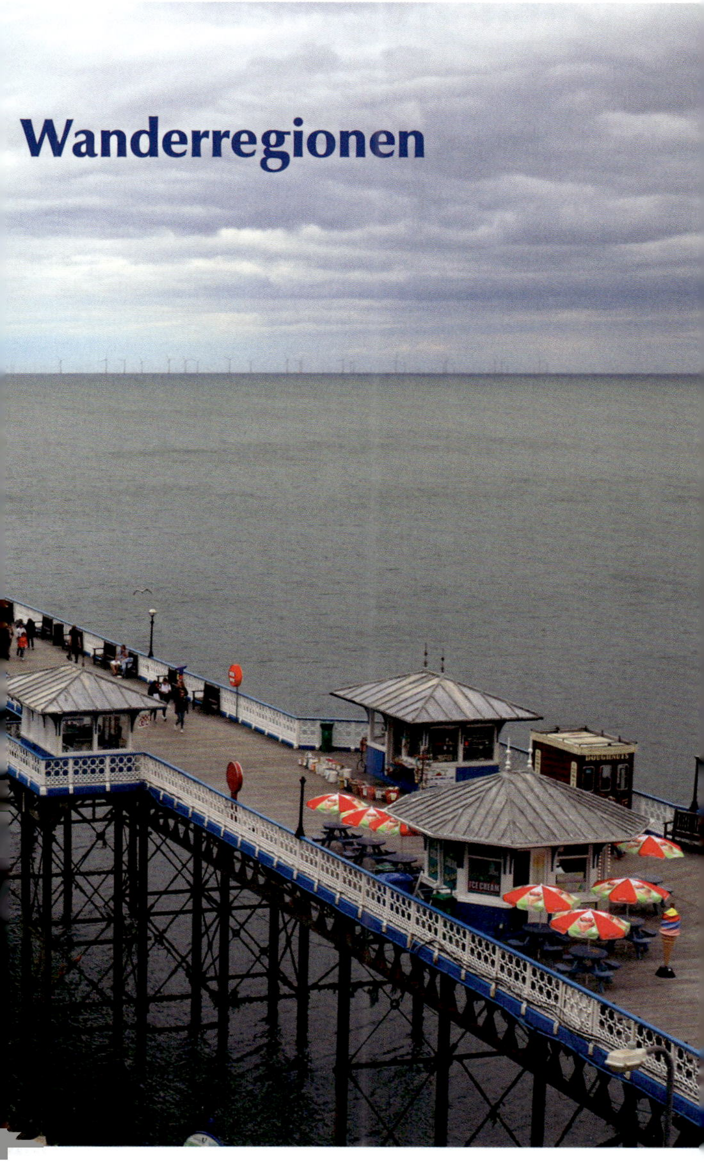

Wanderregionen

Wanderregionen

Insel Anglesey

Die Insel Anglesey im gleichnamigen Landkreis nördlich von Snowdonia ist mit einer Fläche von ca. 715 Quadratkilometern die **größte Insel von Wales.** Die weitestgehend flache Landschaft ist zwar nicht so spektakulär wie andere Gegenden, umfasst jedoch zahlreiche **Sandstrände** an der langen Küste und einige historische Schätze wie das **Beaumaris Castle** oder die alte **Klosteranlage Penmon Priory.** Ein **Küstenpfad** führt einmal um die ganze Insel, die zu den fünf Gebieten von außerordentlicher natürlicher Schönheit zählt. Im Nordosten befinden sich die wohl schönsten Abschnitte.

Da die zahlreichen Kornfelder früher das ganze Land versorgten, geben die Waliser Anglesey gerne den Zusatz mam **Cymru** (Mutter von Wales). Heute verbinden die **Menai Suspension Bridge** sowie die **Britannia Bridge** Anglesey über die Meerenge Menai Strait mit dem Festland. Der **North Wales Expressway** führt einmal quer über die Insel bis nach Holyhead, wo die Fähren nach Irland ablegen.

Schon in der **frühen Steinzeit** war Anglesey besiedelt. Durch die zentrale Lage in der Irischen See und die gute Erreichbarkeit war sie einst das Zentrum keltischer Priester, bis diese von den Römern vertrieben wurden. Auch die walisischen Prinzen von Gwynedd hatten hier zwischen dem 7. und 13. Jahrhundert ihren Hauptsitz in Aberffraw.

Beaumaris

Beaumaris liegt an der südöstlichen Küste der Insel und ist nicht nur aufgrund seiner beeindruckenden Burg ein **beliebtes Touristenziel.** Der Ort, dessen Name **„schöne Marschlandschaft"** bedeutet, lädt mit seinem Segelhafen, einigen Museen, Fachwerkhäusern und anderen alten Gebäude aus längst vergangenen Epochen zum Verweilen ein. Aufgrund der vielen Siedler

Kapitelstartseite:
Llandudno Pier (Tour 15)

aus England, die einst König Edward I. nach Beaumaris lockte, wird hier weniger Walisisch gesprochen als in anderen Teilen von Anglesey.

Holyhead

Die **Hafenstadt** Holyhead liegt im Norden der Insel Holy Island, die an der Westküste durch eine kleine Meerenge von Anglesey getrennt ist. In der Vergangenheit war Holyhead, heute geprägt von der Industrie, ein **römisches Fort** und später eine keltisch-christliche Siedlung. Der walisische Name für Holyhead, **Caergybi,** stammt von jenem römischen Fort aus dem 3. und 4. Jahrhundert, das sich heute in der Stadtmitte befindet.

Rund um den Holyhead Mountain findet man eine **spektakuläre Felslandschaft** mit Überresten aus der Römerzeit und eines eisenzeitlichen Forts auf dem Gipfel.

Newborough

Newborough war einst Hauptstadt der Insel Anglesey. Der heute eher unbedeutende Ort an der Südwestküste der Insel wurde von König Edward I. gegründet und ist **idealer Ausgangspunkt**

Der zweitlängste Ortsname der Welt

Auf der Insel Anglesey gibt es ein Dorf, das den zweitlängsten Ortsnamen der Welt sein Eigen nennen darf. Das schwer aussprechbare **Llanfairpwllgwyngyllgogerychwyrndrobwllllantysiliogogogoch** bedeutet „St. Marys (Kirche) bei der weißen Zitterpappel über dem Strudel und St. Tysilios (Kirche) bei der roten Höhle". Wer wissen möchte, wie man den Namen mit den 58 Buchstaben ausspricht, der auf einer Erfindung des 20. Jahrhunderts beruht, um auf den Ort aufmerksam zu machen, kann eine Lehrstunde bei Naomi Watts nehmen (www.youtube.com/watch?v=WwYAuvBcQ1Y&t=9). Die Hollywoodschauspielerin hat als Kind eine Zeit lang auf Anglesey gelebt und dort Walisisch gelernt. Wer es einfacher mag, kann auf die offiziell anerkannte Abkürzung **Llanfair PG** zurückgreifen.

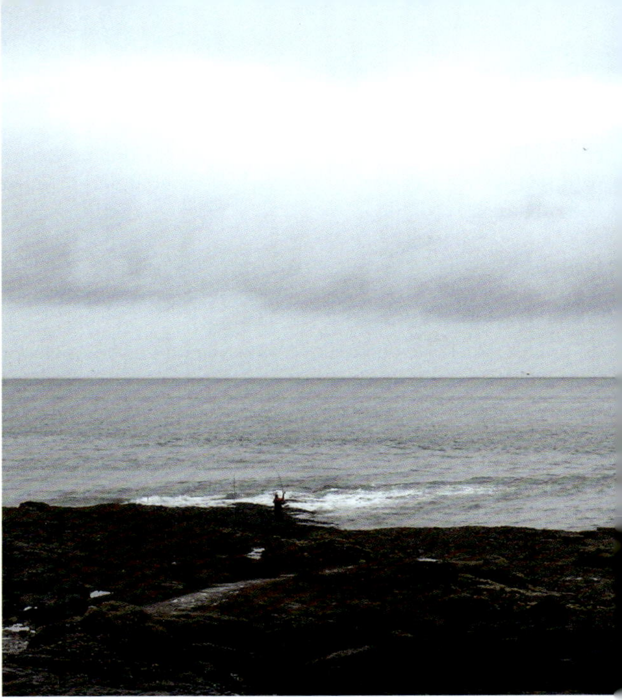

für Wanderungen durch das Naturschutzgebiet Newborough Warren mit seinem Kiefernwald und den Sanddünen.

Der **Strand bei Malltraeth** ist einer der größten Dünenstrände Europas und Brutplatz des ursprünglich in Südeuropa beheimateten Seidenreihers, während der lange **Sandstrand Llanddwyn** zum Baden einlädt. Auch die **Insel Llanddwyn** mit ihrem Leuchtturm aus dem Jahr 1873 ist ein beliebtes Ausflugsziel. Der Ort, an dem die heilige Dwynwen, Tochter des Königs Brychan Brycheiniog, einst nach einer zerbrochenen Liebe ein Kloster gründete und zur Schutzheiligen walisischer Liebenden wurde, war früher ein beliebter Pilgerort. Die Ruinen sind heute noch zu sehen.

Penmon Lighthouse (Tour 4)

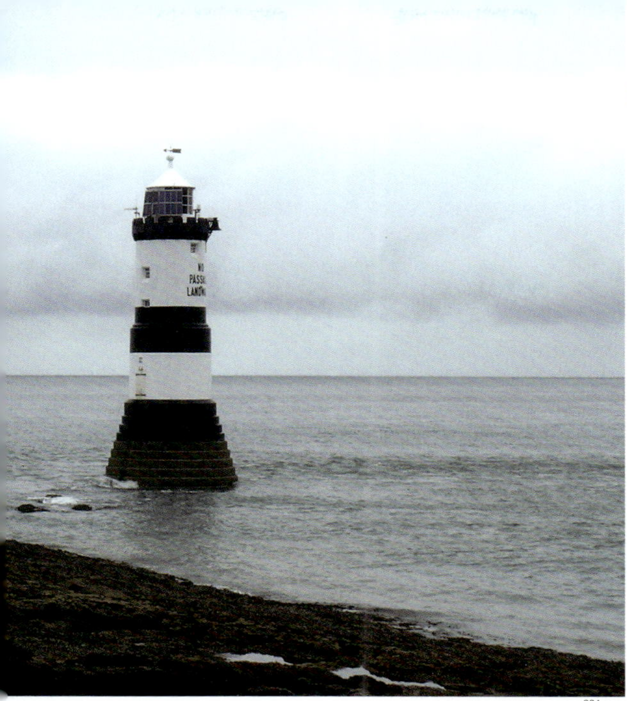

024wa cs

Snowdonia

Der **1951 gegründete Nationalpark Snowdonia** im Landkreis Gwynedd ist mit seinen über 2100 Quadratkilometern der größte in Wales und Heimat von rund 26.000 Einwohnern. Etwa 70 Prozent davon sind der walisischen Sprache mächtig. Früher lebte hier der walisische Prinz Gwynedd und auch die alten Kelten fanden in den steilen Anstiegen der Berge einen Schutz- und Zufluchtsort. Zerklüftete Berglandschaften, idyllische Seen – der größte ist der Llyn Padarn bei Llanberis –, weite Täler, historische Burgen und weiße Sandstrände in der spektakulärsten Region von Wales prägen den Norden des Landes und machen ihn zu einem echten **Wanderparadies.**

Der Name der oft von Wolken und Nebel umgebenen Landschaft geht auf den **Mount Snowdon,** mit **1085 Metern höchster Berg in Wales,** zurück. Um den Gipfel, der mit einer ganzen Gebirgskette, der Snowdon-Gruppe, verbunden ist, ranken sich zahlreiche Legenden. Sein walisischer Name bedeutet „Grab". Angeblich soll der Geist von König Artus über dem Gipfel wachen, dem Ort, an dem er den legendären Riesen Rhita Gawr

Die Legende von König Artus

Der Legende nach war König Artus – Held unzähliger Gute-Nacht-Geschichten – ein **britannischer Krieger.** Um 500 n. Chr. soll er die einfallenden Angelsachsen bekämpft haben. Nur wenige Jahrhunderte später wurde er nach mündlichen Überlieferungen in zahlreichen Gedichten und Texten, zum Beispiel von Robert Wace in „Die Ritter der Tafelrunde", als Volksheld verewigt. **Zauberer Merlin,** dem übernatürliche Kräfte nachgesagt wurden, war dabei stets als Ratgeber an seiner Seite. Merlin soll das Schwert **Excalibur,** das nur der rechtmäßige Herrscher Britanniens würde hinausziehen können, mithilfe seiner Zauberkraft in einem Steinblock versenkt haben. Der junge Artus soll dies zur Verwunderung aller geschafft und damit seine Königswürde bewiesen haben.

Auch mit dem **Heiligen Gral** wird Artus immer wieder in Verbindung gebracht. Die tatsächliche Existenz des legendären Königs oder eines historischen Vorbilds wird mittlerweile allerdings eher angezweifelt.

getötet haben soll. Jedes Jahr erklimmen tausende Menschen den Mount Snowdon. Man kann nach oben wandern und klettern oder aber ganz gemütlich mit der Snowdon Mountain Railway auf den Gipfel fahren. Im Snowdonia-Nationalpark gibt es die größte Dichte an **Schmalspurbahnen** in ganz Wales und in den früheren Bergbaugebieten kann man heute die alten Schieferminen besichtigen.

Zudem finden seltene Tiere und Pflanzen Schutz in den vielen Naturschutzgebieten. Der Nationalpark, der neben dem Snowdonmassiv noch weitere Bergketten wie Carneddau, Cadair Idris oder Moelwynion umfasst, ist unter anderem Heimat des **Steinadlers.** Den regenbogenfarbigen **Snowdonkäfer** und die **Späte Faltenlilie** gibt es nur hier.

Beddgelert

Beddgelert liegt an der Kreuzung der Flüsse Glaslyn und Colwyn. Übersetzt heißt der Name **Gelerts Grab.** Der Hund Gelert gehörte Prinz Llywelyn, der während eines Jagdausflugs seinen kleinen Sohn mit dem Tier zurückließ. Ein Wolf fiel über den wehrlosen Jungen her und als Llywelyn schließlich zurückkehrte, sah er nur die leere Wiege und den mit Blut beschmierten Hund. Er vermutete daher, dass Gelert seinen Sohn umgebracht hat und tötete den Hund mit seinem Schwert. Erst im Anschluss fand er das unversehrte Kind unter dem Kissen sowie die Leiche eines Wolfs. Doch der heldenhafte Gelert, der das Baby vor dem Angriff beschützte, war bereits tot und Llywelyn wurde nie mehr glücklich. Das Grab des Hundes liegt noch heute in der Natur am Rande von Beddgelert.

Neben **Ausflügen in das Gebirge** des Snowdonia-Nationalparks bietet sich in Beddgelert zudem eine **Fahrt mit der Welsh Highland Railway** an.

Betws-y-Coed

Betws-y-Coed ist das **Tor zum Snowdonia-Nationalpark** und ein beliebtes Ziel für **Abenteuersport.** Im 19. Jahrhundert wurde der Ort nur für Touristen angelegt. Daher ist es hier nur im Winter ruhig. Während der Hauptsaison tummeln sich die Menschen nur so in den Gassen rund um den Fluss Llugwy.

Zahlreiche Übernachtungs- und Einkaufsmöglichkeiten sowie spannende Ausflüge in die Umgebung machen Betws-y-Coed zu einem **idealen Ausgangspunkt** für Erkundungen im Snowdonia-Nationalpark. Das Conwy Valley Railway zeigt eine kleine Ausstellung zur Eisenbahn. Auch die Kirche St Michael's lohnt einen Besuch.

Etwa vier Kilometer von Betws-y-Coed entfernt liegt das sogenannte **Ugly House** („Hässliches Haus"). Der Ursprung des hässlichen Hauses, das eigentlich ein hübsches Landhaus aus Stein ist, ist gar nicht so klar. Eine Legende erzählt, dass es 1475 von zwei Brüdern gebaut wurde. Der Weg dorthin führt von Betws-y-Coed über die Steinbrücke Pont-y-Pair, die alte Miners Bridge und vorbei an den Swallow Falls.

Blaenau Ffestiniog

Blaenau Ffestiniog bietet nicht nur die Möglichkeit zu **zahlreichen Aktivitäten im Nationalpark,** sondern hat auch eine spannende Geschichte vorzuweisen. Der Schieferabbau war früher die Hauptindustrie in Nordwales und das **alte Schieferzentrum** mit den historischen Gruben hat einst „die Dächer der Welt gedeckt“. Auch König Edward I. nutzte den mineralischen Rohstoff bereits dazu, seine Burgen auszustatten. Die Hochzeiten der Schieferindustrie gehören zwar längst der Vergangenheit an, im 1846 eröffneten Bergwerk Llechwedd dienen nur noch zwei Minen dem Abbau, doch während einer Führung kann man noch einmal einen Einblick in die kräftezehrende Arbeit von damals erhalten.

Am Bahnhof kann man in die älteste **Schmalspurbahn** für Passagiere einsteigen. Die Ffestiniog Railway von 1863 fährt rüber nach Porthmadog, an den Ort, an den früher der Schiefer transportiert wurde.

Harlech

In Harlech thront **eine der schönsten Burgen** von König Edward I. über dem Meer. Der lange Sandstrand und die Dünen des **Naturschutzgebiets Morfa Harlech** laden zudem zu aus-

025wa cs

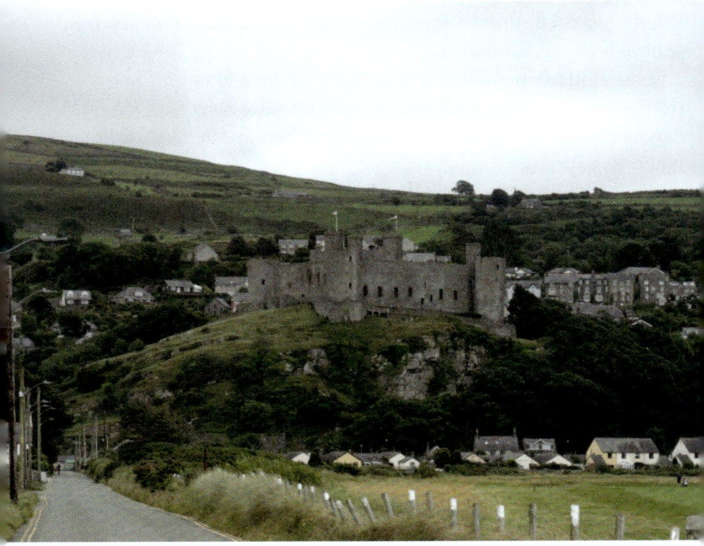

giebigen Spaziergängen ein. Von hier hat man einen tollen Blick auf die Berge des Snowdonia-Nationalparks und bis zur Halbinsel Lleyn.

Llanberis

Llanberis liegt am Fuß des Mount Snowdon zwischen den Seen Llyn Padarn und Llyn Peris. Für Wanderer und Bergsteiger ist der Ort ein **idealer Ausgangspunkt** für den Weg auf den höchsten Berg in Wales. Als Alternative zum anstrengenden Marsch bietet sich eine Fahrt mit der über 100 Jahre alten **Snowdon Mountain Railway** an, die bis 20 Meter unter den Gipfel fährt. In der **Schmalspurbahn Llanberis Lake Railway** hingegen hat man einen herrlichen Blick über den See Llyn Padarn und auf den Mount Snowdon. Das **Pumpspeicherkraftwerk Electric Mountain** lädt zudem zu einer Reise ins Innere des Berges ein.

Halbinsel Lleyn

Die Halbinsel Lleyn im Landkreis Gwynedd liegt im Westen von Wales und ragt weit ins Meer hinaus Richtung Irland. Zudem zählt sie zu den fünf **Gebieten außerordentlicher natürlicher Schönheit,** ein Großteil ist Naturschutzgebiet.

Im Nordosten befinden sich einige sanfte Berge. Die höchste Erhebung ist das **Bergmassiv Yr Eifl** mit 546 Metern Höhe. Von hier hat man eine tolle Aussicht nach Snowdonia und bis zur Insel Anglesey. Der Westen der Halbinsel ist eher flach. Lleyn ist generell recht dünn besiedelt. Ausnahmen bilden die beliebten Touristen- und Badeorte **Abersoch, Pwllheli** und **Criccieth** im Süden. Bis ins 5. Jahrhundert hinein siedelten zahlreiche Iren auf Lleyn, von denen einige der eisenzeitlichen Forts und Grabkammern stammen könnten.

Das kleine Örtchen **Clynnog Fawr** ist das nördliche Tor zur Halbinsel. Im Mittelalter starteten Pilger dort ihre Reise quer über Lleyn bis nach Aberdaron und schließlich nach Bardsey, einer kleinen vorgelagerten Insel an der Südwestspitze.

Aberdaron

Aberdaron liegt an der Südwestspitze der Halbinsel Lleyn. Früher legten hier **Pilger** nach Bardsey ab. Die kleine Insel liegt etwa drei Kilometer vor Lleyn in der Irischen See. Drei Pilgerreisen zum Kloster aus dem 6. Jahrhundert waren einst gleichwertig mit einer nach Rom. Das Meer kann hier sehr tückisch werden und die Rückfahrt aufgrund der Strömung auch mal erst ein paar Tage später erfolgen.

In Aberdaron selbst finden Pilger mit der Kirche St Hywyn's Church einen Gebetsort. Die **Strände und gemütlichen Pubs** laden zum Baden und Verweilen ein.

Criccieth

Criccieth liegt im Südosten der Halbinsel Lleyn. Seit dem 19. Jahrhundert zieht der **kleine Badeort** Touristen an. Die gleichnamige **Burg** aus dem 13. Jahrhundert ist eine der vielen Festungen aus der Zeit von König Edward I. und einen Besuch wert.

Durch seine günstige Lage ist Criccieth ein **guter Ausgangspunkt** für eine Erkundungstour auf der Halbinsel und Ausflüge nach Snowdonia.

026wa cs

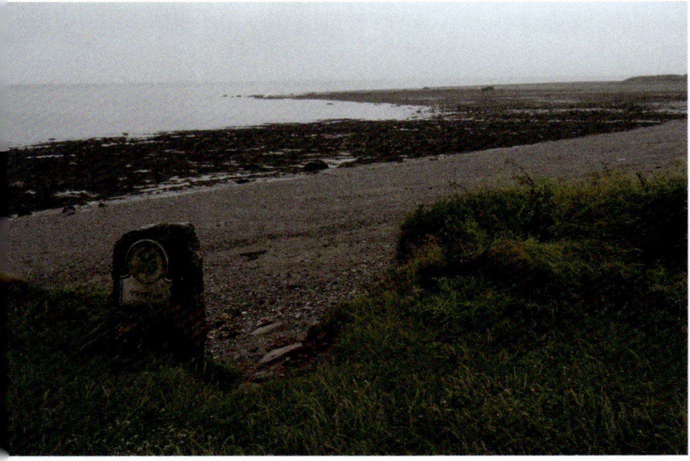

Porthmadog

Porthmadog diente im 19. Jahrhundert als wichtigster **Exporthafen für den Schieferabbau** im nahen Blaenau Ffestiniog. In den 1950er Jahren wurde Porthmadog auch für den Tourismus interessant. Die Strecke der **Schmalspurbahn Ffestiniog Railway** von Blaenau Ffestiniog an den Ort an der Südküste der Halbinsel Lleyn ist eine der schönsten in Wales.

Nordküste

An der Nordküste von Wales zwischen der Flussmündung des Flusses Dee im Osten und der mittelalterlichen Stadt Caernarfon hat der englische König Edward I. im 13. Jahrhundert einige seiner **Burgen** gebaut. Dabei sind alle nur so weit voneinander entfernt, dass die nächste Festung innerhalb eines Tages zu Fuß erreichbar ist. 1284 wurde in Flint die **erste edwardianische Burg** fertiggestellt. Flint Castle wurde jedoch bereits zehn Jahre später von den Engländern wieder zerstört. Nach dem Wiederaufbau fiel sie im Bürgerkrieg den Truppen von Oliver Cromwell zum Opfer. Heute kann man nur noch die Ruinen besichtigen.

Die vielen **Badeorte** an der langen Küste gespickt mit Sandstränden waren schon im 19. Jahrhundert beliebter Rückzugsort englischer Arbeiter.

Bangor

Bangor ist touristisch nicht allzu überlaufen. Die **Universitätsstadt** bietet tolle Blicke auf die Insel Anglesey. Sehenswert in der Domstadt ist die **Kathedrale,** die St. Deiniol im 6. Jahrhundert gegründet hat. Etwas außerhalb lohnt die **Burg Penrhyn Castle** einen Ausflug. Bangor liegt am östlichen Ende der Menai Strait und gilt als **Tor zur Insel Anglesey.**

An der Küste von Criccieth (Tour 12)

Caernarfon

In Caernarfon, Hauptstadt von Gwynedd, steht eine der beeindruckendsten Burgen aus der Zeit des englischen Königs Edward I. Die Stadtmauer geht ebenfalls auf diese Epoche zurück und umgibt die verwinkelten Gassen und historischen Häuser der Altstadt. Die Stadt am Meer und der Flussmündung des Seiont ist seit der Römerzeit bewohnt und bietet Touristen heute zahlreiche Unterkünfte, Restaurants und Pubs.

1969 wurde **Prinz Charles** zum Unmut einiger Waliser im Caernarfon Castle zum **„Prince of Wales“** gekrönt (siehe Exkurs „Der Prince of Wales“).

Conwy

Conwy ist Heimat einer der imposantesten Burgen aus der Zeit von König Edward I. Zusammen mit der noch vollständig erhaltenen Stadtmauer mit ihren 21 Türmen und 3 Stadttoren zählt **Conwy Castle** zu den besten Beispielen mittelalterlicher Militärarchitektur. Besucher können die einen Kilometer lange Stadtmauer begehen und eine tolle Aussicht auf die Altstadt, die Küste und die umliegenden Berge genießen. Den besten Blick auf die Burg hat man von Llandudno kommend auf der Brücke, die über den **Fluss Conwy** führt. Der Strom wird auch als „walisischer Rhein“ bezeichnet.

Am Hafen von Conwy steht das kleinste Haus in Großbritannien. **The Smallest House in Great Britain** hat es mit seiner Größe sogar ins Guinessbuch der Rekorde geschafft. Nur 2,70 Meter mal 1,80 Meter misst das wohl kleinste Haus des Vereinigten Königreichs, ein altes Fischerhäuschen, in dem einst ein 1,90 Meter großer Fischer lebte.

Im Herz der Altstadt fasziniert zudem das elisabethanische Haus **Plas Mawr** aus dem 16. Jahrhundert.

Llandudno

Llandudno ist **das größte der zahlreichen Seebäder in Wales.** Der beliebte Badeort liegt am Fuß der beiden Hügel **Great Orme** und **Little Orme.** Seit 1902 transportiert die Great Orme Tramway Passagiere von der Victoria Station zum Gipfel mit

Der „Prince of Wales"

Der Titel „Prince of Wales" wird seit 1301 an den **ältesten Sohn des regierenden englischen Monarchen** vergeben. Erster Amtsinhaber war **Edward II.,** der 1284 im Caernarfon Castle geboren wurde. König Edward I. verlieh seinem Sohn den Titel, um die **Machtansprüche Englands gegenüber Wales** zu verdeutlichen.

Seit 1958 trägt **Prinz Charles** den Titel. 1969 fand in der Burg von Caernarfon eine prunkvolle Zeremonie zu Ehren seiner Einsetzung statt. Da der Titelträger bisher entweder in London oder im Schloss Windsor gekrönt wurde, erneuerte sich durch die ungewöhnliche Auswahl des Orts im patriotischen Nordwesten der Unmut gegenüber England. Dies führte sogar zum gescheiterten Versuch der militanten **Free Wales Army,** den Zug samt Prinz Charles zu sprengen. Die zwei Mitglieder starben jedoch beim Anschlag selbst. Im Jahr 1282 fiel mit **Llywelyn** dem Letzten der für viele Waliser letzte „echte" Prinz von Wales.

Prinz Charles, ältester Sohn von Königin Elizabeth II., ist der 21. Prince of Wales. In der Regel wird er als **His Royal Highness The Prince of Wales angesprochen.** Der Titel fällt an die Krone zurück, sobald der Inhaber König wird.

traumhafter Aussicht. An klaren Tagen kann man bis zur Isle of Man und zum Lake District in England blicken.

Die viktorianischen Gebäude an der Promenade erinnern an die Zeit im 19. Jahrhundert, als Llandudno reichen und berühmten Gästen vorbehalten war. Bereits der deutsche Reichskanzler Otto von Bismarck sowie der französische Kaiser Napoleon III. verbrachten hier ihren Urlaub. Zudem fand die britische Schriftstellerin **Lewis Carroll** hier Inspiration für ihr Kinderbuch **„Alice im Wunderland".**

Im 20. Jahrhundert hielten schließlich auch andere Touristen Einzug in Llandudno, das sich zu einem **lebhaften Ferienort** entwickelt hat. Auch heute befinden sich an der imposanten Promenade rund um das Llandudno Pier noch zahlreiche Hotels. Günstigere Unterkünfte findet man im Zentrum. In der Mostyn Street gibt es zudem viele Geschäfte und Einkehrmöglichkeiten.

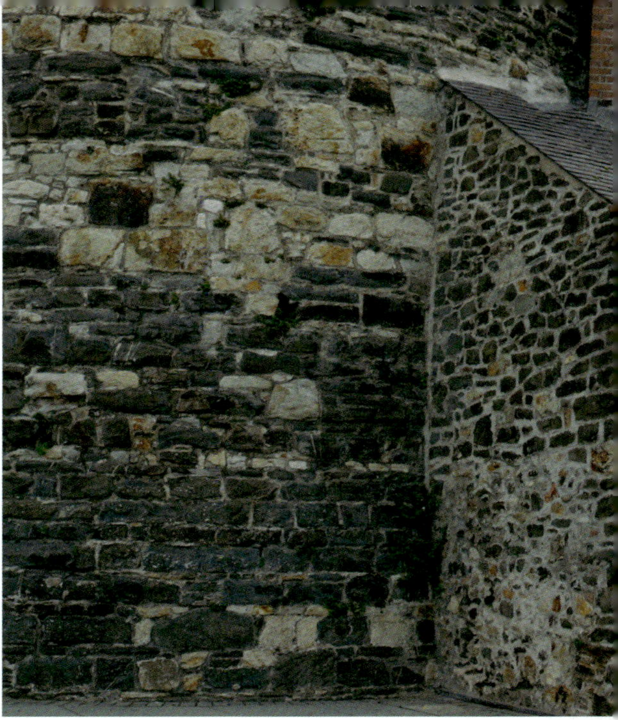

Nördliches Grenzland

Das nördliche Grenzland umfasst die Landkreise Denbighshire, Flintshire, Wrexham sowie den nördlichen Teil von Montgomeryshire im Landkreis Powys. Die zahlreichen Sehenswürdigkeiten in der idyllischen Landschaft umfassen die sogenannten **„Sieben Wunder von Wales"** (siehe Exkurs „Die Sieben Wunder von Wales").

Das Grenzland von Denbighshire ist geprägt von der etwa 35 Kilometer langen **Clwydian Range,** die sich im Süden bis nach Llangollen zieht. Der höchste Gipfel der 21 Hügel umfassenden Gebirgskette ist der Moel Famau mit 554 Metern. Seit 1985 zählt die Clywdian Range zu den fünf Gebieten außerordentlicher natürlicher Schönheit und soll das Zuhause des auf Sycharth Castle geborenen Owain Glyndwr gewesen sein.

In Montgomeryshire im Landkreis Powys ist die Bevölkerungsdichte recht gering. Die höchste Erhebung der gebirgigen Landschaft ist der **Cadair Berwyn** mit 830 Metern.

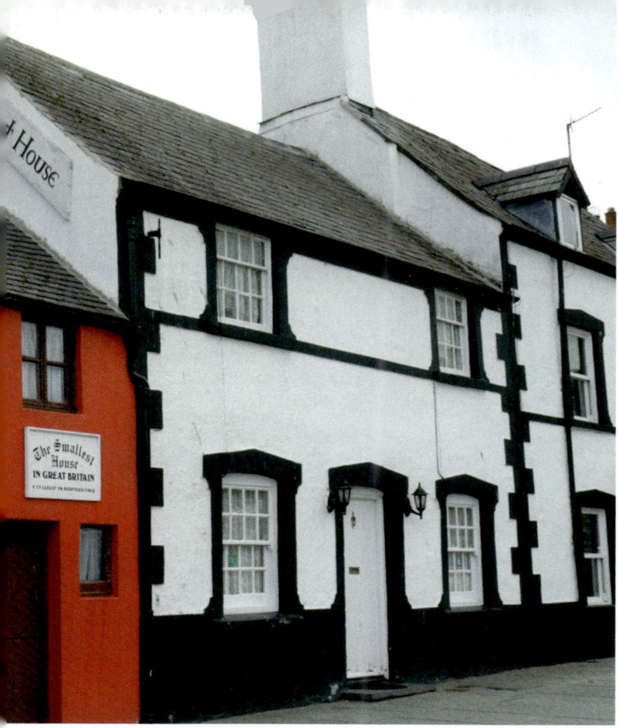

027wa cs

Holywell

Die **Quelle St Winefride's Well** in Holywell gehört zu den Sieben Wundern von Wales. Der Legende nach entstand die heilige Quelle in dem katholischen Wallfahrtsort im 7. Jahrhundert. Gwenfrewi soll dort, wo das Wasser entspringt, in dem man heute baden kann, ihrem Peiniger Prinz Caradog den Kopf abgeschlagen haben. Pilger kommen Jahr für Jahr am Pfingstsonntag zur Segnung.

Llangollen

Llangollen liegt am Fluss Dee. In der Stadt wird im Royal International Pavilion jedes Jahr Anfang Juli für eine Woche das **Inter-**

The Smallest House in Great Britain in Conwy (Tour 16)

Die Sieben Wunder von Wales

In Norden von Wales gibt es sieben entweder auf natürliche Weise oder von Menschenhand geschaffene **Sehenswürdigkeiten,** die zusammen die Sieben Wunder von Wales darstellen. In einem **Reim** sind diese Sehenswürdigkeiten, die in ihrer Anzahl im Laufe der Jahrhunderte vermutlich variierten, zusammengefasst:

Pistyll Rhaeadr and Wrexham steeple, Snowdon's mountain without its people, Overton yew trees, St Winefride's well, Llangollen bridge and Gresford bells.

Der Reim diente als Hinweis für Besucher auf lohnenswerte Orte in diesem Teil des Landes. Zu den Sieben Wundern von Wales zählen heute der Wasserfall **Pistyll Rhaeadr,** die **St Giles' Church** in Wrexham, der **Mount Snowdon,** die **Yew Trees** von Overton-on-Dee, die **St Winefride's Well,** ein Heilwasserbad in Holywell, die **Llangollen Bridge** und die **Gresford Bells,** die Kirchturmglocken der All Saints' Church.

028wa cs

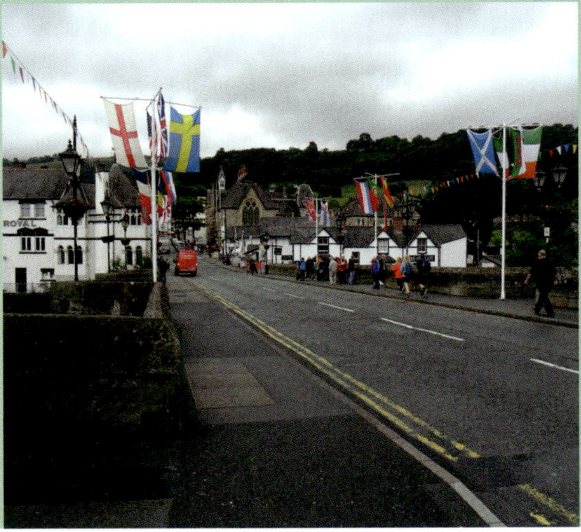

national Eisteddfod Festival gefeiert (siehe auch „Landeskunde, Bräuche und Traditionen").

Schon im 18. Jahrhundert kamen Touristen nach Llangollen, um die Ruinen der Burg Dinas Bran oder die **alte Steinbrücke** aus dem Jahr 1347 zu bewundern. Die Brücke war früher die einzige Möglichkeit, den Dee zu überqueren und zählt zu den Sieben Wundern von Wales. Die Llangollen Railway fährt durch das romantische Tal des Dee nach Corwen.

Welshpool

Die Marktstadt Welshpool ist Ausgangspunkt für einen Besuch in der Burg **Powis Castle.** Der Name der Stadt, die bis 1972 Bezirkshauptstadt war, in seiner heutigen Form besteht erst seit 1835. Welshpool liegt zudem an den beiden Fernwanderwegen Offa's Dyke Path und Glyndwr's Way. Das Ufer des Montgomery-Kanals lädt ebenfalls zu langen Spaziergängen ein.

Die **Schmalspurbahn** Welshpool and **Llanfair Light Railway** bringt Touristen auf einer Strecke von etwa 14 Kilometern nach Llanfair Caereinion.

Wrexham

Die **mittelalterliche Stadt** Wrexham wurde bereits 1161 zum ersten Mal urkundlich erwähnt. In dem Ort nahe der Grenze zu England findet man wenige Touristen. Bekannteste Sehenswürdigkeit ist die Kirche **St Giles' Church** aus dem 15. Jahrhundert, eines der Sieben Wunder von Wales.

Llangollen Bridge (Tour 19)

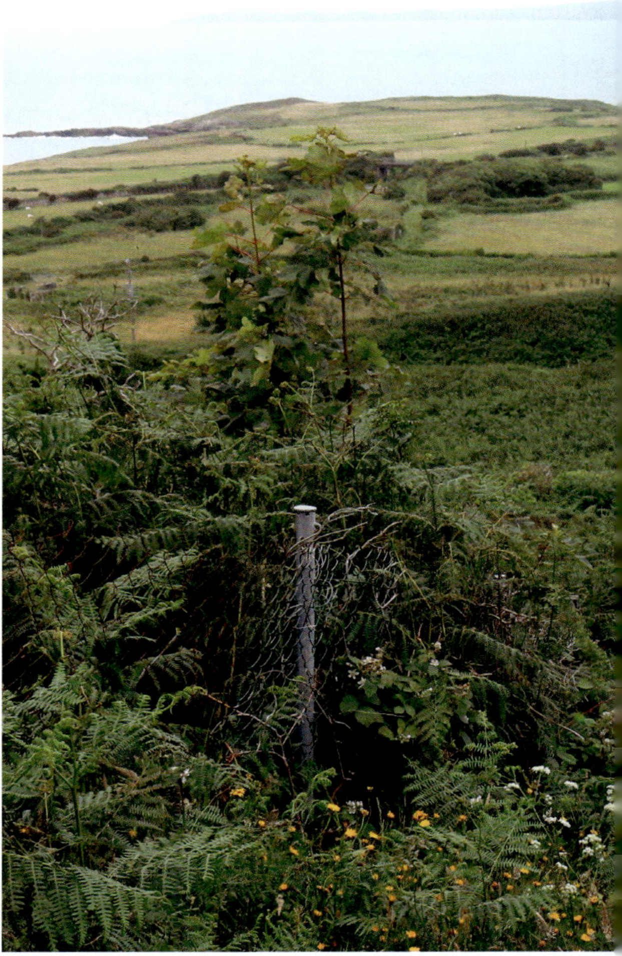

029wa cs

Wanderungen auf der Insel Anglesey

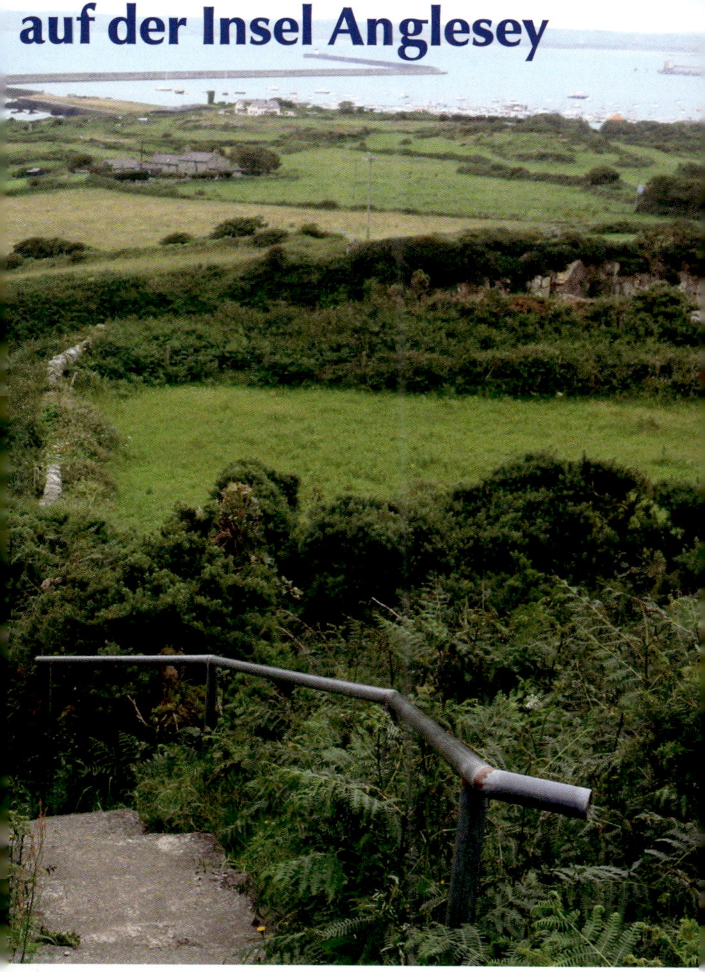

Tour 1 Durch den Newborough Forest zur Ynys Llanddwyn

4 Std.
12,1 km
mittelschwer

Die Gegend um den Newborough Forest am Rande des 1294 von König Edward I. gegründeten Örtchens **Newborough** zählt zweifelsohne zu den schönsten Regionen auf der Insel Anglesey. Im Schutz der Bäume des Naturschutzgebiets finden sowohl Wanderer als auch Reiter und Radfahrer zahlreiche Wege für ausgiebige Touren. Am Waldrand liegt eine der schönsten Dünenlandschaften in ganz Wales.

Die Rundwanderung führt durch den idyllischen Wald zum kilometerlangen Sandstrand und von dort weiter auf die **Ynys Llanddwyn,** einem der romantischsten und malerischsten Orte in Wales. Prinzessin Dwynwen, die heutige Schutzheilige walisischer Liebenden, lebte nach einer gescheiterten Liebe als Nonne auf der Insel und betete dafür, dass es anderen Verliebten besser ergehen würde als ihr. Ihr zu Ehren feiern die Waliser jedes Jahr am 25. Januar den St Dwynwen's Day. Die Ruinen des von ihr erbauten Klosters sind auch heute noch zu sehen. An der Spitze der Insel liegt der alte Leuchtturm, von wo aus sich tolle Ausblicke auf Snowdonia bieten.

Zur Schutzheiligen der walisischen Liebenden

Ausgangsort: Newborough
Ausgangspunkt: Kostenloser Parkplatz Cwningar im Naturschutzgebiet Newborough Forest (53,15014° N, 4,38238° W; Llanfairpwllgwyngyll, Anglesey LL61 6SG)
Höhenunterschied: 80 Meter
Gesamtzeit: 4 Stunden
Länge: 12,1 Kilometer
Schwierigkeit: mittelschwer
Karte: OS Explorer 263, OS Landranger 114

Fitnessgerät Nr 8

Kapitelstartseite:
Wellenbrecher am Breakwater Country Park (Tour 2)

Anforderungen: Wanderung auf weitestgehend deutlichen Wegen, weitestgehend markiert, teilweise sandig, Ausdauer erforderlich
Einkehr: keine
Tipp: Etwas mehr Zeit für die Besichtigung der Gezeiteninsel Ynys Llanddwyn einplanen
Kombinationsmöglichkeit: Tour 2 (ca. 40 Kilometer), Tour 4 (ca. 35 Kilometer), Tour 8 (ca. 30 Kilometer), Tour 17 (ca. 35 Kilometer), Tour 18 (ca. 30 Kilometer)

Wegbeschreibung

Vom **Parkplatz Cwningar (1)** im Naturschutzgebiet Newborough Forest biegen wir nach rechts auf den Trimmpfad (Trim Trail, weißer Schuh auf grünem Hintergrund) ab. Nach wenigen Metern passieren wir das Fitnessgerät mit der Nummer 9 auf der rechten Seite und erreichen kurz darauf eine Schranke. Wir gehen vorbei und weiter geradeaus. Immer wieder sehen wir auch die Infotafeln des Princes and Heritage Trail sowie die des Bike Quest Nature Trail. Hinter dem Fitnessgerät mit der Nummer 8 gehen wir an der **T-Kreuzung (2)** nach rechts und folgen dem Bike Quest Nature Trail. Nach etwa 250 Metern biegen wir an der Abzweigung links ab. Kurz darauf an der Kreuzung wandern

030wa cs

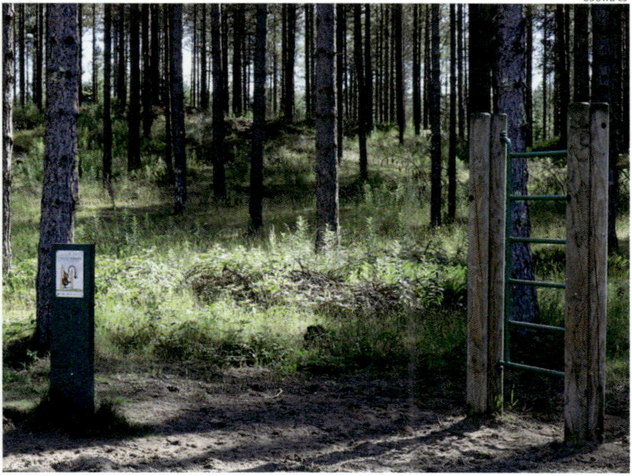

wir weiter geradeaus und folgen dem Reitweg (weißer Reiter zu Pferd auf schwarzem Hintergrund). An der nächsten Kreuzung folgen wir weiter dem Reitweg und biegen rechts ab. Der Wald lichtet sich bereits ein bisschen. Auf der rechten Seite sind nun deutlich weniger Bäume. 500 Meter weiter treffen wir hinter einer Linkskurve auf einen weiteren Weg. Wir gehen links weiter und an der nächsten Abzweigung geradeaus. Wir halten uns immer auf dem Schotterweg. Nach einer Weile können wir hinter einer langgezogenen Linkskurve zwischen den Bäumen ver-

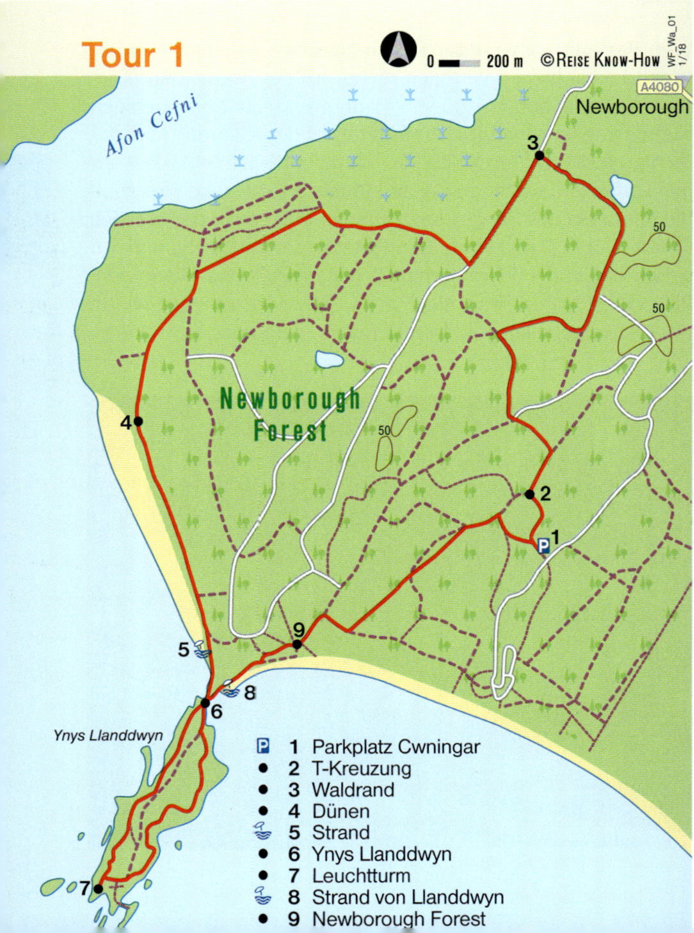

steckt einen kleinen Teich auf der rechten Seite erspähen. Der Wald ist hier nun wieder etwas dichter. An der nächsten Abzweigung gehen wir weiter geradeaus. Kurz vorm Waldrand erreichen wir auf der linken Seite einen kleinen Rastplatz mit Holztischen und Bänken. Bis hier sind es knapp 3 Kilometer.

Dahinter biegen wir am **Waldrand (3)** links ab, folgen weiter dem Reitweg und befinden uns nun ebenfalls auf dem Isle of Anglesey Coastal Path. Wir wandern auf dem Schotterweg am Waldrand entlang. An der nächsten Abzweigung biegen wir rechts ab und folgen weiter dem Reitweg sowie dem Isle of Anglesey Coastal Path. Wir gehen knapp einen Kilometer geradeaus, dann biegen wir links ab und folgen weiter dem Reitweg und dem Isle of Anglesey Coastal Path. Der Weg wird nun schmaler und zum Teil sandig. Wir folgen dem Pfad zwischen den Bäumen hindurch.

Am nächsten Wegweiser trennen sich der Isle of Anglesey Coastal Path und der Reitweg. Wir halten uns geradeaus und folgen dem Reitweg für etwa 1,5 Kilometer durch die sandigen **Dünen (4)** an der Küste entlang parallel zum langen Sandstrand. Dann biegen wir rechts ab zum **Strand (5),** im Anschluss gleich wieder links und laufen auf die Gezeiteninsel **Ynys Llanddwyn (6)** zu, die wir nach insgesamt etwa 7 Kilometern erreichen.

Dort angekommen gehen wir am Felsen rechts die in den Stein geschlagenen Stufen hinauf und folgen dem Fußweg (weißer Schuh auf blauem Hintergrund). Auf dem schmalen Pfad laufen wir geradeaus, teilweise auf einem Holzsteg, bis zum Leuchtturm an der Spitze der Insel. Währenddessen passieren wir die Ruinen des alten Klosters der heiligen Dwynwen sowie ein Steinkreuz auf der linken Seite. Wir steigen zum **Leuchtturm (7)** hinauf und genießen eine Aussicht bis nach Snowdonia. Im Anschluss gehen wir wieder hinunter und dann weiter nach rechts. Nun folgen wir dem Fußweg (weißer Läufer auf rotem Hintergrund) auf der anderen Seite der Insel parallel zum Hinweg. Der kurvenreiche Pfad ist teilweise sehr schmal und führt über die Wiese zurück zum Strand. Nach etwa 1,5 Kilometern erreichen wir den Fuß der Insel und gehen hinter dem Holztor nach rechts und vorbei an einem kleinen Steinhaus mit Infotafeln.

Wir laufen etwa 300 Meter am **Strand von Llanddwyn (8)** entlang bis zum Waldrand. Dort folgen wir einem sandigen Fußweg (weißer Schuh auf schwarzem Hintergrund) ein kurzes

Stück durch die Dünen. An einem Parkplatz biegen wir links ab und folgen nun wieder dem Isle of Anglesey Coastal Path auf dem Schotterweg in den **Newborough Forest (9)** hinein. Vor der Schranke gehen wir rechts weiter auf dem Isle of Anglesey Coastal Path und kurz darauf nach links in den Reitweg (weißer Reiter zu Pferd auf schwarzem Hintergrund). Wenig später verlassen wir den Reitweg wieder und halten uns geradeaus leicht bergauf.

Wir überqueren die Kreuzung und passieren das Fitnessgerät mit der Nummer 5 auf unserer rechten Seite und folgen nun wieder dem Trimmpfad (weißer Schuh auf grünem Hintergrund). Wir wandern am Fitnessgerät mit der Nummer 6 vorbei und an der nächsten Abzweigung nach rechts. Kurz darauf gehen wir links in einen schmalen, etwas versteckten Pfad hinein, der uns zurück zum **Ausgangspunkt am Parkplatz Cwningar (1)** führt.

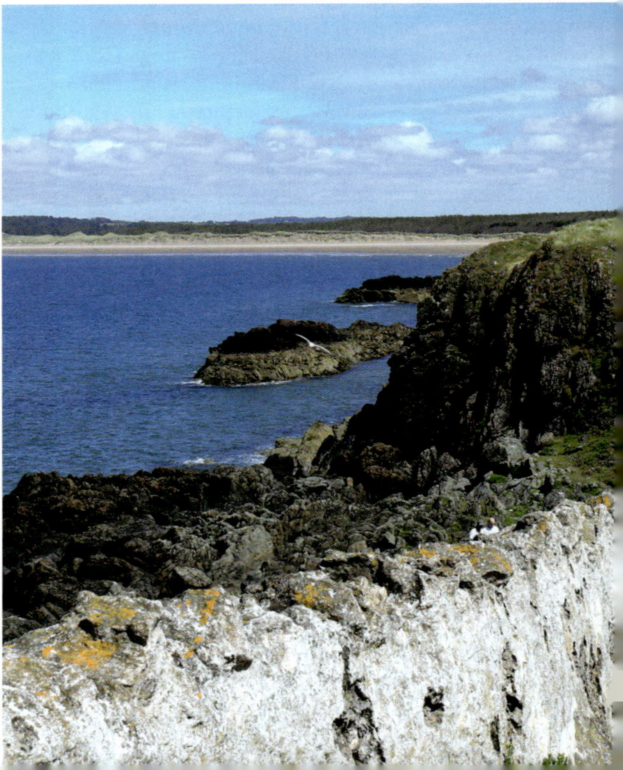

1	**Parkplatz Cwningar**	53,15014° N, 4,38238° W
2	**T-Kreuzung**	53,15270° N, 4,38329° W
3	**Waldrand**	53,16772° N, 4,38268° W
4	**Dünen**	53,15641° N, 4,41265° W
5	**Strand**	53,14583° N, 4,40714° W
6	**Ynys Llanddwyn**	53,14348° N, 4,40762° W
7	**Leuchtturm**	53,13520° N, 4,41563° W
8	**Strand von Llanddwyn**	53,14447° N, 4,40554° W
9	**Newborough Forest**	53,14607° N, 4,40048° W

Auf der Ynys Llanddwyn

031wa cs

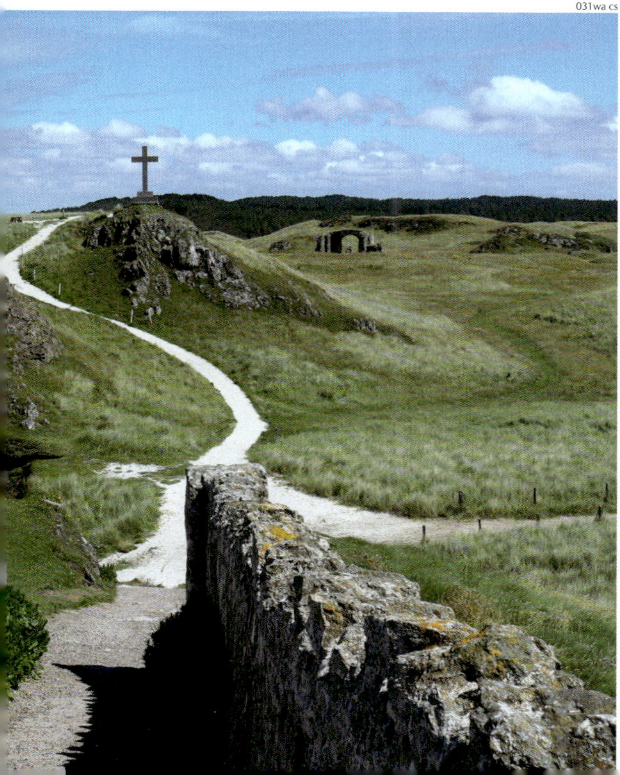

Tour 2 Rund um den Holyhead Mountain

2½ Std.
7 km
mittelschwer

Die Wanderung auf oft steinigen Pfaden führt einmal um den Holyhead Mountain herum. Auf dem Gipfel befinden sich immer noch die Überreste des eisenzeitlichen **Forts Caer y Twr** und eines römischen Wachturms. Bei gutem Wetter reicht der Blick von hier bis nach Irland und zur Isle of Man.

Unweit des Breakwater Country Park bietet sich eine wunderschöne Aussicht auf den **riesigen Wellenbrecher,** der mit sieben Millionen Tonnen Stein aus den hiesigen Steinbrüchen errichtet wurde und weit ins Meer hinausragt. Das Dynamit für die damaligen Arbeiten wurde in einem alten Munitionsspeicher an der Nordküste gelagert.

Auf der **Insel North Stack** liegt eine alte Telegrafenstation. Die **Insel South Stack** ist über 400 Steinstufen erreichbar und ein idealer Ort, um die zahlreichen Seevögel zu beobachten, während der 91 Fuß hohe Leuchtturm bereits seit 1809 die umliegenden Schiffe warnt.

Der Rückweg zum Breakwater Country Park führt vorbei an alten mittelalterlichen Mauern.

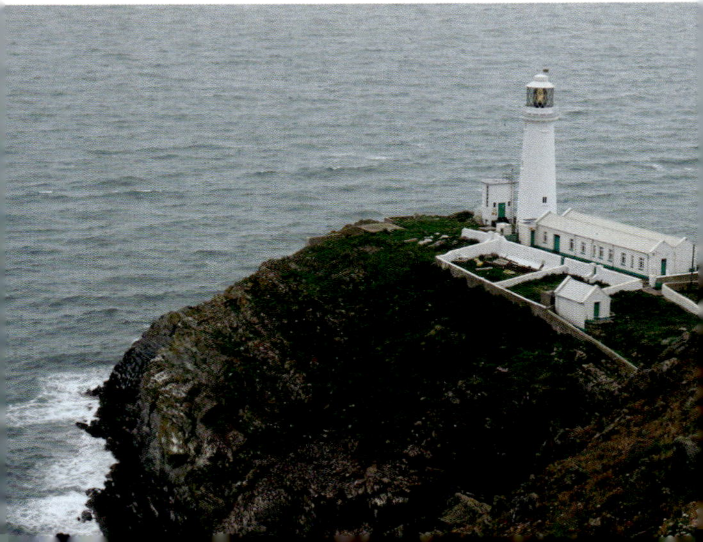

North Stack, South Stack und ein Leuchtturm

Ausgangsort: Holyhead
Ausgangspunkt: Kostenpflichtiger Parkplatz am Breakwater Country Park (53,31636° N, 4,66446° W; Holyhead, Anglesey LL65 1YG)
Höhenunterschied: 170 Meter
Gesamtzeit: 2½ Stunden
Länge: 7 Kilometer
Schwierigkeit: mittelschwer
Karte: OS Explorer 262, OS Landranger 114
Anforderungen: Wanderung auf meist deutlichen Wegen, weitestgehend markiert, teilweise windig, am Anfang steinige Wege, teilweise steile Anstiege über Steinstufen, Ausdauer und Trittsicherheit erforderlich
Einkehr: Breakwater Country Park Café am Ausgangspunkt, Café im RSPB South Stack Visitor Centre ca. 150 Meter südlich unserer Strecke in der South Stack Road
Tipp: Leuchtturm auf der Insel South Stack besichtigen
Kombinationsmöglichkeit: Tour 1 (ca. 40 Kilometer), Tour 3 (ca. 40 Kilometer)

Leuchtturm auf der Insel South Stack

032wa cs

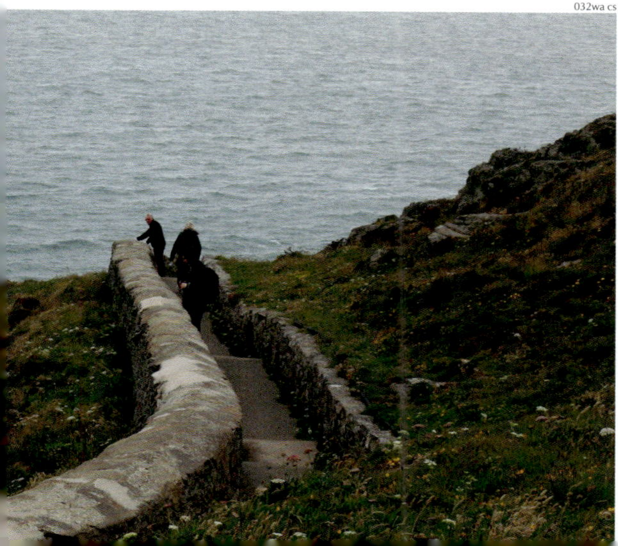

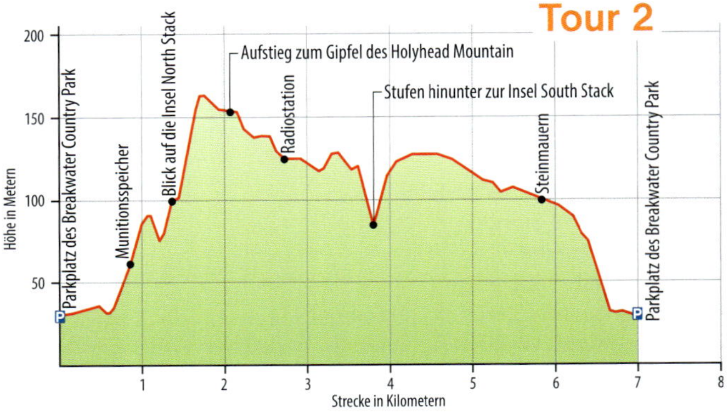

Wegbeschreibung

Am **Parkplatz des Breakwater Country Park (1)** folgen wir am kleinen Teich dem Wegweiser Richtung South Stack Paths. Hinter dem Tor biegen wir links ab und folgen weiter dem Wegweiser zu den South Stack Paths. Wir befinden wir uns nun zudem

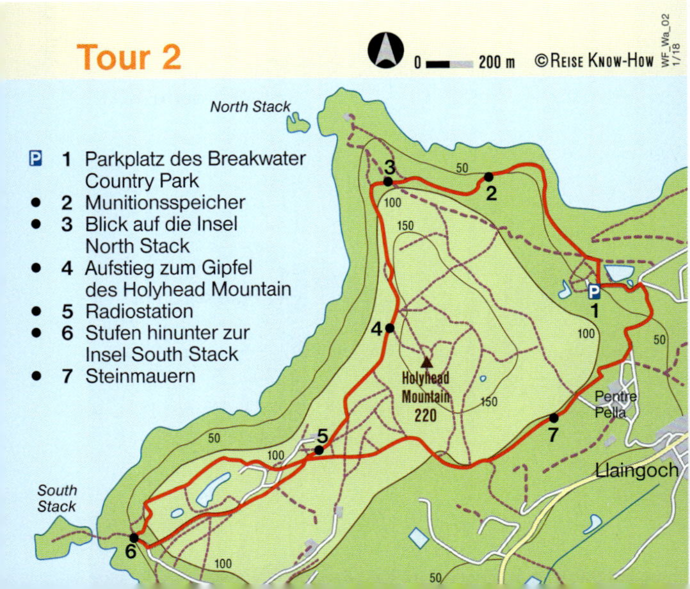

auf dem Isle of Anglesey Coastal Path und folgen dem Schotterweg an der Küste entlang. Wenig später passieren wir ein Schwingtor und gehen nun auf dem Grasweg weiter. An einer Holzbank auf der linken Seite können wir die Aussicht auf das Meer rechts von uns genießen. Kurz darauf gehen wir durch das nächste Schwingtor und weiter auf dem nun schmaleren Pfad. Nach einer kurzen S-Kurve wandern wir die in den Stein geschlagenen Stufen nach oben und folgen von nun an dem steinigen Pfad an der Küste entlang.

Nach etwa 15 Minuten erreichen wir einen alten **Munitionsspeicher (2).** Der schmale Steinpfad wird nun steiler. Am Wegweiser halten wir uns rechts und folgen dem Isle of Anglesey Coastal Path. An der nächsten Abzweigung halten wir uns links und wandern auf dem Steinpfad weiter nach oben. Auf der rechten Seite genießen wir einen tollen **Blick auf die Insel North Stack (3)** mit der alten Telegrafenstation. Bis hier sind es etwas weniger als 1,5 Kilometer. Wer möchte, kann einen kleinen Abstecher nach unten machen.

Wir halten uns links und folgen weiter dem Isle of Anglesey Coast Path. Kurz darauf führen Steinstufen erneut etwas steiler und auf einem zum Teil recht schmalen Pfad weiter bergauf. Oben angekommen bieten sich uns erste Blicke auf die Insel South Stack mit ihrem Leuchtturm. Wir wandern auf dem Isle of Anglesey Coastal Path durch ein Wechselspiel von kurzen und teilweise steilen und rutschigen Auf- und Abwärtspassagen. Nach nun rund 2 Kilometern erreichen wir einen Wegweiser mit einem weißen Pfeil und der Aufschrift „Summit“, der den **Aufstieg zum Gipfel des Holyhead Mountain (4)** kennzeichnet. Wer möchte, kann den steilen und etwas mühsamen Weg nach oben antreten und bei gutem Wetter eine Aussicht bis nach Irland und zur Isle of Man genießen. Aber Vorsicht, der Pfad ist teilweise sehr schmal.

Wir halten uns geradeaus und folgen weiter dem Isle of Anglesey Coastal Path Richtung South Stack. Der Pfad wird nun wieder breiter und leichter zu begehen. Hinter einer alten **Radiostation (5)** auf unserer rechten Seite gehen wir rechts hinein in einen schmalen Pfad und folgen weiter dem Isle of Anglesey Coastal Path an der Küste entlang. Am Ende dieser Passage führen nach insgesamt knapp 4 Kilometern **Stufen hinunter zur Insel South Stack (6)** mit ihrem Leuchtturm. Wer möchte, geht für eine Besichtigung hinab.

Wir halten uns links und folgen für wenige Meter der asphaltierten Straße (South Stack Road). Am Wegweiser Richtung Mynydd Twr gehen wir nach links und verlassen damit den Isle of Anglesey Coastal Path. Wir passieren auf dem zunächst asphaltierten Weg eine Schranke, bevor wir hinter der Kuppe wieder auf Schotter und parallel zum Hinweg zur Insel South Stack laufen. Auf der linken Seite sehen wir nun erneut die alte **Radiostation (5).** Wir folgen der gelben Wegmarke geradeaus und laufen wieder auf den Gipfel des Holyhead Mountain zu. Auf dem immer schmaler und wieder steiniger werdenden Pfad halten wir uns rechts und wandern durch eine Linkskurve am Gipfel vorbei.

Nach insgesamt etwa 6 Kilometern erreichen wir mittelalterliche **Steinmauern (7),** denen wir auf dem grasbedeckten Fußweg (gelber Pfeil auf grünem Hintergrund) folgen. Wir gehen ein kurzes Stück bergab, dann wenige Meter über Asphalt und dann vor dem Haus nach links weiter in den Fußweg und an der Mauer entlang. Vor dem nächsten Haus wandern wir erneut nach links und folgen dem Fußweg. An der Gabelung halten wir uns rechts und gehen auf dem Fußweg an einem Haus vorbei und dahinter weiter auf dem Grasweg. Dieser führt uns teilweise über Stufen bergab. Durch das Tor wandern wir zurück zum **Parkplatz des Breakwater Country Park (1).**

1	**Parkplatz des Breakwater Country Park**	53,31636° N, 4,66446° W
2	**Munitionsspeicher**	53,32037° N, 4,67174° W
3	**Blick auf die Insel North Stack**	53,32016° N, 4,67813° W
4	**Aufstieg zum Gipfel des Holyhead Mountain**	53,31479° N, 4,67773° W
5	**Radiostation**	53,31002° N, 4,68284° W
6	**Stufen hinunter zur Insel South Stack**	53,30682° N, 4,69434° W
7	**Steinmauern**	53,31134° N, 4,66746° W

Tour 3
An der Küste von Llaneilian

1 Std.
4,4 km
leicht

Am Rande des kleinen Örtchens **Llaneilian** mit seinen rund 1200 Einwohnern im Nordosten der Insel Anglesey führt diese Wanderung zu einem **wunderschönen Küstenabschnitt** mit toller Aussicht auf den **Leuchtturm Point Lynas.** Nachdem der erste Leuchtturm 1779 noch an den Mersey Docks errichtet wurde, ersetzte man diesen im Jahr 1835 durch den heutigen Point Lynas, der an der Spitze einer Landzunge steht, die weit ins Meer hinausragt.

In Llaneilian selbst steht die bekannte **Kirche des Heiligen Eilian,** deren Turmspitze an eine Pyramide erinnert. Der Legende nach soll der Gesandte des Papstes zahlreiche Ochsen nach Anglesey gebracht haben, die Cadwallon Lawhir, der Herrscher der Insel, beschlagnahmte. Daraufhin soll der Heilige Cadwallon dessen Augenlicht genommen und als Gegenleistung für das Zurückerlangen der Sehfähigkeit Land gefordert haben. An dieser Stelle entstand etwa 450 n. Chr. die Kirche.

033wa cs

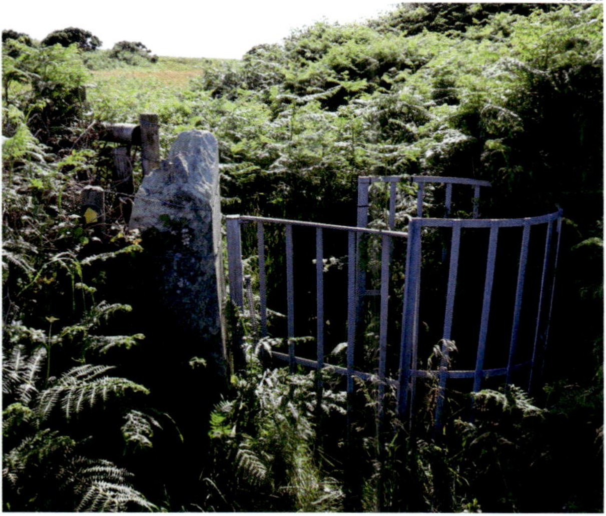

Point Lynas im Nordosten von Anglesey

Ausgangsort: Llaneilian
Ausgangspunkt: Kostenloser Parkplatz in Llaneilian (53,41039° N, 4,29730° W) schräg gegenüber des Point Lynas Caravan Park (Amlwch, Anglesey LL68 9LT); von der Bushaltestelle „St Eilian's Church" (Nummer 31 Amlwch – Amlwch via Capel Parc und Nummer 61 Amlwch – Pengorffwysfa) ca. 100 Meter südöstlich, dann links abbiegen und ca. 400 Meter bis zum Ausgangspunkt
Höhenunterschied: 110 Meter
Gesamtzeit: 1 Stunde
Länge: 4,4 Kilometer
Schwierigkeit: leicht
Karte: OS Explorer 263, OS Landranger 114
Anforderungen: Wanderung auf meist deutlichen Wegen, weitestgehend markiert, teilweise können Wege etwas zugewachsen sein, teilweise leicht bergauf, teilweise feucht, Zaunübertritte
Einkehr: keine
Kombinationsmöglichkeit: Tour 2 (ca. 40 Kilometer), Tour 4 (ca. 35 Kilometer)

Wegbeschreibung

Vom **Parkplatz in Llaneilian (1)** laufen wir rechts die asphaltierte Straße leicht bergab, vorbei an den öffentlichen Toiletten, und folgen dem Wegweiser mit der Aufschrift „Cylchdaith ‚Eilian' Circular Walk". Nach einer Rechtskurve erreichen wir die **Porth Eilian (2),** eine geschützte kleine Badebucht.

Wir folgen der Straße auf dem Isle of Anglesey Coastal Path Richtung Leuchtturm Point Lynas. Nach einer S-Kurve wandern wir weiter geradeaus durch das Tor und über den Gitterrost zum Leuchtturm, den wir nach einem Kilometer erreichen. Am **Point Lynas (3)** angekommen, laufen wir auf dem Fußweg (gelber Pfeil auf grünem Hintergrund) im Uhrzeigersinn einmal um den Leuchtturm herum und genießen die Aussicht auf das Meer und die Küste.

Parallel zum Hinweg wandern wir über die Wiese an der Mauer entlang, gehen am Schwingtor rechts zurück auf den asphaltierten Weg und dann links weiter. Wir gehen erneut durch das Tor und über den Gitterrost und dann links weiter auf dem Isle of Anglesey Coastal Path, der uns durch ein weiteres Schwingtor führt. Über den Wiesenweg erreichen wir das nächste Schwingtor. Nach einer Rechtskurve wird der Weg schmaler und kann leicht zugewachsen sein. Wir genießen nach etwas mehr als 2 Kilometern die **Aussicht auf die Bucht von Freshwater (4)** und erreichen nach einem kleinen Schwenk nach rechts schließlich das nächste Schwingtor.

Wir folgen weiter dem Isle of Anglesey Coastal Path. Der schmale Pfad über die Wiese führt nun ganz leicht bergauf bis zum nächsten Schwingtor. Dahinter geht es leicht nach rechts. Am nächsten Wegweiser verlassen wir den Isle of Anglesey Coastal Path und folgen dem „Eilian“ Circular Walk (gelber Pfeil auf grünem Hintergrund), der etwas zugewachsen sein kann. Im Anschluss passieren wir ein weiteres Schwingtor. Der Weg führt immer weiter den Hügel nach oben. Hinter dem nächsten

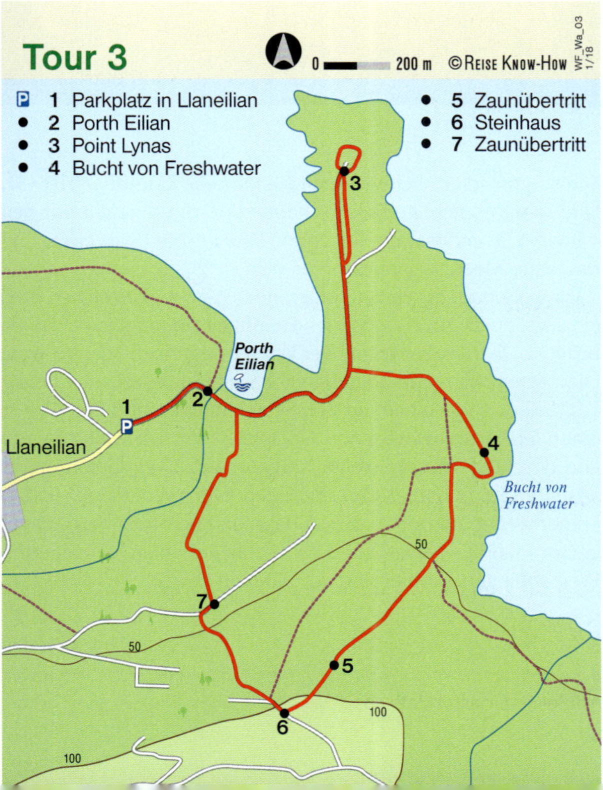

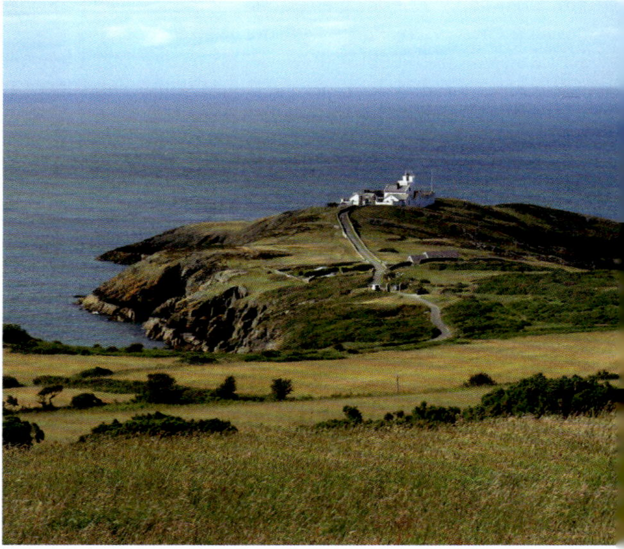

Schwingtor folgt nach wenigen Metern ein **Zaunübertritt (5).** Hier lohnt es sich, zurückzuschauen und die Aussicht auf den mittlerweile in der Ferne liegenden Leuchtturm Point Lynas und das blaue Meer zu genießen.

Wir gehen rechts weiter, folgen dem Weg und erreichen bald ein altes, etwas zugewachsenes **Steinhaus (6)** auf unserer linken Seite. Am Wegweiser kreuzt der Wiesenweg einen Schotterweg. Hier biegen wir rechts ab und folgen weiter dem „Eilian" Circular Walk. Rechts von einem großen Schwinggatter führt der Weg in einen leicht zugewachsenen Graspfad, dem wir weiter folgen und den Hügel immer weiter bergab gehen. Wir laufen rechts an einem Tor mit der Aufschrift „Coed Avens Woodland" vorbei immer weiter auf dem nun von Bäumen und Sträuchern umgebenen Pfad, an dessen Ende wir rechts auf einen asphaltierten Weg abbiegen. Bis hier sind es 3,5 Kilometer.

Aussicht auf Point Lynas

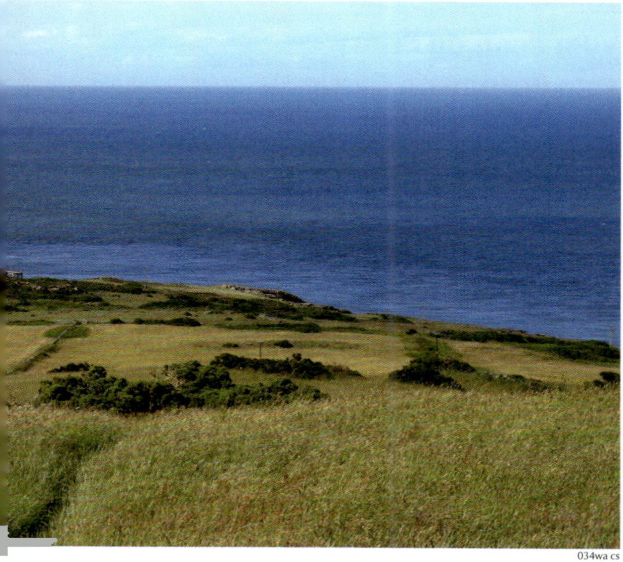

034wa cs

Kurz hinter dem Gitterrost steigen wir links über einen **Zaunübertritt (7)** und folgen weiter dem „Eilian" Circular Walk für etwa 500 Meter. Auf dem Wiesenweg steigen wir zunächst über einen Zaunübertritt, durchqueren dann zwei weitere Schwingtore und im Anschluss geht es noch einmal über einen Zaunübertritt.

Schließlich erreichen wir erneut die Bucht **Porth Eilian (2)** und gehen nach links weiter auf dem Hinweg zurück zum **Parkplatz in Llaneilian (1).**

1	**Parkplatz in Llaneilian**	53,41039° N, 4,29730° W
2	**Porth Eilian**	53,41127° N, 4,29442° W
3	**Point Lynas**	53,41587° N, 4,28957° W
4	**Bucht von Freshwater**	53,40998° N, 4,28447° W
5	**Zaunübertritt**	53,40585° N, 4,28957° W
6	**Steinhaus**	53,40448° N, 4,29162° W
7	**Zaunübertritt**	53,40677° N, 4,29432° W

Tour 4 Vom Penmon Priory zum Beaumaris Castle

2½ Std.
8,6 km
mittelschwer

Die Wanderung startet etwa 6 Kilometer östlich von Beaumaris am **Penmon Priory,** einem alten Kloster, das über der Quelle des Heiligen Seirion errichtet wurde. Während die ersten Bauten des gut erhaltenen Gebäudes im Jahr 540 entstanden, stammen die heutigen Überreste aus dem 12. und 13. Jahrhundert.

Von hier geht es zunächst ein gutes Stück weiter nach Osten zum **Penmon Point.** Dort lockt der Leuchtturm Penmon Lighthouse sowie die Aussicht nach Puffin Island, eine unbewohnte Insel an der östlichen Küste von Anglesey. Im Anschluss führt die Tour noch einmal vorbei am Penmon Priory bis zum Beaumaris Castle.

Die **letzte Burg aus dem „Iron Ring"** im Norden von Wales vom englischen König Edward I. war im 13. Jahrhundert ein echtes Hightech-Wunder und gilt noch immer als technisch perfekteste Burg in ganz Großbritannien. Obwohl sie nie fertiggestellt wurde, ist der Plan, Mauern innerhalb von Mauern zu errichten, ein militärarchitektonisches Meisterwerk des Mittelalters. Um die größte Burg aus der Kette von Edward I. einzunehmen, mussten Feinde damals einschließlich des Burggrabens, der auch heute noch mit Wasser gefüllt ist, 14 Hindernisse überwinden. Die ganze Meerenge Menai Strait konnte von **Beaumaris Castle,** das seit 1986 zum UNESCO-Welterbe zählt, kontrolliert werden.

Altes Kloster und ein Meisterwerk des Mittelalters

Ausgangsort: Penmon
Ausgangspunkt: Kostenpflichtiger Parkplatz (inklusive Maut für die Weiterfahrt zum Penmon Point) am Penmon Priory (53,30555° N, 4,05651° W; B5109, Beaumaris, Anglesey LL58 8SP). Busverbindung vom Beaumaris Castle (Linien 57 und 58 Bangor – Glanrafon) zurück zum Penmon Priory nur bis zur Bushaltestelle „Ty Gwyn" etwa 2 Kilometer vom Ausgangspunkt am Penmon Priory entfernt
Höhenunterschied: 80 Meter
Gesamtzeit: 2½ Stunden

Länge: 8,6 Kilometer
Schwierigkeit: mittelschwer
Karte: OS Explorer 263, OS Landranger 114
Anforderungen: Wanderung auf teilweise deutlichen Wegen, teilweise weglose Abschnitte am Strand, weitestgehend markiert, teilweise rutschig auf den Steinen, Strandabschnitt Gezeiten ausgesetzt, Trittsicherheit erforderlich
Einkehr: Pilot House Cafe am Penmon Point, Happy Valley Pavilion am Beaumaris Castle, Pier House Cafe and Bistro ca. 150 Meter südwestlich der Burg, weitere Einkehrmöglichkeiten rund um die Castle Street in Beaumaris
Tipp: Penmon Priory und Beaumaris Castle besichtigen
Kombinationsmöglichkeit: Tour 1 (ca. 35 Kilometer), Tour 3 (ca. 35 Kilometer), Tour 8 (ca. 30 Kilometer), Tour 17 (ca. 30 Kilometer), Tour 18 (ca. 30 Kilometer)

Penmon Priory

035wa cs

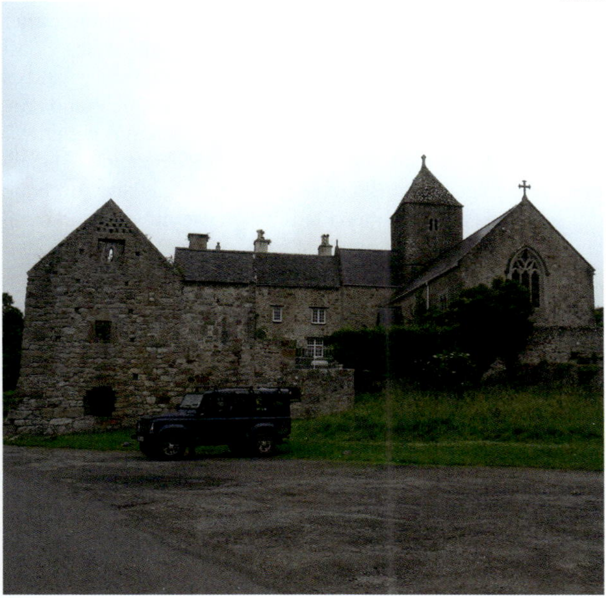

Wegbeschreibung

Vom **Parkplatz des Penmon Priory (1)** wandern wir zunächst für etwa 15 Minuten in nordöstliche Richtung zum Penmon Point. Dazu gehen wir hinter dem kleinen Kassenhäuschen, an dem die Maut für Parkplatz und die Weiterfahrt auf der Penmon Point Toll Road kassiert wird, die asphaltierte Straße, zunächst ein Stück bergauf, entlang. Am **Penmon Point (2)** bietet sich uns ein Blick auf den Leuchtturm Penmon Lighthouse sowie die vorgelagerte Insel Puffin Island. Nach der Besichtigung des Leuchtturms laufen wir auf gleichem Weg zurück Richtung Penmon Priory und folgen dem Isle of Anglesey Coastal Path sowie dem Wales Coast Path.

Zurück am Parkplatz gehen wir links am Penmon Priory vorbei und weiter auf der asphaltierten Straße. Kurz darauf erreichen wir nach einer langgezogenen Linkskurve ein altes, etwas zugewachsenes **Steinhaus (3),** an dem wir vorbeigehen und der Straße weiter folgen. Vorsicht, hin und wieder kommt ein Auto auf der einspurigen Straße vorbei. Links von uns sehen wir nun die Küste und das Meer. Wir folgen der Straße noch ein gutes Stück und gehen schließlich an einer Abzweigung immer weiter auf dem Isle of Anglesey Coastal Path und dem Wales Coast Path eine **Steinrampe hinunter zum Strand (4).** Bis hier sind es etwas mehr als 4 Kilometer. Vorsicht, die Steine am Strand können teilweise rutschig sein. Nach etwa 500 Metern gehen wir am Ende des Strandabschnitts rechts eine **Steintreppe (5)** nach oben und folgen dem Isle of Anglesey Coastal Path. Am Ende des schmalen unbefestigten Pfads halten wir uns links und erreichen erneut die asphaltierte Straße, die wir nach weiteren knapp 300 Metern wieder verlassen.

An der Gabelung halten wir uns links und folgen dem **Küstenpfad (6)** auf den nächsten Strandabschnitt. Vorsicht, dieser Teil ist den Gezeiten ausgesetzt und nicht immer passierbar. Bei Flut können wir die etwa 30- bis 40-minütige Strecke auf der asphaltierten Straße umlaufen. Ist der Weg zugänglich, folgen wir dem schmalen Pfad bis zum Strand. Der steinige Abschnitt ist etwa 2 Kilometer lang. Im Anschluss gehen wir rechts auf dem Isle auf Anglesey Coastal Path und verlassen den Strand über einen schmalen, von Sträuchern umgebenen **Pfad (7).** An dessen Ende treffen wir wieder auf die asphaltierte Straße und gehen nach links und an der Mauer entlang.

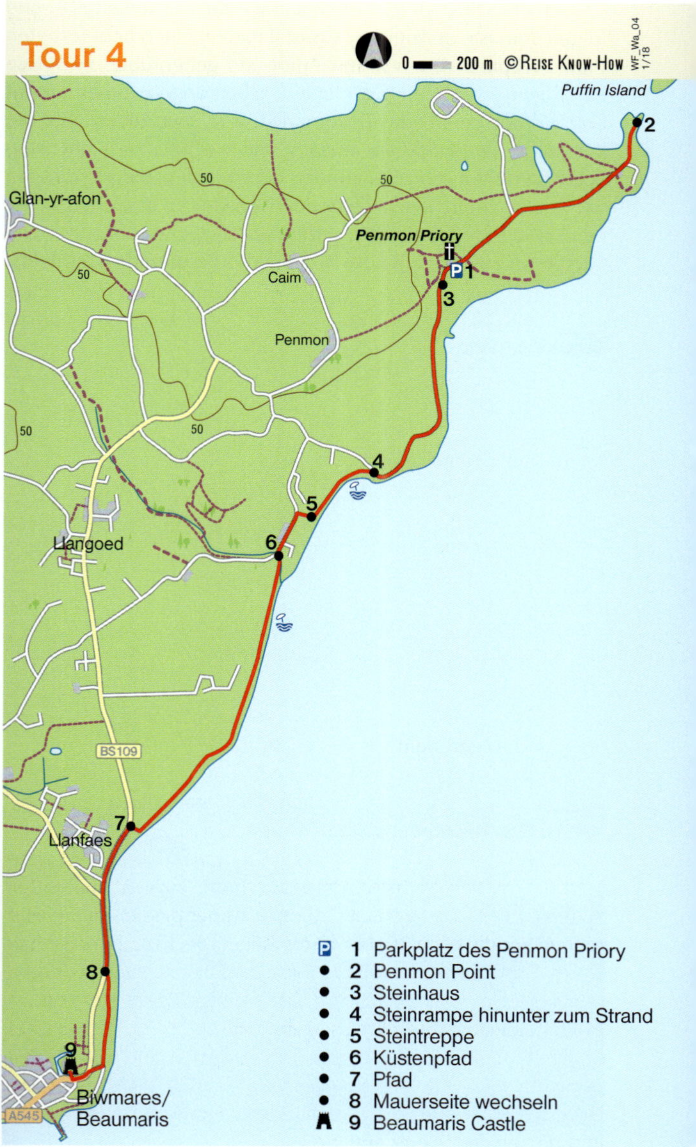
Tour 4
0 200 m ©Reise Know-How
WF_Wa_04 1/18
Puffin Island
Glan-yr-afon
Penmon Priory
Caim
Penmon
Llangoed
BS109
Llanfaes
Biwmares/
Beaumaris
A545
50
1 Parkplatz des Penmon Priory
2 Penmon Point
3 Steinhaus
4 Steinrampe hinunter zum Strand
5 Steintreppe
6 Küstenpfad
7 Pfad
8 Mauerseite wechseln
9 Beaumaris Castle

Nach etwa 800 Metern **wechseln wir die Mauerseite (8)** und folgen dem Isle of Anglesey Coastal Path in einen unbefestigten Pfad. Wir passieren ein Schwingtor und gehen über die Wiese einen gemächlichen Hügel hinauf. Oben angekommen erhebt sich vor uns bereits das Beaumaris Castle. Wir gehen über die Wiese an der Felsküste entlang nach unten zum nächsten Schwingtor. Vorsicht, hier können Kühe weiden, die allerdings in der Regel harmlos sind. Hinter dem Schwingtor erreichen wir eine asphaltierte Straße. Wir gehen rechts weiter und gelangen nach etwa 200 Metern zum Eingang des **Beaumaris Castle (9).**

Beaumaris Castle

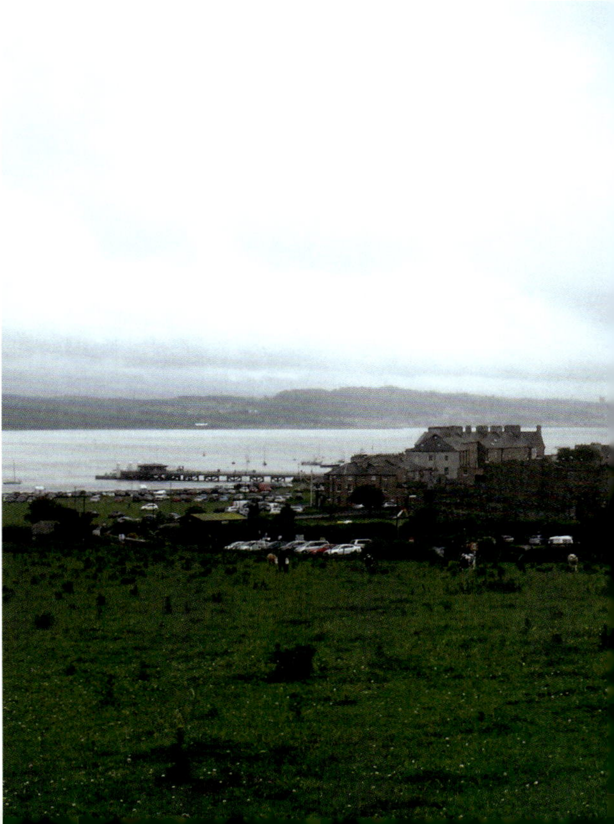

1	**Parkplatz des Penmon Priory**	53,30555° N, 4,05651° W
2	**Penmon Point**	53,31118° N, 4,04139° W
3	**Steinhaus**	53,30473° N, 4,05757° W
4	**Steinrampe hinunter zum Strand**	53,29489° N, 4,06353° W
5	**Steintreppe**	53,29257° N, 4,06883° W
6	**Küstenpfad**	53,29071° N, 4,07161° W
7	**Pfad**	53,27682° N, 4,08396° W
8	**Mauerseite wechseln**	53,26983° N, 4,08625° W
9	**Beaumaris Castle**	53,26408° N, 4,08930° W

036wa cs

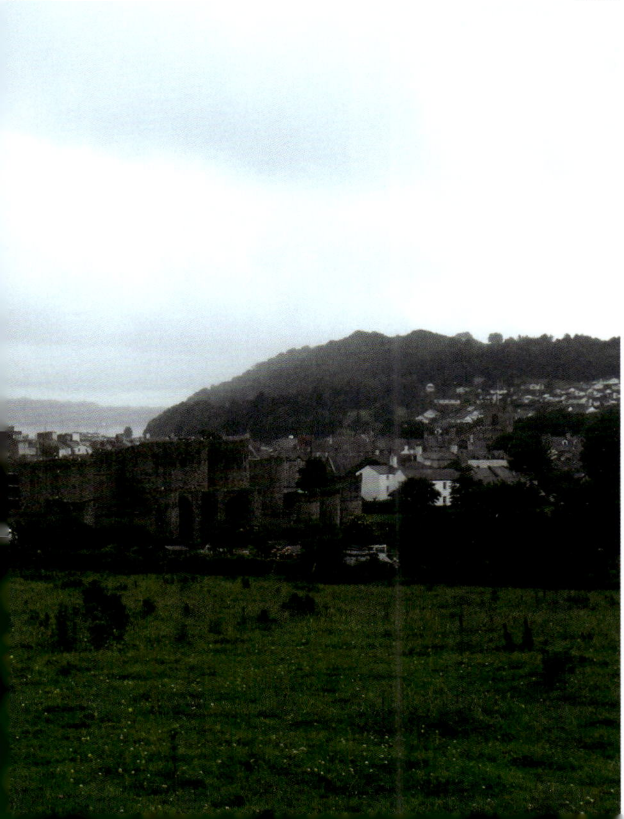

038wa cs

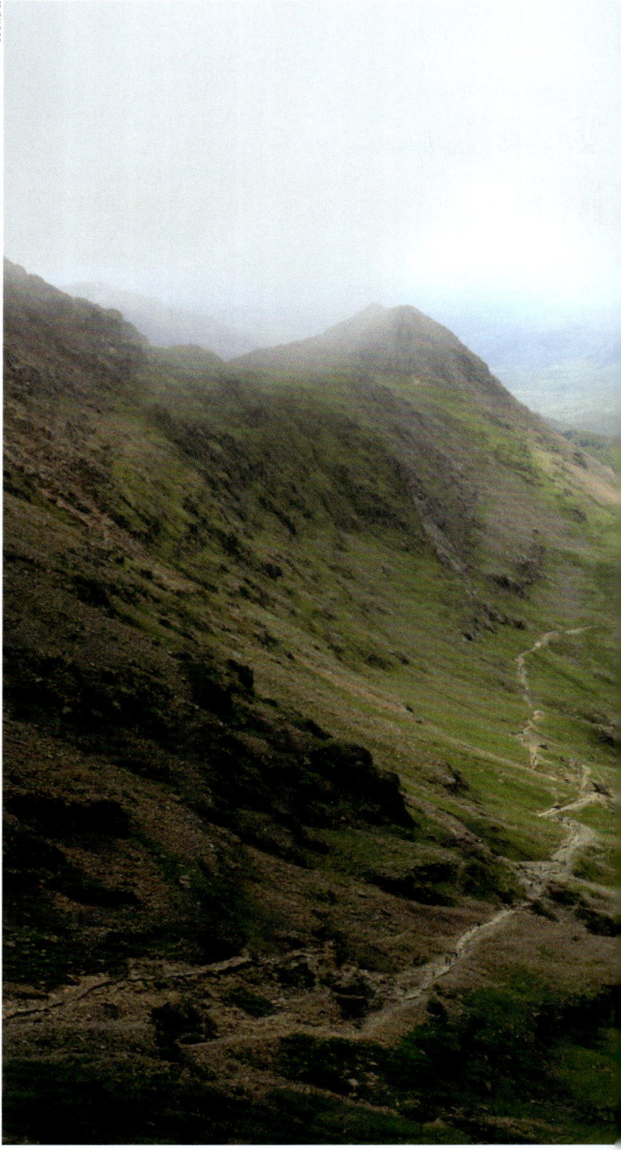

Wanderungen in Snowdonia

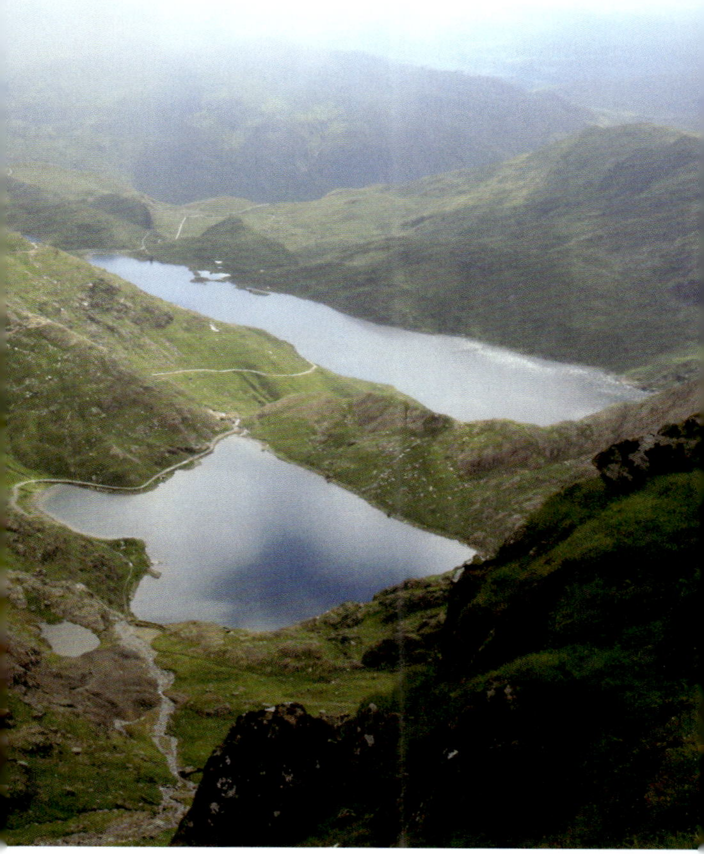

Tour 5
Auf dem Llanberis Path hinauf zum Mount Snowdon

6½ Std.
15 km
schwer

Eine Wanderung auf den **höchsten Berg eines Landes** ist zweifelsohne ein echtes Erlebnis. Der **1085 Meter hohe Mount Snowdon** im nach ihm benannten **Snowdonia-Nationalpark** und die ihn umgebenden Hügel boten in der Vergangenheit Schutz vor feindlichen Angriffen. Heute ist er beliebtes Ausflugsziel für mehrere Tausend Besucher im Jahr. Gleich sechs verschiedene Wanderwege mit unterschiedlichen Schwierigkeitsgraden führen auf den Gipfel.

Diese Tour nimmt den leichtesten, aber dennoch nicht zu unterschätzenden Aufstieg nach oben. Denn besonders die Berge in Snowdonia unterliegen häufig plötzlichen Wetterumschwüngen. Bei gutem Wetter bieten sich jedoch die wohl schönsten Ausblicke in ganz Wales. Der Llanberis Path verläuft weitestgehend parallel zur Bahnlinie der **Snowdon Mountain Railway,** der gemütlichen Alternative hoch auf die 1085 Meter. Er ist der beliebteste Wanderpfad auf den Mount Snowdon. Bereits vor der Eröffnung der Bahnlinie im Jahr 1896 engagierten die Besucher Guides für eine Tour auf den Gipfel.

1085 Meter: Der höchste Berg in Wales

Ausgangsort: Llanberis
Ausgangspunkt: Snowdon Mountain Railway Station an der A4086 (53,11633° N, 4,11958° W; Victoria Terrace, Llanberis, Gwynedd LL55 4TT); von der Bushaltestelle „Interchange" (Nummer 85 Llanberis – Bangor via Deiniolen, Nummer 86 Llanberis – Bangor via Deiniolen, Nummer 88 Caernarfon – Llanberis und Nummer S2 Llanberis – Llanrwst via Pen-y-Pass, Betws-y-Coed) ca. 200 Meter südöstlich bis zum Ausgangspunkt
Höhenunterschied: 920 Meter

Auf dem Gipfel des Mount Snowdon

Kapitelstartseite:
Aussicht auf den See Glaslyn (Tour 5)

Gesamtzeit: 6½ Stunden
Länge: 15 Kilometer
Schwierigkeit: schwer
Karte: OS Explorer OL17, OS Landranger 115
Anforderungen: Wanderung auf deutlichen Wegen, weitestgehend markiert, stetig bergauf, teilweise steil, teilweise steinig, dem Wetter ausgesetzt, schnelle Wetterumschwünge möglich, besonders am Gipfel kann Nebel auftreten, gute Ausdauer erforderlich
Einkehr: Teehaus Penceunant Isaf Llanberis kurz vor Beginn des Fußwegs auf den Mount Snowdon, Halfway House (nur im Sommer) auf halber Höhe zum Gipfel, Café Hafod Eryri auf dem Gipfel, weitere Einkehrmöglichkeiten in Llanberis
Tipp: Mit der Snowdon Mountain Railway auf den Gipfel fahren und nach unten wandern als Alternative zum kräftezehrenden Aufstieg
Kombinationsmöglichkeit: Tour 6 (ca. 25 Kilometer), Tour 8 (ca. 25 Kilometer), Tour 17 (ca. 25 Kilometer), Tour 18 (ca. 15 Kilometer)

039wa cs

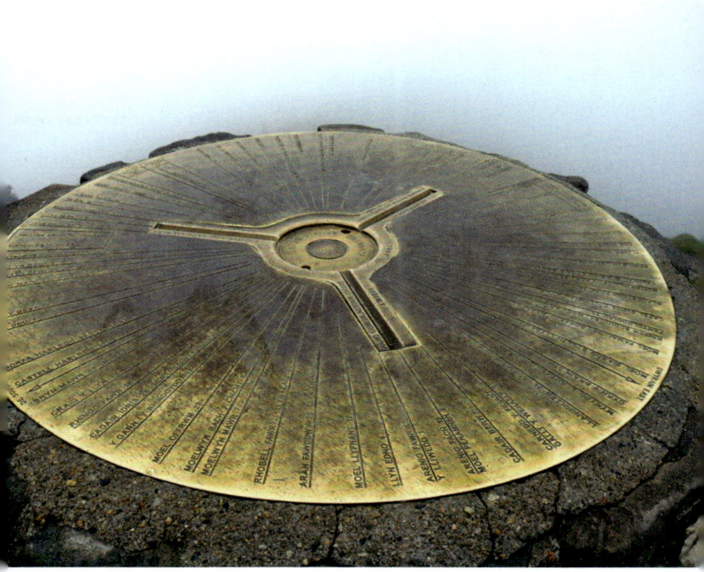

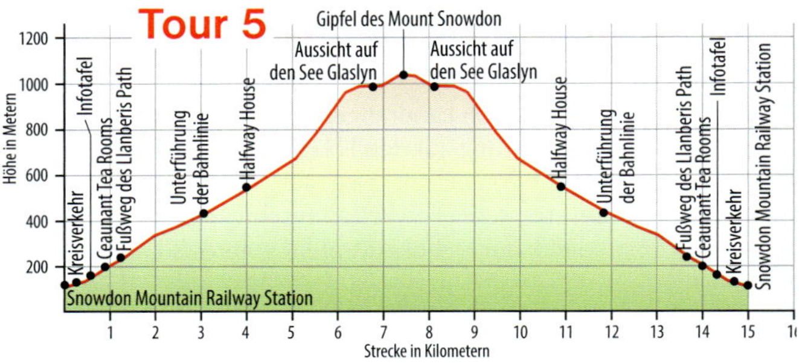

Wegbeschreibung

Wir starten unsere Wanderung auf dem Llanberis Path zum Gipfel des Mount Snowdon an der **Snowdon Mountain Railway Station (1)** in Llanberis. Von dort folgen wir der A4086 zunächst für etwa 150 Meter nach Süden und biegen dann am **Kreisverkehr (2)** rechts ab in die Straße Victoria Terrace. Am Ende der Straße beginnt an der **Infotafel (3)** der ausgeschilderte Llanberis Path.

Der Weg führt nun auf einer asphaltierten Straße nach oben zu den **Ceaunant Tea Rooms (4),** an denen wir rechts vorbeilaufen. Wir folgen der Straße weiter für etwa 500 Meter, zunächst durch eine Links- und im Anschluss durch eine Rechtskurve, bis der **Fußweg des Llanberis Path (5)** beginnt. Am Stein mit der Aufschrift „Llanberis Path" biegen wir links ab und gehen durch das Schwingtor. Bis hier sind es etwas weniger als 1,5 Kilometer.

Der Weg ist von hier an steiler und steiniger, jedoch schön breit und gut sichtbar. Nach etwa 800 weiteren Metern passieren wir ein nächstes Schwingtor und folgen dem Llanberis Path parallel zur Bahnlinie der Snowdon Mountain Railway nach oben. Etwas später durchqueren wir eine **Unterführung der Bahnlinie (6),** die nun links von uns verläuft. Nach etwa der Hälfte der Strecke auf den Gipfel erreichen wir das **Halfway House (7),** ein Café, das (im Sommer) zur Einkehr und einer kleinen Pause einlädt.

Nach weiteren knapp 2 Kilometern überquert die Bahnlinie erneut den Llanberis Path, der nun wieder links der Snowdon

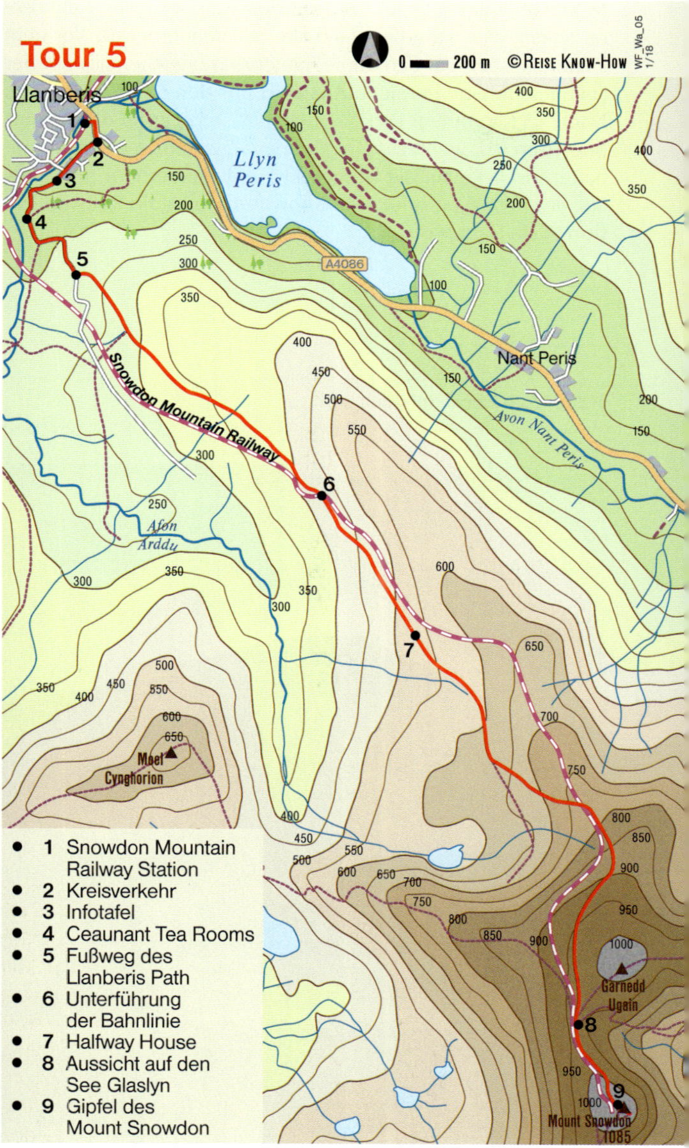
Tour 5
0 200 m
©REISE KNOW-HOW
WF_Wa_05 1/18
Llanberis
Llyn Peris
A4086
Nant Peris
Avon Nant Peris
Snowdon Mountain Railway
Afon Arddu
Moel Cynghorion
Garnedd Ugain
Mount Snowdon 1085
• 1 Snowdon Mountain Railway Station
• 2 Kreisverkehr
• 3 Infotafel
• 4 Ceaunant Tea Rooms
• 5 Fußweg des Llanberis Path
• 6 Unterführung der Bahnlinie
• 7 Halfway House
• 8 Aussicht auf den See Glaslyn
• 9 Gipfel des Mount Snowdon

Mountain Railway verläuft. Der Weg wird nun steiler. Auf unserer linken Seite sehen wir bald alte Steinmauern. Kurz vor dem letzten Anstieg auf den Gipfel bietet sich uns ebenfalls auf der linken Seite eine herrliche **Aussicht auf den See Glaslyn (8).** Nach 7,5 Kilometern genießen wir auf dem **Gipfel des Mount Snowdon (9),** wenn er nicht gerade nebelverhangen ist, traumhafte Ausblicke auf die Umgebung und wandern im Anschluss auf gleichem Weg zurück zur **Snowdon Mountain Railway Station (1)** in Llanberis.

Hinauf zum Mount Snowdon

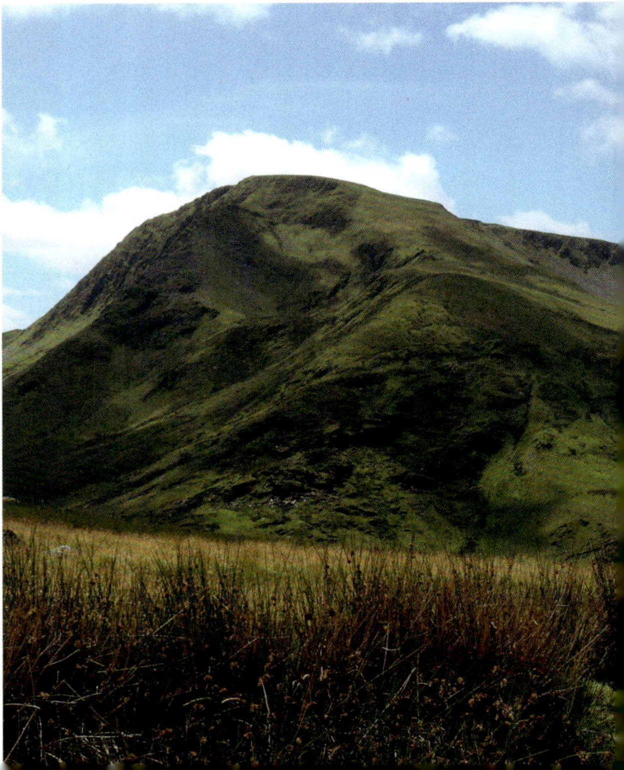

1	**Snowdon Mountain Railway Station**	53,11633° N, 4,11958° W
2	**Kreisverkehr**	53,11532° N, 4,11884° W
3	**Infotafel**	53,11329° N, 4,12202° W
4	**Ceaunant Tea Rooms**	53,11147° N, 4,12447° W
5	**Fußweg des Llanberis Path**	53,10869° N, 4,12048° W
6	**Unterführung der Bahnlinie**	53,09811° N, 4,10041° W
7	**Halfway House**	53,09158° N, 4,09321° W
8	**Aussicht auf den See Glaslyn**	53,07271° N, 4,07961° W
9	**Gipfel des Mount Snowdon**	53,06856° N, 4,07638° W

040wa cs

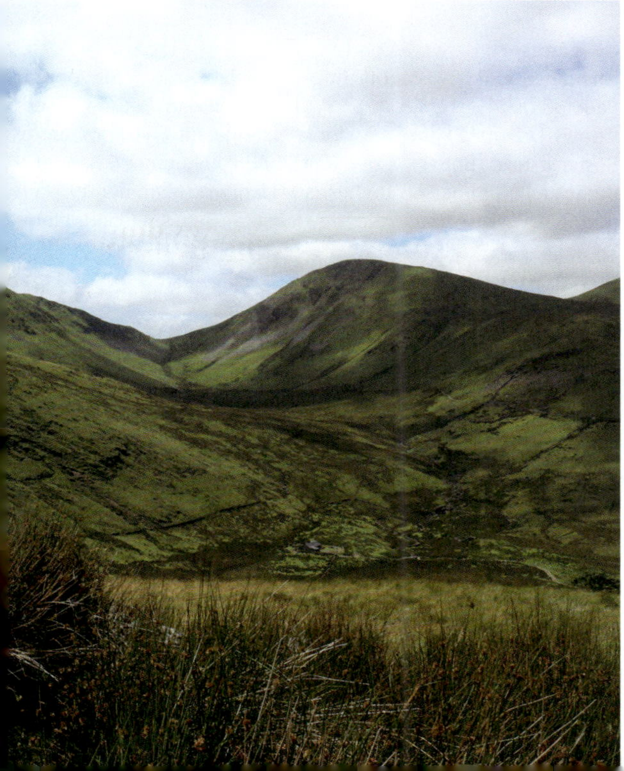

Tour 6
Von Betws-y-Coed zu den Swallow Falls

2 Std.
7,7 km
leicht

Die leichte Wanderung führt vom beliebten Touristenort **Betws-y-Coed** durch das idyllische **Llugwy-Tal** zu den Wasserfällen Swallow Falls. Den Auftakt einiger Höhepunkte der gemütlichen Tour entlang des Llugwy River am Rande von Snowdonia macht die **Steinbrücke Pont-y-Pair** mit ihren elf Bögen.

Die alte **Miners Bridge** etwas weiter im Gwydyr Forest ist ein Relikt aus der Zeit der Minenarbeiter, die mithilfe dieser Holzleiter-Konstruktion die Stromschnellen des Llugwy überquerten. Beliebter Besuchermagnet sind schließlich die tosenden Wasserfälle Swallow Falls, die lautstark die Felsen hinunterschießen.

Alte Brücken und Wasserfälle im Llugwy-Tal

Ausgangsort: Betws-y-Coed
Ausgangspunkt: Kostenpflichtiger Parkplatz Railway Station Car Park (53,09245° N, 3,80125° W; 1 Station Road, Betws-y-Coed, Conwy LL24 0AE) am Snowdonia National Park Visitor Centre; Bushaltestelle „Betws-y-Coed Rail Station" (Nummer 6 Bangor – Bethesda, Nummer 6B Bethesda – Llanrwst, Nummer 19 Llandudno – Cwm Penmachno via Llanrwst, Betws-y-Coed, Num-

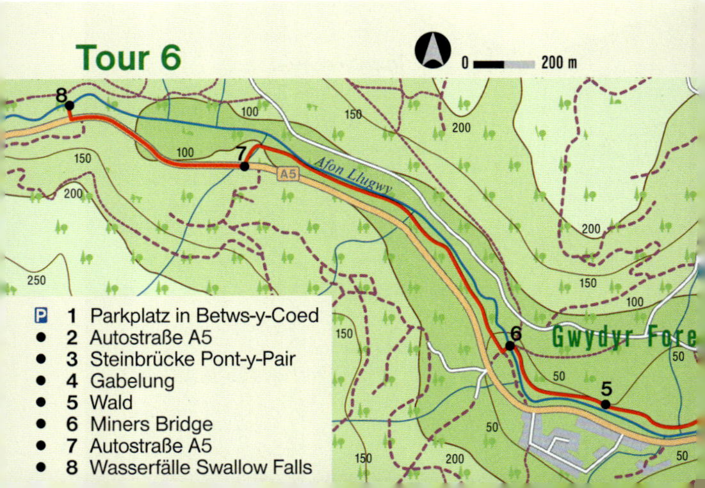

mer 70 Corwen – Llanrwst, Nummer 407 Dolwyddelan – Ysgol Duffryn Conwy, Nummer S2 Llanberis – Llanrwst via Pen-y-Pass, Betws-y-Coed, Nummer X1 Blaenau Ffestiniog – Llandudno und Nummer X19 Blaenau Ffestinog – Llandudno) direkt gegenüber vom Ausgangspunkt
Höhenunterschied: 120 Meter
Gesamtzeit: 2 Stunden
Länge: 7,7 Kilometer
Schwierigkeit: leicht
Karte: OS Explorer OL17, OS Landranger 115
Anforderungen: Wanderung auf weitestgehend deutlichen Wegen, teilweise markiert, teilweise feucht
Einkehr: Swallow Falls Complex bei den Wasserfällen Swallow Falls, Bistro Betws-y-Coed an der A5 nahe der Steinbrücke Pont-y-Pair, weitere Einkehrmöglichkeiten in Betws-y-Coed
Kombinationsmöglichkeit: Tour 5 (ca. 25 Kilometer), Tour 8 (ca. 40 Kilometer), Tour 9 (ca. 10 Kilometer), Tour 10 (ca. 30 Kilometer), Tour 13 (ca. 30 Kilometer), Tour 14 (ca. 30 Kilometer), Tour 15 (ca. 30 Kilometer), Tour 16 (ca. 25 Kilometer), Tour 17 (ca. 40 Kilometer), Tour 18 (ca. 40 Kilometer), Tour 22 (ca. 30 Kilometer)

Wegbeschreibung

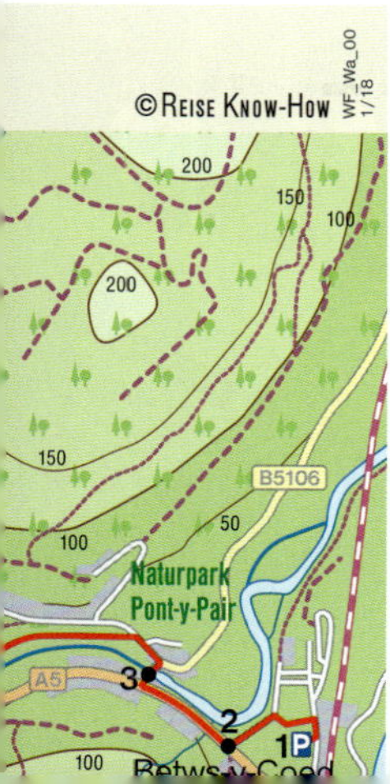

Vom **Parkplatz in Betws-y-Coed (1)** gehen wir nach Westen in den kleinen asphaltierten Weg zur Touristeninformation und biegen dort links ab Richtung Pont-y-Pair-Bridge. Auf der rechten Seite erhaschen wir erste Blicke auf den Llugwy, bevor wir nach etwa 100 Metern rechts abbiegen und der **Autostraße A5 (2)** ein kurzes Stück parallel zum Fluss folgen. Nach 200 Metern überqueren wir den Llugwy auf der alten **Steinbrücke Pont-y-Pair (3).** Vorsicht, auf der einspurigen Straße ist mitunter viel Verkehr. Hinter der

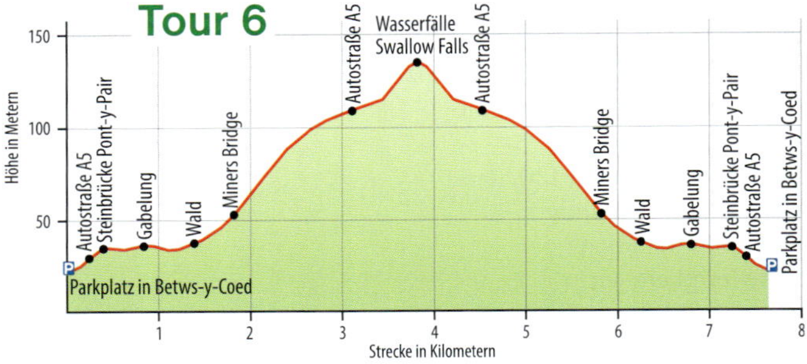

Brücke gehen wir nach links in den Naturpark Pont-y-Pair. Bis hier sind es etwa 500 Meter.

Nun auf der rechten Seite des Flusses folgen wir dem Fußweg (Coed Tan Dinas, weißer Schuh auf rotem Hintergrund) über ei-

Steinbrücke Pont-y-Pair

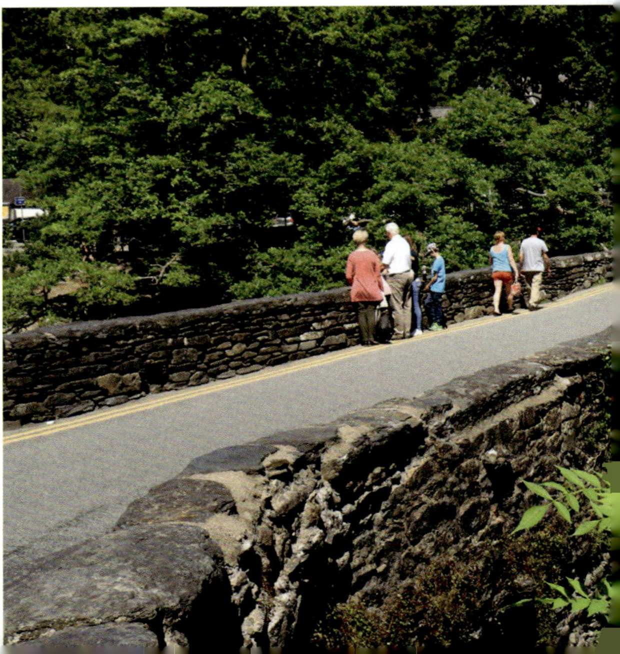

ne kleine Holzbrücke. An einer **Gabelung (4)** verlassen wir den Fußweg Richtung Coed Tan Dinas wieder und gehen geradeaus weiter am Fluss entlang. Nach einem Schwingtor laufen wir direkt am Ufer entlang und überqueren kurz darauf eine weitere kleine Holzbrücke. Der unbefestigte Fußweg führt schließlich in den **Wald (5)** hinein und durch ein weiteres Schwingtor. Vor den Steinstufen warnt ein Hinweisschild mit der Aufschrift „Danger Old Mine/Perygl Hen Bwll" vor den alten Minen. Wir gehen die Steinstufen hinauf und erreichen die **Miners Bridge (6),** auf der wir den Fluss erneut überqueren. Bis hier sind es knapp 2 Kilometer.

Auf der anderen Seite laufen wir wieder Stufen nach oben und dann rechts in den Waldweg. Dem schmalen Pfad folgen wir nun für etwas mehr als einen Kilometer, bis dieser links hoch zur Autostraße A5 abknickt. Auf der rechten Seite sehen wir die Überreste einer alten Mine. An der **Autostraße A5 (7)** biegen wir rechts ab und folgen dieser knapp 700 Meter. Gegenüber des Swallow Falls Hotel gehen wir am Parkplatz rechts in den Fußweg und über die Treppen zum Aussichtspunkt der **Wasser-**

041wa cs

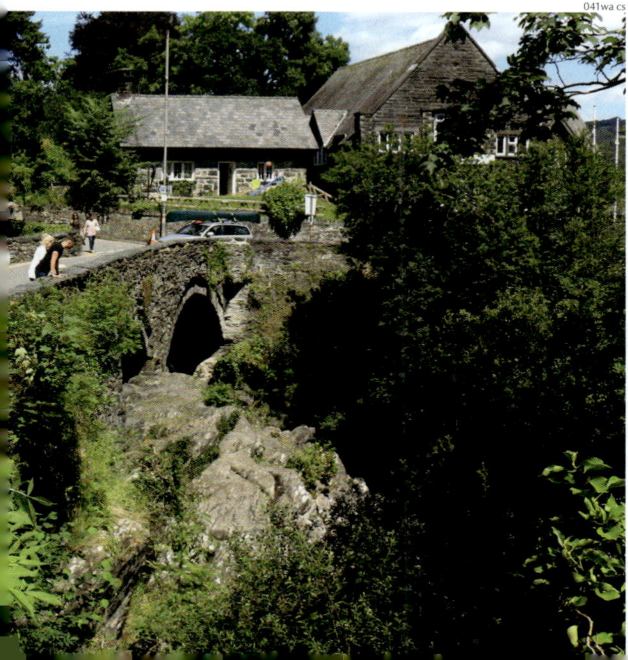

fälle Swallow Falls (8), die wir nach etwas weniger als 4 Kilometern erreichen.

Im Anschluss wandern wir auf dem gleichen Weg zurück zum **Parkplatz in Betws-y-Coed (1)** oder **alternativ** an der Autostraße A5 entlang. Dazu folgen wir dem Verlauf der A5 bis nach Betws-y-Coed und treffen an der **Steinbrücke Pont-y-Pair (3)** auf den bekannten Hinweg.

1	**Parkplatz in Betws-y-Coed**	53,09245° N, 3,80125° W
2	**Autostraße A5**	53,09271° N, 3,80383° W
3	**Steinbrücke Pont-y-Pair**	53,09371° N, 3,80622° W
4	**Gabelung**	53,09421° N, 3,81078° W
5	**Wald**	53,09394° N, 3,81860° W
6	**Miners Bridge**	53,09565° N, 3,82343° W
7	**Autostraße A5**	53,10109° N, 3,83669° W
8	**Wasserfälle Swallow Falls**	53,10280° N, 3,84589° W

Llugwy River

042wa cs

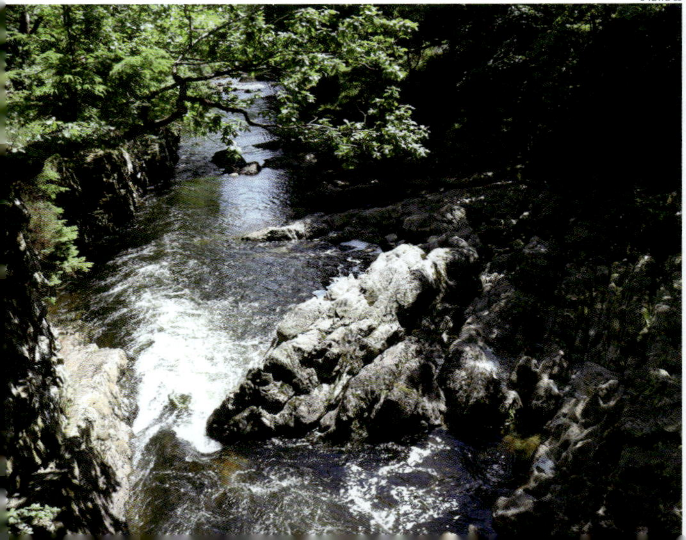

Tour 7
Snowdonias Westküste

1¼ Std.
4,6 km
leicht

Man mag glauben, der Snowdonia-Nationalpark bestünde ausschließlich aus spektakulären Gebirgsketten. Doch er umfasst auch eine über 30 Kilometer lange Küste mit einigen schönen Stränden. Einer davon befindet sich am Fuße des **Harlech Castle.**

Die 1289 fertiggestellte Burg des englischen Königs Edward I. dominiert die beschauliche Kleinstadt Harlech im Nordwesten von Wales. Im Jahr 1404 wurde sie vom walisischen Volkhelden Owain Glyndwr erobert, der sie fortan als Hauptquartier nutzte. Doch schon 1408 fiel sie zurück an die Engländer. Seit 1986 gehört sie mittlerweile zum UNESCO-Welterbe und diente als Inspiration für die inoffizielle Nationalhymne „Men of Harlech". Heute thront sie rund einen Kilometer vom Strand entfernt auf ihrem steinigen Hügel über dem **Royal St David's Golf Club.** Das Meer hat sich in den letzten 700 Jahren zurückgezogen und so einem der besten Golfplätze im Land Platz gewährt.

Diese Wanderung, die immer wieder Blicke bis zur Halbinsel Lleyn zulässt, führt zunächst von der Burg durch die Gassen von Harlech und schließlich durch die Dünen des Naturschutzgebiets Morfa Harlech hinunter zum langen Sandstrand.

Dünen und Sandstrand am Harlech Castle

Ausgangsort: Harlech
Ausgangspunkt: Kostenpflichtiger Parkplatz (52,85950° N, 4,10841° W) am Harlech Castle (Harlech, Gwynedd LL46 2YH); von der Bushaltestelle „High Street" (Nummer 2 Barmouth – Bangor via Oakeley Arms, Nummer 38 Oakeley Arms – Dolgellau via Barmouth und Nummer 39 Porthmadog – Barmouth) ca. 100 Meter östlich, nach einer langgezogenen Linkskurve ca. 200 Meter geradeaus, dann links zum Ausgangspunkt
Höhenunterschied: 50 Meter
Gesamtzeit: 1¼ Stunden
Länge: 4,6 Kilometer
Schwierigkeit: leicht
Karte: OS Explorer OL18, OS Landranger 124

Anforderungen: Wanderung auf deutlichen Wegen, weitestgehend markiert, steiler Anstieg am Ende
Einkehr: Castle Cottage und Harlech Tandoori nahe der Burg, weitere Einkehrmöglichkeiten rund um die Burg in Harlech
Tipp: Harlech Castle besichtigen
Kombinationsmöglichkeit: Tour 10 (ca. 20 Kilometer), Tour 11 (ca. 40 Kilometer), Tour 12 (ca. 20 Kilometer)

Wegbeschreibung

Vom **Parkplatz am Harlech Castle (1)** biegen wir rechts in die Straße ein und laufen ein Stück bergab. Nach etwa 150 Metern biegen wir an der Rechtskurve links in die schmale **Straße Tryfar (2)** mit ihren alten Häusern ein und gehen wieder ein bisschen nach oben. Nach einer langgezogenen Linkskurve biegen wir kurz darauf rechts in die **Straße Pentre'r Efail (3)** ein. An deren Ende gehen wir rechts und folgen der **Straße Ffordd Isaf (4)** für knapp 100 Meter. An der **Gabelung (5)** halten wir uns rechts

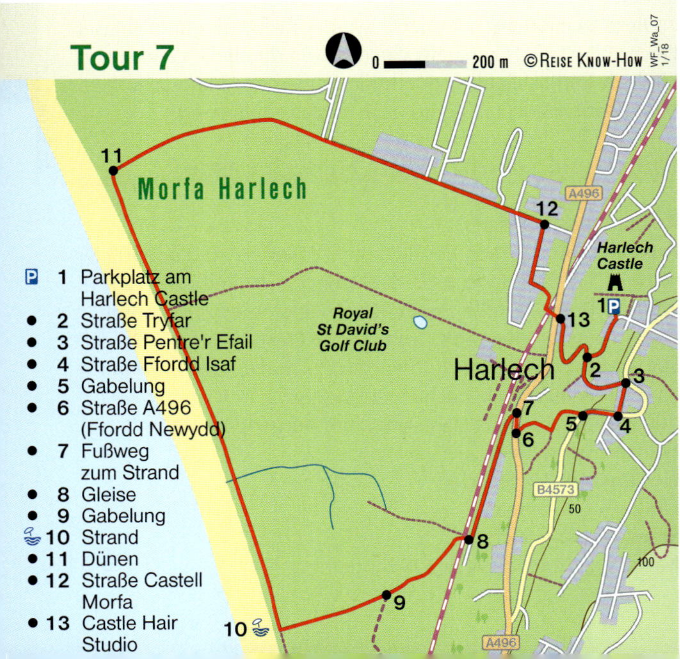

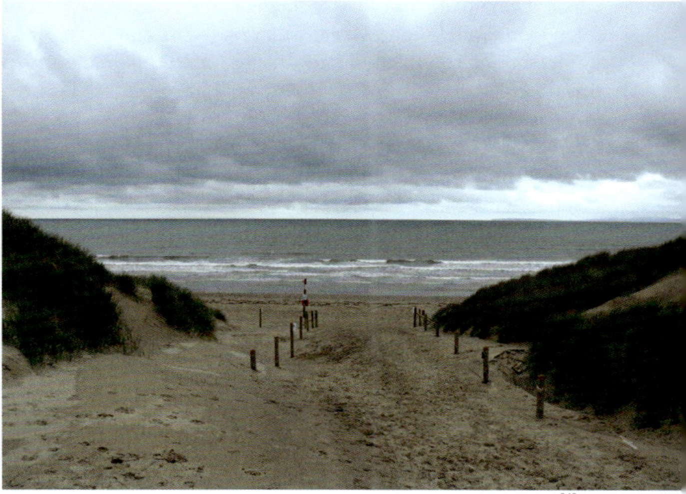

043wa cs

und gehen auf dem Fußweg (public footpath, weißer Wanderer und gelber Pfeil auf grünem Hintergrund) weiter. Bis hier sind es 500 Meter.

Wir folgen dem Fußweg die von Bäumen und Sträuchern umgebenen Stufen hinunter. Unten erreichen wir die **Straße A496 (Ffordd Newydd) (6).** Wir biegen rechts ab, überqueren die Straße und gehen nach etwa 50 Metern links hinein in den **Fußweg zum Strand** (public footpath, Beach/Traeth) **(7).** Rechts von uns verläuft die Bahnlinie. Nach etwa 300 Metern wandern wir rechts durch ein Schwingtor und überqueren vorsichtig die **Gleise (8).** Wir befinden uns nun auch auf dem Wales Coast Path. Hinter den Gleisen durchqueren wir ein Schwinggatter. Vorsicht, Tore und Gatter immer schließen, da ansonsten hohe Strafen fällig werden. Wir folgen dem nun schmaleren Fußweg durch die Dünen und über den Golfplatz,

Sandstrand bei Harlech

verlassen ihn dabei nicht und achten auf fliegende Bälle. An der folgenden **Gabelung (9)** halten wir uns rechts durch die sandigen Dünen und erreichen nach insgesamt 1,7 Kilometern den **Strand (10).**

Hier gehen wir rechts und laufen für etwas mehr als einen Kilometer am Meer entlang. An einem rot-weißen Mast verlassen wir den Strand und biegen rechts ab zurück in die **Dünen (11).** Nach einem kurzen Stück auf einem alten Holzsteg geht der Weg wieder in Asphalt über. Wir folgen dem Wales Coast Path und wandern hinter dem Schwingtor auf der Straße Ffordd Glan Môr weiter geradeaus, stets mit Blick auf die imposante Burg vor uns. Kurz bevor wir erneut auf die A496 treffen biegen wir rechts ab in die **Straße Castell Morfa (12).** Bis hier sind es 4 Kilometer.

Am Ende der Sackgasse führt ein Fußweg nach links über eine kleine Brücke. Hinter dem Bach gehen wir rechts auf dem schmalen Pfad und dann links durch ein Schwingtor. Dahinter wandern wir erneut über die Gleise und gehen durch ein weiteres Schwingtor. Nun überqueren wir die A496, laufen links am **Castle Hair Studio (13)** vorbei und dann rechts hoch in die Straße mit einer Steigung von 25 Prozent. Nach etwa 200 Metern kommen wir an der **Straße Tryfar (2)** vorbei und gehen zurück nach oben zum Parkplatz am **Harlech Castle (1).**

1	**Parkplatz am Harlech Castle**	52,85950° N, 4,10841° W
2	**Straße Tryfar**	52,85864° N, 4,11003° W
3	**Straße Pentre'r Efail**	52,85803° N, 4,10856° W
4	**Straße Ffordd Isaf**	52,85744° N, 4,10885° W
5	**Gabelung**	52,85733° N, 4,11037° W
6	**Straße A496 (Ffordd Newydd)**	52,85704° N, 4,11251° W
7	**Fußweg zum Strand**	52,85743° N, 4,11255° W
8	**Gleise**	52,85479° N, 4,11424° W
9	**Gabelung**	52,85362° N, 4,11721° W
10	**Strand**	52,85299° N, 4,12064° W
11	**Dünen**	52,86287° N, 4,12646° W
12	**Straße Castell Morfa**	52,86145° N, 4,11151° W
13	**Castle Hair Studio**	52,85951° N, 4,11100° W

Tour 8
Zum Naturschaupiel Aber Falls

2½ Std.
8,4 km
mittelschwer

Die Tour zu den Wasserfällen Aber Falls im Naturschutzgebiet **Coedydd Aber** zählt zu den beliebtesten im Norden von Wales. Von **Abergwyngregyn** führt sie an der alten Steinbrücke Bont Newydd vorbei zu **zwei idyllischen Wasserfällen,** dem größeren **Rhaeadr Fawr** (Großer Wasserfall) und dem **Rhaeadr Bach** (Kleiner Wasserfall). Auf dem North Wales Path am Hang des Moel Wnion bietet sich eine wunderschöne Aussicht auf die Umgebung bis hin zur Nordküste.

Neben zahlreichen Waldvögeln wie Atlasschnäpper, Waldlaubsänger oder Buntspecht tummeln sich hier auch viele Schafe, zum Teil versteckt zwischen Bäumen und Sträuchern oder auch ganz offen mitten auf dem Wanderweg.

Idyllische Wasserfälle am Moel Wnion

Ausgangsort: Abergwyngregyn
Ausgangspunkt: Kostenloser Parkplatz in Abergwyngregyn (53,23538° N, 4,01478° W) nordöstlich des Aber Falls Cafe & Butterfly Rooms (Abergwyngregyn, Gwynedd LL33 0LD); Bushaltestelle „Abergwyngregyn Shelter" (Nummer 5 Llandudno – Bangor und Nummer X5 Bangor – Llandudno) wenige Meter westlich des Parkplatzes in Abergwyngregyn
Höhenunterschied: 260 Meter
Gesamtzeit: 2½ Stunden
Länge: 8,4 Kilometer
Schwierigkeit: mittelschwer
Karte: OS Explorer OL17, OS Landranger 115
Anforderungen: Wanderung auf deutlichen Wegen, weitestgehend markiert, teilweise feucht, teilweise etwas steiler bergauf, Ausdauer erforderlich
Einkehr: Cafe Hen Felin im Informationszentrum in Abergwyngregyn, Aber Falls Cafe & Butterfly Rooms wenige Meter südwestlich des Ausgangspunkts
Kombinationsmöglichkeit: Tour 1 (ca. 30 Kilometer), Tour 4 (ca. 30 Kilometer), Tour 5 (ca. 25 Kilometer), Tour 6 (ca. 40 Kilometer), Tour 9 (ca. 30 Kilometer), Tour 13 (ca. 25 Kilometer),

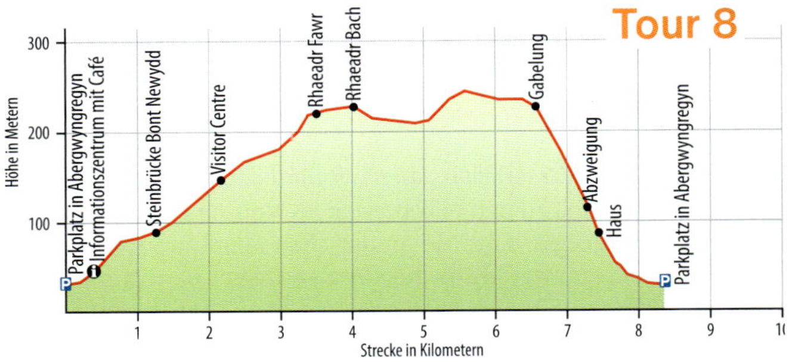

Tour 14 (ca. 25 Kilometer), Tour 15 (ca. 25 Kilometer), Tour 16 (ca. 15 Kilometer), Tour 17 (ca. 1,5 Kilometer), Tour 18 (ca. 25 Kilometer)

Wegbeschreibung

Vom **Parkplatz in Abergwyngregyn (1)** laufen wir zunächst ein paar Meter in südwestliche Richtung, überqueren den Fluss Afon Rhaeadr Fawr und biegen dann links ab in den Fußweg (public footpath, Holzwegweiser mit grünem Pfeil). Nach 60 Metern gehen wir durch das Schwingtor und dann weiter geradeaus auf der Straße durch das Wohngebiet. Kurz darauf passieren wir auf der linken Seite ein **Informationszentrum mit Café (2).** Schließlich führt die Straße an einem alten Steinhaus auf der rechten Seite hinaus aus Abergwyngregyn und in den Wald. Bald sehen wir den Fluss Afon Rhaeadr Fawr auf unserer linken Seite, der kurz darauf an einem kostenpflichtigen Parkplatz von der alten **Steinbrücke Bont Newydd (3)** überquert wird. Bis hier sind es knapp 1,5 Kilometer.

Wir gehen nicht hinüber, sondern geradeaus weiter durch das Schwingtor auf dem unbefestigten Pfad parallel zum Fluss ins Naturschutzgebiet Coedydd Aber. Stufen führen ein kleines Stück nach oben, bevor wir links auf einer Brücke den Fluss überqueren und dann durch ein Schwingtor gehen. Dahinter wandern wir rechts weiter auf dem breiten Schotterweg. Wir laufen eine Weile geradeaus, vorbei am **Visitor Centre (4)** mit einer Picknickmöglichkeit, wo sich eine Pause lohnt, um die kleine Ausstellung anzuschauen. Im Anschluss folgen wir dem idylli-

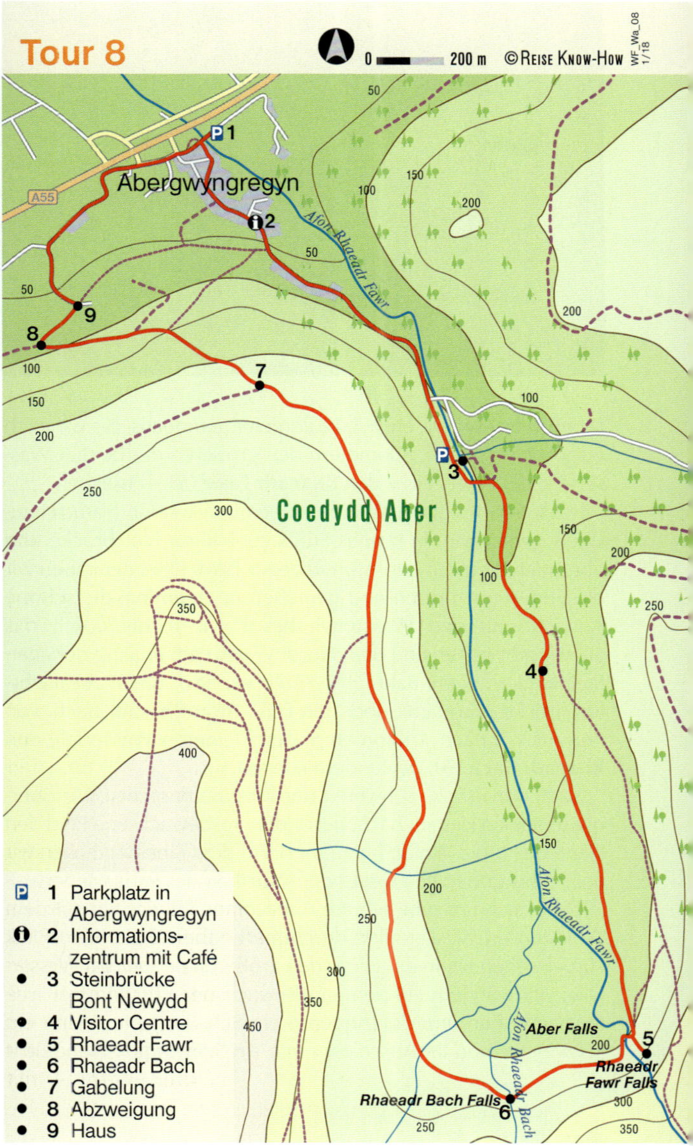
Tour 8
0 200 m
©Reise Know-How
WF_Wa_08 1/18
Abergwyngregyn
A55
Afon Rhaeadr Fawr
Coedydd Aber
Aber Falls
Rhaeadr Fawr Falls
Rhaeadr Bach Falls
Afon Rhaeadr Bach
1 Parkplatz in Abergwyngregyn
2 Informationszentrum mit Café
3 Steinbrücke Bont Newydd
4 Visitor Centre
5 Rhaeadr Fawr
6 Rhaeadr Bach
7 Gabelung
8 Abzweigung
9 Haus

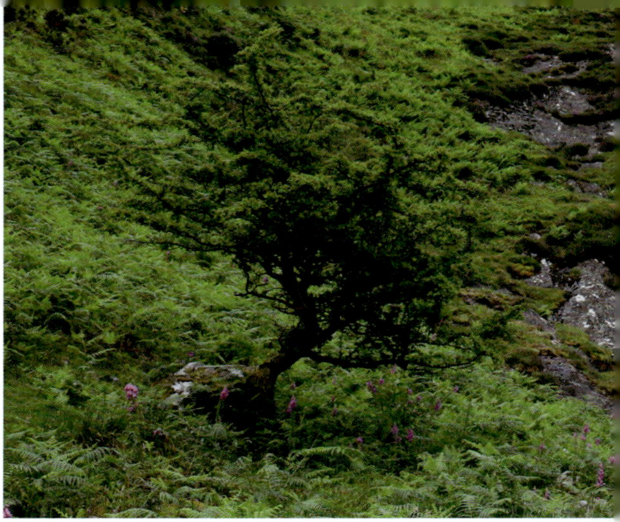

schen Weg weitere etwa 1,3 Kilometer geradeaus, bis wir nach insgesamt rund 3,5 Kilometern den größeren der beiden Wasserfälle der Aber Falls – den **Rhaeadr Fawr (5)** – erreichen.

Nach der Besichtigung dieses beeindruckenden Naturschauspiels gehen wir ein kleines Stück zurück zur Holzbrücke und überqueren erneut den Afon Rhaeadr Fawr. Dahinter laufen wir die Stufen nach oben und genießen noch einmal die schöne Aussicht auf den Wasserfall, bevor wir rechts durch das Schwingtor gehen und dem North Wales Path entlang der alten Steinmauer folgen. Bald führen Treppen nach unten zur nächsten Brücke und damit über den Fluss Afon Rhaeadr Bach, von der aus wir nach 4 Kilometern den kleineren Wasserfall, den **Rhaeadr Bach (6),** bewundern können.

Nach der Brücke schwenkt der Weg nach rechts. Wir überqueren einen kleinen Bach, bevor der grasbewachsene Pfad den Hang des Moel Wnion hinaufführt. An der Gabelung halten wir uns rechts und folgen weiter dem North Wales Path. Mittlerweile bietet sich uns eine schöne Aussicht ins Tal, das wir auf dem Weg zu den Wasserfällen durchquert haben. Bei einem Blick zurück sehen wir in der Ferne den größeren der beiden Wasserfälle. Wir wandern auf dem grasbewachsenen Pfad immer weiter nach oben und durchqueren ein Schwinggatter, dann ein Schwingtor und im Anschluss noch ein Schwingtor. Nun reicht

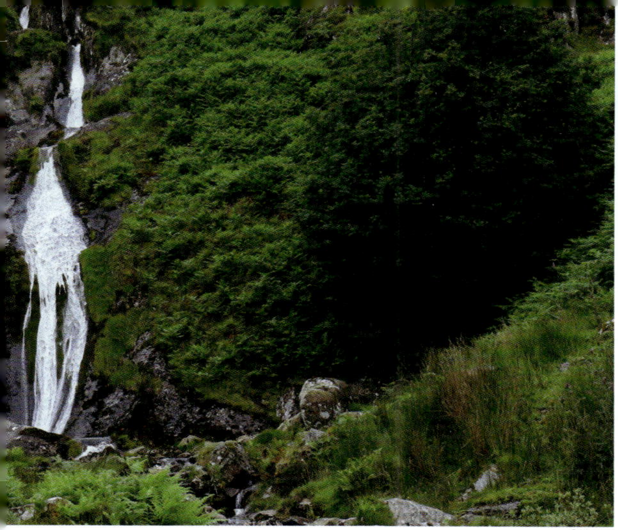

044wa cs

unsere Sicht bis zum Meer vor uns. Nach einem weiteren Schwinggatter halten wir uns an der folgenden **Gabelung (7)** rechts, verlassen den North Wales Path und gehen nun weiter bergab. Bis hier sind es 6,5 Kilometer.

An der nächsten Abzweigung wandern wir weiter geradeaus auf dem Schotterweg in eine langgezogene Linkskurve und dann durch zwei Schwinggatter. Kurz darauf biegen wir an der nächsten **Abzweigung (8)** scharf rechts ab und gehen durch das Schwingtor. Nach einem weiteren Schwingtor biegen wir vor dem **Haus (9)** links ab. Unten an der T-Kreuzung laufen wir rechts weiter auf dem asphaltierten Weg und folgen diesem etwa 700 Meter zurück zum **Parkplatz in Abergwyngregyn (1).**

1	**Parkplatz in Abergwyngregyn**	53,23538° N, 4,01478° W
2	**Informationszentrum mit Café**	53,23304° N, 4,01316° W
3	**Steinbrücke Bont Newydd**	53,22823° N, 4,00518° W
4	**Visitor Centre**	53,22101° N, 4,00013° W
5	**Rhaeadr Fawr**	53,21103° N, 3,99568° W
6	**Rhaeadr Bach**	53,20976° N, 4,00158° W
7	**Gabelung**	53,22850° N, 4,01259° W
8	**Abzweigung**	53,22961° N, 4,02289° W
9	**Haus**	53,23072° N, 4,02102° W

Tour 9
Llyn Crafnant und Llyn Geirionydd bei Trefriw

3½ Std.
11,3 km
mittelschwer

Diese Rundwanderung ist charakterisiert durch zwei wunderschöne, von mächtigen Gipfeln umgebenen Seen in der nördlichen Ecke des Gwydyr Forest sowie immer wieder kurzen Abschnitten durch märchenhafte Waldstücke.

Ausgangspunkt ist die **Wollmühle in Trefriw** etwas unterhalb der Wasserfälle Fairy Falls. Die auch heute noch aktive Mühle zeigt zusätzlich zu einer Ausstellung den Produktionsprozess aus dem 19. Jahrhundert sehr anschaulich.

Von hier führt die Tour, immer wieder durch moosbewachsene Wälder, zunächst zum **Llyn Crafnant** am Fuß der Hügel der Carneddau und schließlich zum etwas größeren **Llyn Geirionydd.** Zwischen den beiden Seen liegt der **Mynydd Deulyn,** der „Berg der zwei Seen".

Der Name des Llyn Crafnant setzt sich aus dem alten walisischen Wort *craf* für Knoblauch und *nant* für Bach oder Tal zusammen. Am Ufer des Llyn Geirionydd soll der Barde Taliesin (6. Jahrhundert), dessen Werke mit zu den ersten Überlieferungen der walisischen Sprache gehören, begraben sein.

045wa cs

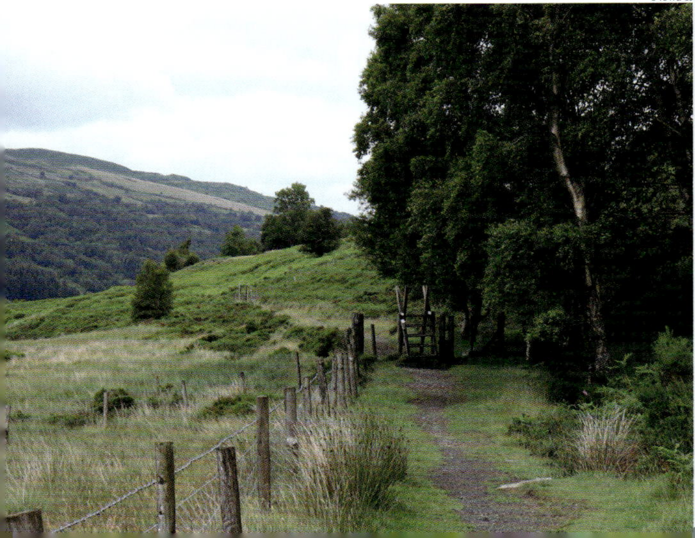

Märchenhafte Wälder rund um zwei Seen

Ausgangsort: Trefriw
Ausgangspunkt: Kostenloser Parkplatz (53,15044° N, 3,82344° W; Gower Road, Trefriw, Conwy LL27 0RZ) gegenüber der Wollmühle (Woollen Mills); Bushaltestelle „Memorial" (Nummer 19 Llandudno – Cwm Penmachno via Llanrwst, Betws-y-Coed) an der Gower Road am Ausgangspunkt gegenüber der Wollmühle
Höhenunterschied: 330 Meter
Gesamtzeit: 3½ Stunden
Länge: 11,3 Kilometer
Schwierigkeit: mittelschwer
Karte: OS Explorer OL17, OS Landranger 115
Anforderungen: Wanderung auf meist deutlichen Wegen, teilweise nicht markiert, teilweise leichte Anstiege, teilweise feucht, Zaunübertritte, Ausdauer erforderlich
Einkehr: Llyn Crafnant Lakeside Cafe am Lake Crafnant, The Fairy Falls schräg gegenüber der Wollmühle in Trefriw, The Old Ship ca. 150 Meter nördlich der Wollmühle
Tipp: Wollmühle besichtigen
Kombinationsmöglichkeit: Tour 6 (ca. 10 Kilometer), Tour 8 (ca. 30 Kilometer), Tour 13 (ca. 25 Kilometer), Tour 14 (ca. 25 Kilometer), Tour 15 (ca. 25 Kilometer), Tour 16 (ca. 15 Kilometer), Tour 17 (ca. 30 Kilometer), Tour 22 (ca. 35 Kilometer)

Wegbeschreibung

Vom **Parkplatz in der Gower Road (1)** gegenüber der Wollmühle in Trefriw gehen wir links und biegen nach etwa 50 Metern rechts ab. Wir folgen der etwas steilen Straße für etwa 300 Meter bergauf und laufen an der **T-Kreuzung (2)** rechts weiter. Ein kurzes Stück hinter der Brücke über dem Fluss Afon Crafnant biegen wir an einer weiteren **T-Kreuzung (3)** links ab in die Crafnant Road, der wir etwa einen halben Kilometer folgen. An der **Gabelung (4)** halten wir uns links und überqueren kurz darauf erneut den Fluss Afon Crafnant, der von nun an rechts von uns fließt. Bis hier sind es knapp 1,5 Kilometer.

Zaunübertritt am Llyn Geirionydd

Wir folgen dem Schotterweg zu einem Zaunübertritt. Etwas weiter an der **Abzweigung (5)** gehen wir weiter geradeaus und bleiben auf dem Schotterweg. Die ersten moosbedeckten Bäume deuten bereits die märchenhaften Waldstücke an, die uns auf dieser Wanderung erwarten. An einer weiteren Weggabelung etwa 300 Meter weiter halten wir uns rechts und wandern über die Wiese weiter. Den kleinen **Bach Afon Geirionydd (6)** überqueren wir nach knapp 2,5 Kilometern vorsichtig über Steine und ein schmales Holzbrett.

Der Schotterweg wird nun etwas steiniger und führt rechts an einem verfallenen **Steinhaus (7)** vorbei. Kurz darauf halten wir uns vor den Bäumen rechts und laufen über eine alte, recht flache, aber ausreichend breite und mit Gras bewachsene **Steinmauer (8).** An deren Ende wird der Weg etwas schmaler, ist von Sträuchern umgeben und führt erneut in den Wald hinein. Wir gehen rechts an einem Tor mit der Aufschrift „Hendre Isaf" vorbei und überqueren erneut eine **Brücke über den Fluss Afon Crafnant (9).** Nach der Brücke laufen wir links und kurz darauf an der Gabelung rechts den Schotterweg hoch. Oben passieren wir das Schwinggatter und gehen links weiter. Nun sind wir wieder auf der **Crafnant Road (10).**

Nach etwa 700 Metern kommen wir am Eingang der Cae Crwn Farm vorbei und wandern weiter gerade-

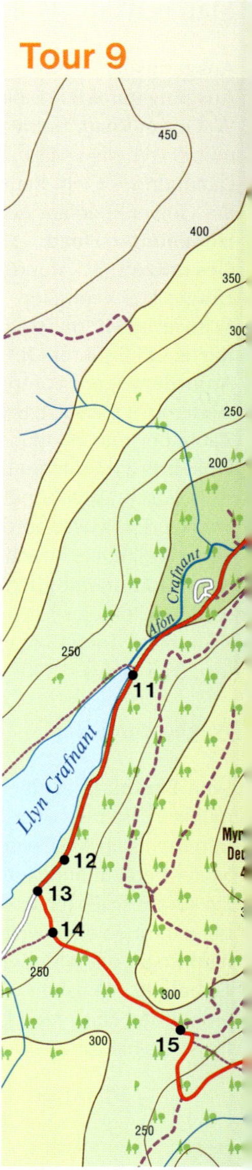

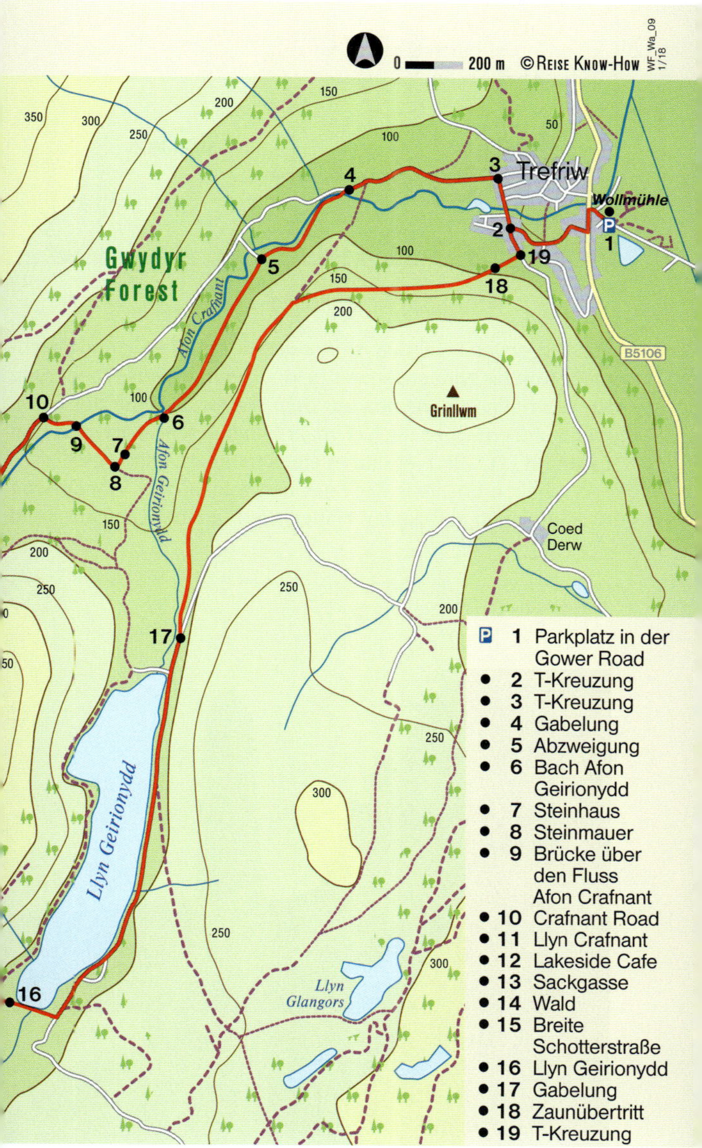
0 200 m ©Reise Know-How
WF_Wa_09 1/18
Trefriw
Wollmühle
Gwydyr Forest
Afon Crafnant
Afon Geirionydd
Grinllwm
B5106
Coed Derw
Llyn Geirionydd
Llyn Glangors
350
300
250
200
150
100
50
1 Parkplatz in der Gower Road
2 T-Kreuzung
3 T-Kreuzung
4 Gabelung
5 Abzweigung
6 Bach Afon Geirionydd
7 Steinhaus
8 Steinmauer
9 Brücke über den Fluss Afon Crafnant
10 Crafnant Road
11 Llyn Crafnant
12 Lakeside Cafe
13 Sackgasse
14 Wald
15 Breite Schotterstraße
16 Llyn Geirionydd
17 Gabelung
18 Zaunübertritt
19 T-Kreuzung

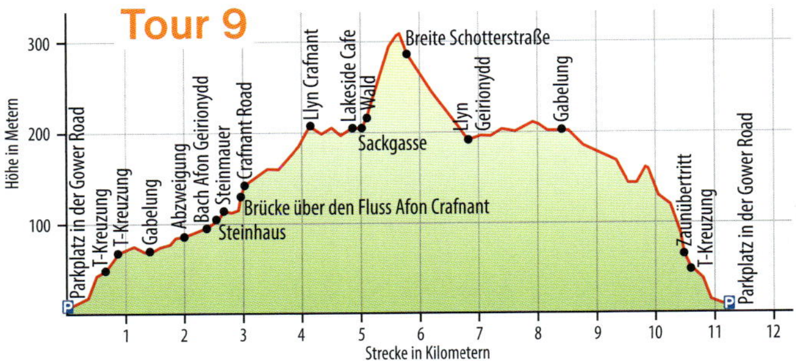

aus. Ein erstes Schild weist uns darauf hin, dass es nun nicht mehr weit bis zum ersten der beiden Seen unserer Wanderung ist. Wir befinden uns nun auf dem Trefriw Trail mit der Nummer 5 und erreichen nach ein paar Minuten schließlich den **Llyn Crafnant (11).** Bis hier sind es etwas mehr als 4 Kilometer.

Wir halten uns links des Sees und folgen dem Wanderweg (weißer Schuh auf blauem Hintergrund) auf der Crafnant Road

Llyn Crafnant

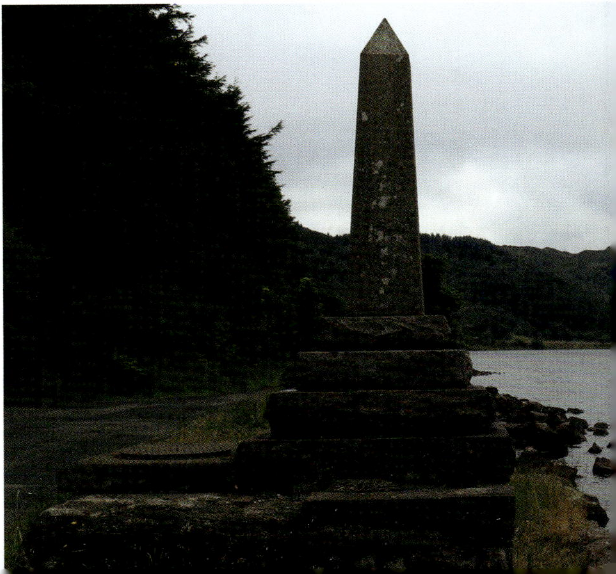

für etwa 800 Meter am Ufer entlang und passieren währenddessen das **Lakeside Cafe (12),** das zur Einkehr einlädt. An einer Gabelung verlassen wir die Crafnant Road wieder und biegen links hoch in die **Sackgasse (13)** ein.

Nach dem Schwingtor laufen wir über die Wiese den leichten Anstieg nach oben. Am Waldrand überqueren wir den Zaunübertritt, gehen in den **Wald (14)** hinein und folgen dem Wanderweg (weißer Schuh auf blauem Hintergrund). Der Weg führt nun weiter etwas steil nach oben und immer tiefer, teilweise über Steine und Wurzeln, in den märchenhaften Wald hinein. Etwa am Höhepunkt der Steigung durchqueren wir eine alte zerfallene Steinmauer und folgen dem Weg wieder etwas nach unten. Nach knapp 6 Kilometern treffen wir auf eine breite **Schotterstraße (15)** und folgen dem Wanderweg durch die Kurven hinab zum zweiten See unserer Tour.

Am Fuße des **Llyn Geirionydd (16)** angekommen halten wir uns zunächst rechts, gehen über eine kleine Brücke und im Anschluss nach einer Schranke links und folgen weiter dem „blauen" Wanderweg. Etwas weniger als 1,5 Kilometer laufen wir nun am Ufer des Sees auf einem asphaltierten Weg und durch Schwinggatter, die es immer wieder zu schließen gilt, entlang bis zum Ende des Llyn Geirionydd. 100 Meter hinter dem See halten

046wa cs

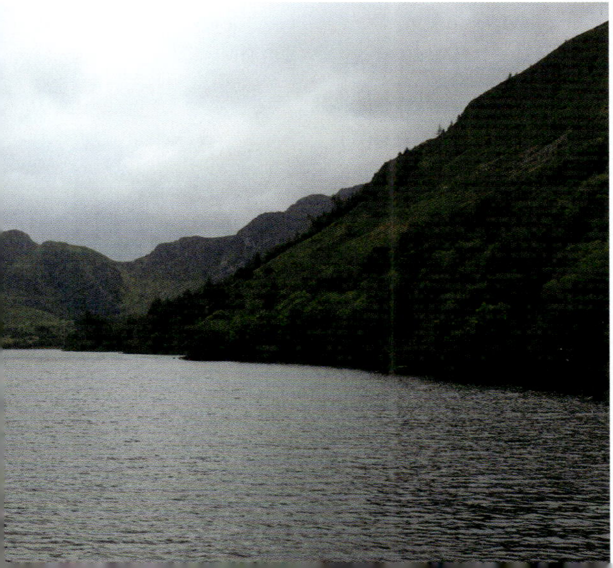

wir uns nach insgesamt knapp 8,5 Kilometern an einer **Gabelung (17)** links und folgen dem schmalen und zum Teil mit Gras bewachsenen Fußweg.

Auf unserem Weg nach oben überqueren wir zwei weitere Zaunübertritte. An einer Gabelung halten wir uns rechts und folgen der Wegmarke der Trefriw Trails. Bevor wir erneut in den Wald wandern, können wir auf unserer linken Seite nochmal das zerfallene Steinhaus vom Hinweg sehen. Diesmal jedoch von weiter oben. Wir folgen dem Pfad des Trefriw Trail mit der Nummer 5 immer wieder durch wunderschöne Waldstücke und überqueren schließlich kurz vor Trefriw einen weiteren **Zaunübertritt (18).** Bis hier sind es etwa 10,5 Kilometer.

Wenige Meter später erreichen wir Trefriw und biegen an der **T-Kreuzung (19)** links ab auf den Asphaltweg. 100 Meter weiter biegen wir an der **T-Kreuzung (2)** rechts ab und folgen dem Hinweg bergab zurück zum **Parkplatz in der Gower Road (1)** an der Wollmühle.

1	**Parkplatz in der Gower Road**	53,15044° N, 3,82344° W
2	**T-Kreuzung**	53,15028° N, 3,82860° W
3	**T-Kreuzung**	53,15179° N, 3,82929° W
4	**Gabelung**	53,15136° N, 3,83717° W
5	**Abzweigung**	53,14809° N, 3,84302° W
6	**Bach Afon Geirionydd**	53,14448° N, 3,84660° W
7	**Steinhaus**	53,14306° N, 3,84817° W
8	**Steinmauer**	53,14260° N, 3,84939° W
9	**Brücke über den Fluss Afon Crafnant**	53,14390° N, 3,85127° W
10	**Crafnant Road**	53,14447° N, 3,85267° W
11	**Llyn Crafnant**	53,13680° N, 3,86450° W
12	**Lakeside Cafe**	53,13105° N, 3,86811° W
13	**Sackgasse**	53,13015° N, 3,86939° W
14	**Wald**	53,12902° N, 3,86898° W
15	**Breite Schotterstraße**	53,12579° N, 3,86210° W
16	**Llyn Geirionydd**	53,12596° N, 3,85530° W
17	**Gabelung**	53,13712° N, 3,84605° W
18	**Zaunübertritt**	53,14896° N, 3,82924° W
19	**T-Kreuzung**	53,14938° N, 3,82802° W

Tour 10
Vom romantischen Beddgelert in die Berge des Cwm Bychan

3½ Std.
8,8 km
schwer

Ausgangspunkt dieser klassischen Rundwanderung in Snowdonia ist das romantische Dorf **Beddgelert,** dessen Name Grab des Gelert bedeutet. Der Legende nach tötete Prinz Llywelyn fälschlicherweise seinen Hund Gelert, da er davon ausging, dass dieser seinen Sohn gefressen hat. Stattdessen überwältigte Gelert jedoch einen Wolf, der das kleine Baby angriff. Gelert wurde in Ehren begraben.

Von seiner letzten Ruhestätte führt die Tour am Fuße steiler Felsen zunächst durch die **Schlucht von Aberglaslyn** am wilden Fluss Afon Glaslyn entlang. Im Anschluss geht es auf den Spuren des früheren Kupferabbaus hinauf in die Berge des **Cwm Bychan.** Am Ende wartet die **Kupfermine Sygun,** in der bereits die alten Römer Erz abbauten.

Die Legende des Gelert in der Schlucht von Aberglaslyn

Ausgangsort: Beddgelert
Ausgangspunkt: Kostenpflichtiger Parkplatz (53,01171° N, 4,10585° W) westlich der Touristeninformation (3 Dolfair, Beddgelert, Gwynedd LL55 4YD); Bushaltestelle „Beddgelert (Stop B)“ (Nummer S4 Caernarfon – Pen-y-Pass via Waunfawr, Beddgelert und Nummer S97 Porthmadog – Pen-y-Pass via Beddgelert) wenige Meter östlich der Touristeninformation
Höhenunterschied: 300 Meter
Gesamtzeit: 3½ Stunden
Länge: 8,8 Kilometer
Schwierigkeit: schwer
Karte: OS Explorer OL17, OS Landranger 115
Anforderungen: Wanderung auf meist deutlichen Wegen, teilweise wegloses Gelände, teilweise nicht markiert, teilweise stetig bergauf, eine kurze Kletterpassage, Zaunübertritte, teilweise feucht, Ausdauer, Trittsicherheit und Orientierungssinn erforderlich

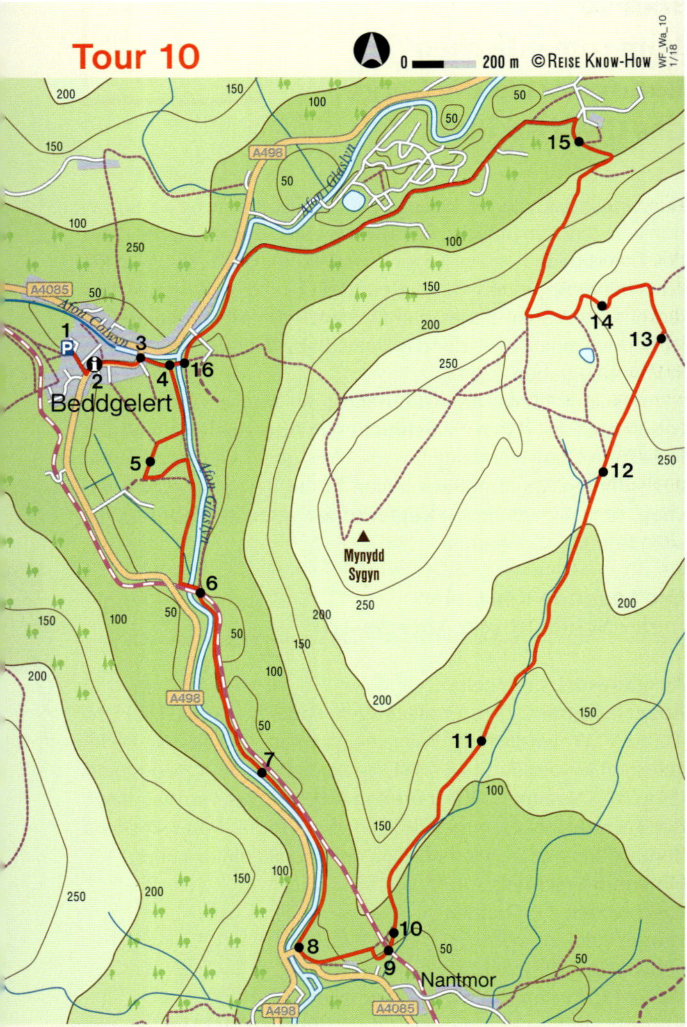

- **P** 1 Parkplatz in Beddgelert
- **i** 2 Touristeninformation
- 3 Steinbrücke
- 4 Fluss Afon Glaslyn
- 5 Gelerts Grave
- 6 Gleise
- 7 Schlucht von Aberglaslyn
- 8 Pass of Aberglaslyn
- 9 Bahnunterführung
- 10 Picknickplatz
- 11 Aussicht auf Cwm Bychan
- 12 Alte Masten aus der Kupferminenindustrie
- 13 Zaunübertritt
- 14 Kletterstück
- 15 Kupfermine Sygun
- 16 Fußgängerbrücke

Einkehr: Tanronnen Inn, Caffi Colwyn, Meirionfa Tea Room, Hebog Eat und weitere in Beddgelert
Tipp: Kupfermine Sygun besichtigen
Kombinationsmöglichkeit: Tour 6 (ca. 30 Kilometer), Tour 7 (ca. 20 Kilometer), Tour 11 (ca. 35 Kilometer), Tour 12 (ca. 20 Kilometer), Tour 18 (ca. 20 Kilometer)

Wegbeschreibung

Wir verlassen den **Parkplatz in Beddgelert (1)** in Richtung Süden und biegen links ab in die A498. Nach der **Touristeninformation (2)** gehen wir an der alten **Steinbrücke (3)** geradeaus vorbei und folgen dem Wegweiser zu Gelerts Grab (Bedd Gelert/Gelerts Grave). Wir folgen dem Flussverlauf des Afon Colwyn, bis dieser nach etwa 100 Metern in den **Fluss Afon Glaslyn (4)** mündet. Dort gehen wir rechts durch das Schwingtor (To Gelerts Grave) und wandern für etwa 200 Meter auf dem asphaltierten Weg (Wegmarke Snowdonia Slate Trail) am Ufer entlang. Dann biegen wir an der Abzweigung rechts ab zu **Gelerts Grave (5)** und darauf schräg links. Bis hier sind es etwa 700 Meter. Im Anschluss gehen wir erneut links und zurück am Ufer rechts durch das Schwingtor.

Wir wandern geradeaus am Afon Glaslyn entlang und überqueren diesen schließlich vor der Bahnlinie. Dem Snowdonia Slate Trail folgen wir durch das Schwingtor und über die **Gleise (6)**, die von nun an links von uns verlaufen, der Afon Glaslyn fließt auf unserer rechten Seite. Der teilweise über Steinbrocken verlaufende Pfad am Ufer des Flusses führt uns für knapp 1,5 Kilometer durch die **Schlucht von Aberglaslyn (7)** und wird mit der Zeit anspruchsvoller. Kurz vor der Straße am **Pass of Aberglaslyn (8)** gehen wir nach insgesamt etwas mehr als 2,5 Kilometern links die Steinstufen in den Wald hinauf und passieren wenig später eine Steinmauer.

Anschließend folgen wir dem etwas versteckten Schild am Boden nach rechts zum Parkplatz des Cwm Bychan. Kurz vor dem Parkplatz gehen wir links durch die **Bahnunterführung (9)** und weiter in Richtung Cwm Bychan. Der **Picknickplatz (10)** hinter der Unterführung lädt zu einer Pause ein, bevor wir schließlich schräg links über die Stufen weiter nach oben auf den Hügel wandern. Wir passieren ein Schwingtor und folgen dem Weg am Bach entlang weiter hinauf. Sobald sich die Bäume etwas

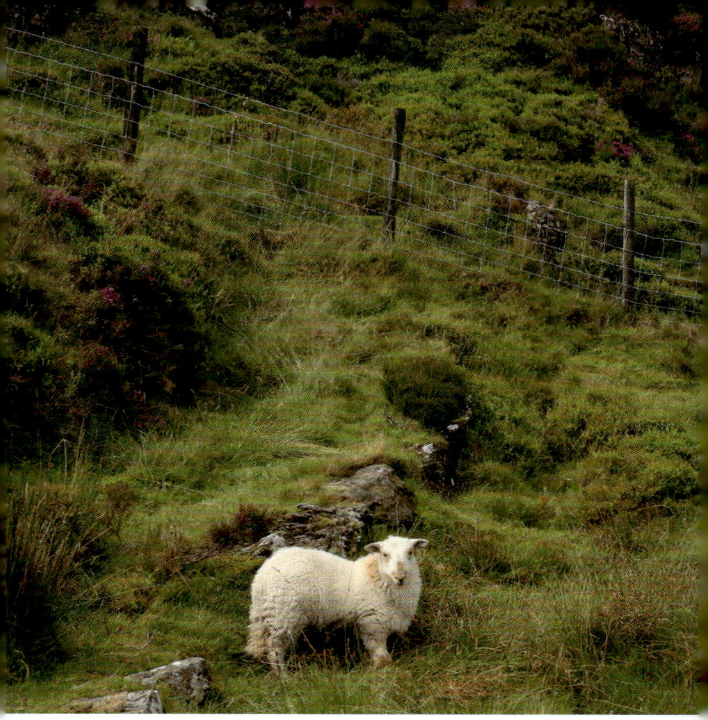

lichten, bieten sich uns die ersten schönen **Ausblicke auf die umliegenden Hügel des Cwm Bychan (11).** Während unseres Aufstiegs auf dem zum Teil etwas unwegsamen Pfad überqueren wir dreimal den Bach und wandern schließlich rechts von ihm. Wir gewinnen weiter an Höhe und erreichen bald **alte**

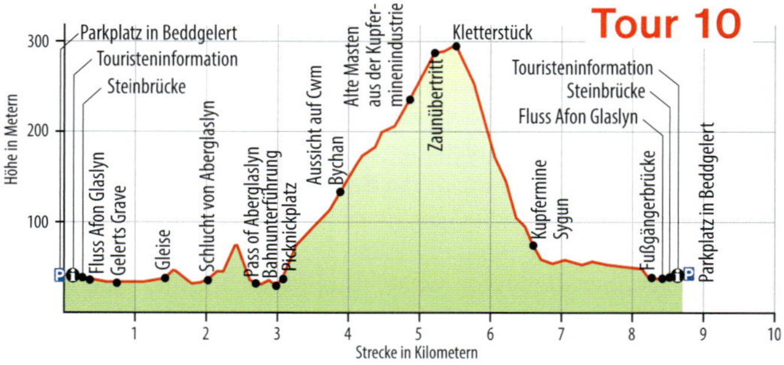

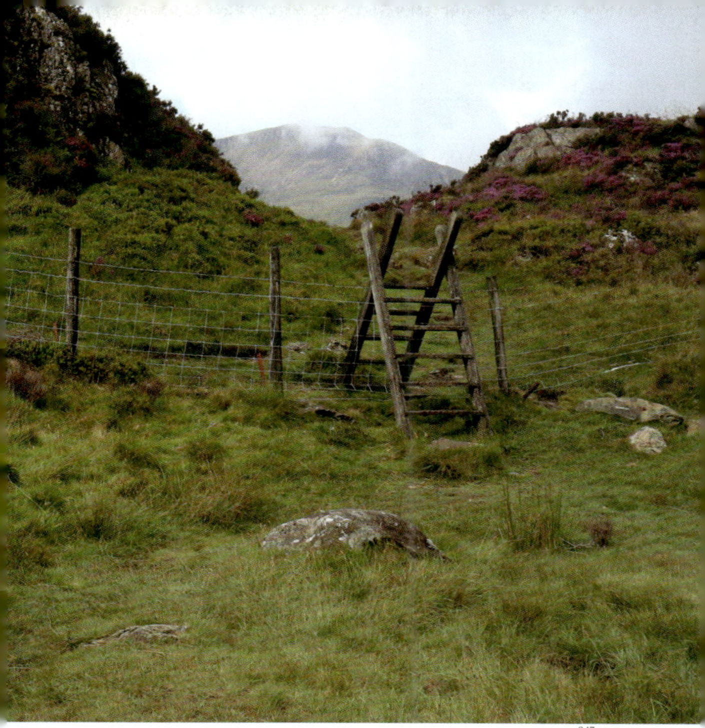

047wa cs

Masten (12), Überbleibsel aus der Kupferminenindustrie. An der folgenden Gabelung halten wir uns rechts und gehen weiter den Hügel hinauf. Bevor wir oben ankommen, überqueren wir einen **Zaunübertritt (13)** und genießen im Anschluss die wunderschöne Aussicht. Hier haben wir knapp 5,5 Kilometer hinter uns.

Danach halten wir uns links und am nächsten Wegweiser wieder links Richtung Beddgelert/Sygun. Hinter dem nächsten Zaunübertritt gehen wir weiter geradeaus. Kurz darauf überwinden wir ein etwa zwei Meter tiefes **Kletterstück (14)** am Felsen hinab. Dann wandern wir rechts weiter den zunächst etwas steinigen, aber schon bald grasbewachsenen und wieder breiteren Pfad hinab. An der Abzweigung halten wir uns rechts. Wenige Meter weiter genießen wir eine tolle Aussicht ins Tal. Am Wegweiser biegen wir rechts ab Richtung Sygun.

Auf unserem Weg zurück nach unten erreichen wir nach etwa 6,5 Kilometern die alte **Kupfermine Sygun (15)** und biegen dahinter links in den Asphaltweg nach Beddgelert ein. Wir laufen an einem Campingplatz vorbei und halten uns immer geradeaus, bis wir wieder auf den Fluss Afon Glaslyn treffen. Vor der Brücke gehen wir links in den Fußweg und wandern auf der linken Seite des Flusses entlang. Auch an der nächsten Brücke laufen wir weiter geradeaus. An der folgenden **Fußgängerbrücke (16)** biegen wir schließlich rechts ab und überqueren den Fluss. Wir sind nun wieder auf dem Hinweg und wandern zurück zum **Parkplatz in Beddgelert (1).**

1	**Parkplatz in Beddgelert**	53,01171° N, 4,10585° W
2	**Touristeninformation**	53,01148° N, 4,10494° W
3	**Steinbrücke**	53,01171° N, 4,10277° W
4	**Fluss Afon Glaslyn**	53,01149° N, 4,10121° W
5	**Gelerts Grave**	53,00876° N, 4,10225° W
6	**Gleise**	53,00503° N, 4,09999° W
7	**Schlucht von Aberglaslyn**	53,00001° N, 4,09693° W
8	**Pass of Aberglaslyn**	52,99511° N, 4,09551° W
9	**Bahnunterführung**	52,99510° N, 4,09104° W
10	**Picknickplatz**	52,99540° N, 4,09089° W
11	**Aussicht auf Cwm Bychan**	53,00113° N, 4,08661° W
12	**Alte Masten aus der Kupferminenindustrie**	53,00848° N, 4,08094° W
13	**Zaunübertritt**	53,01232° N, 4,07817° W
14	**Kletterstück**	53,01312° N, 4,08092° W
15	**Kupfermine Sygun**	53,01771° N, 4,08198° W
16	**Fußgängerbrücke**	53,01157° N, 4,10080° W

Überbleibsel aus der Kupferminenindustrie

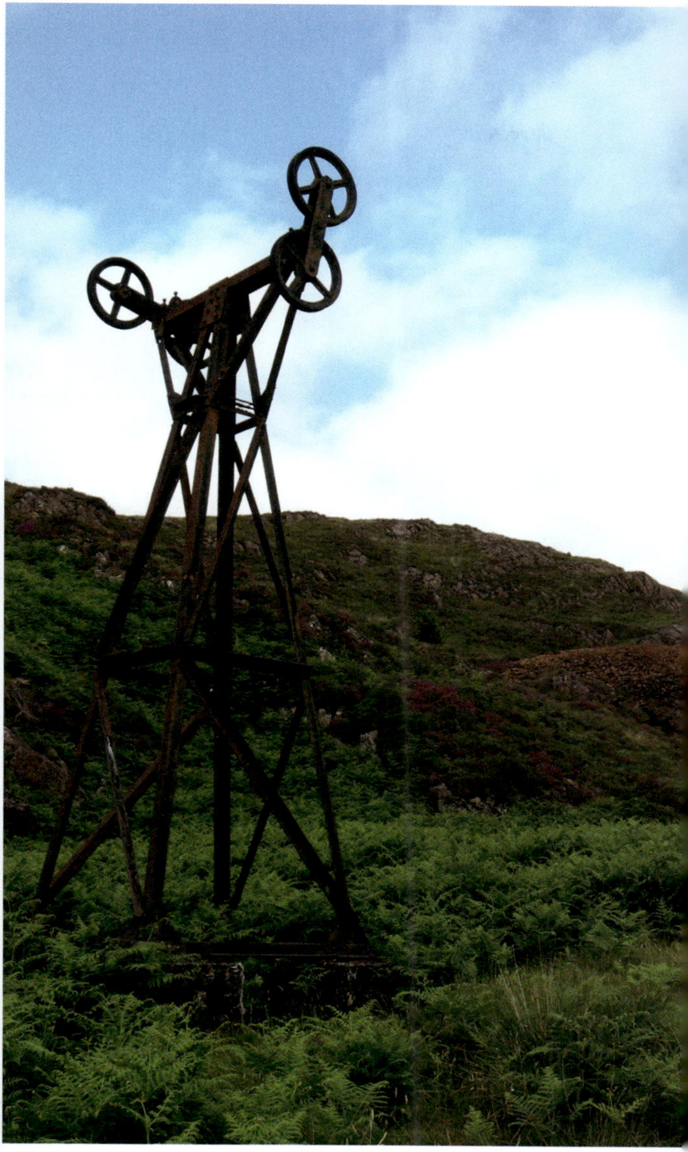

049wa cs

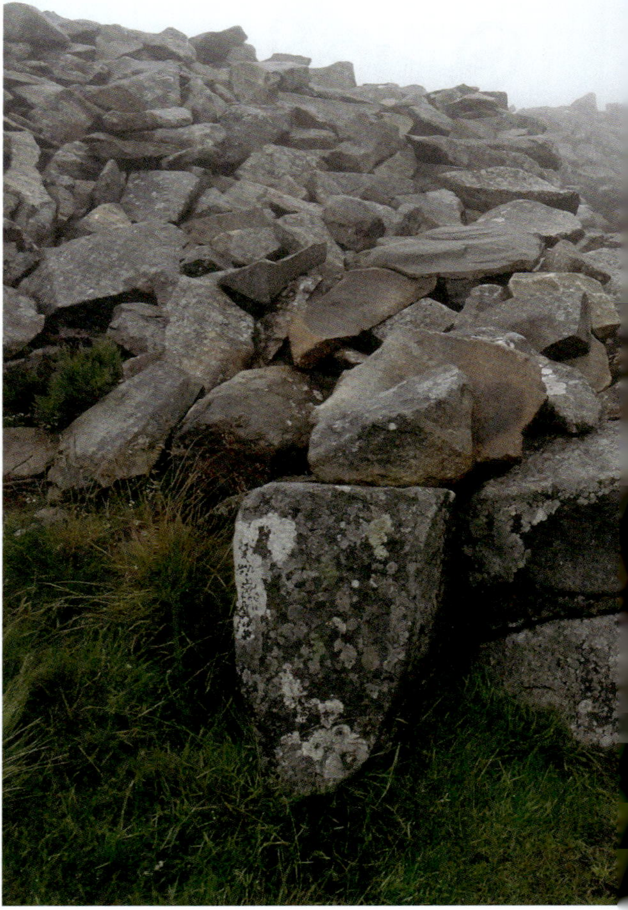

Wanderungen auf der Halbinsel Lleyn

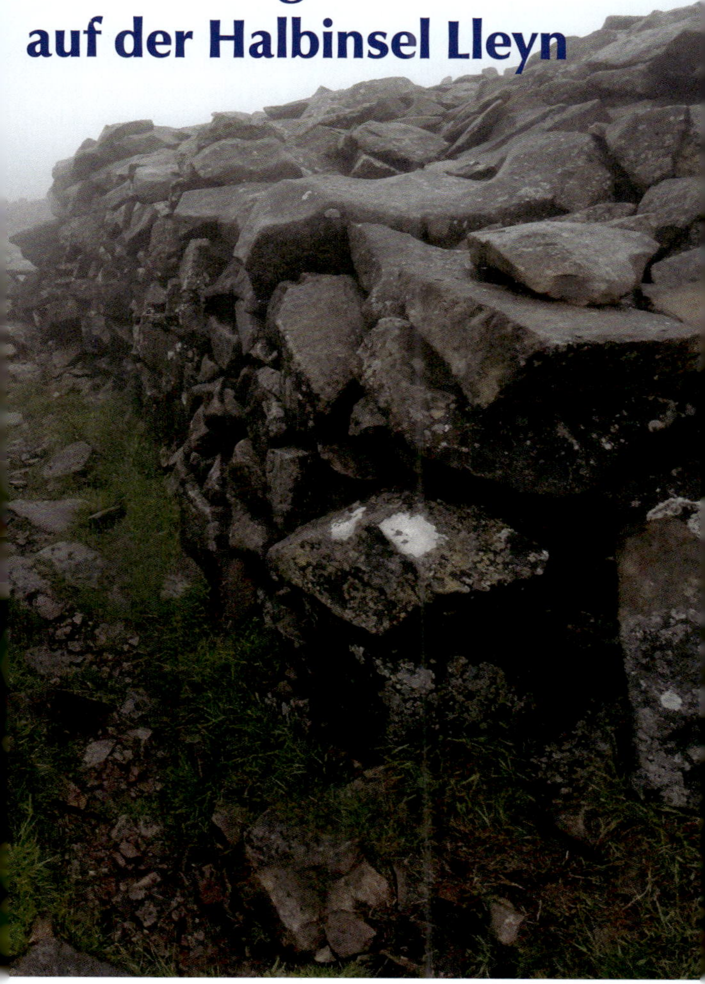

Tour 11
Zum höchsten Berg der Halbinsel Lleyn

2 Std.
5,2 km
mittelschwer

Das **Bergmassiv Yr Eifl** mit seinen drei Gipfeln **Tre'r Ceiri, Garn Ganol** und **Garn For** ist das höchste auf der Halbinsel Lleyn. Bei gutem Wetter bietet sich hier eine wunderschöne Aussicht sowohl über die wie ein Finger Richtung Irland ragende Halbinsel als auch auf den Norden von Wales mit den Hügeln von Snowdonia. Zudem reicht der Blick bis zur Insel Anglesey, nach Irland und zum Lake District in England.

Die Wanderung nach oben auf den östlichen Gipfel Tre'r Ceiri führt durch Moorland. Das gleichnamige **Fort,** die „Stadt der Riesen", ist sehr gut erhalten und zählt zu den schönsten eisenzeitlichen Forts in Wales. Es war bis ins 4. Jahrhundert n. Chr. bewohnt. Die Überreste von etwa 150 Steinhütten für rund 500 Personen thronen noch heute in gutem Zustand auf dem Gipfel.

Durch Moorland zum eisenzeitlichen Fort Tre'r Ceiri

Ausgangsort: Llithfaen
Ausgangspunkt: Kirche Llithfaen M. C. 1905 (52,96070° N, 4,44653° W; B4417, Pwllheli, Gwynedd LL53 6NY); kostenlose Parkplätze an der B4417; von der Bushaltestelle „Abergafran" (Nummer 14 Pwllheli – Tudweiliog) ca. 150 Meter westlich zum Ausgangspunkt und von der Bushaltestelle „Swyddfa'r Bost" (Nummer 27 Pwllheli – Nefyn via Llithfaen) kurz nördlich, dann rechts abbiegen und ca. 150 Meter zum Ausgangspunkt
Höhenunterschied: 290 Meter
Gesamtzeit: 2 Stunden
Länge: 5,2 Kilometer
Schwierigkeit: mittelschwer
Karte: OS Explorer 254, OS Landranger 123
Anforderungen: Wanderung auf meist deutlichen Wegen, weitestgehend markiert, auf dem Hinweg stetig bergauf, teilweise

Kirche Llithfaen M. C. 1905

Kapitelstartseite:
Auf dem Weg zum Gipfel des Tre'r Ceiri (Tour 11)

feucht bis nass, teilweise steinig, Nebel möglich, Ausdauer, Trittsicherheit und Orientierungssinn erforderlich

Einkehr: Tafarn y Fic in Llithfaen wenige Meter westlich der Kirche Llithfaen M. C. 1905 (nur abends, am Wochenende früher geöffnet)

Kombinationsmöglichkeit: Tour 7 (ca. 40 Kilometer), Tour 10 (ca. 35 Kilometer), Tour 12 (ca. 20 Kilometer), Tour 18 (ca. 25 Kilometer)

Wegbeschreibung

Gegenüber der **Kirche Llithfaen M. C. 1905 (1)** folgen wir dem Wegweiser hinauf zum Llwybr yr Eifl (Circular Route, gelber Pfeil auf blauem Hintergrund). Der asphaltierte Weg führt aus Llithfaen hinaus. Hinter dem Schwinggatter gehen wir am letzten Haus vorbei und erreichen nach etwa 600 Metern das offene Moorland.

050wa cs

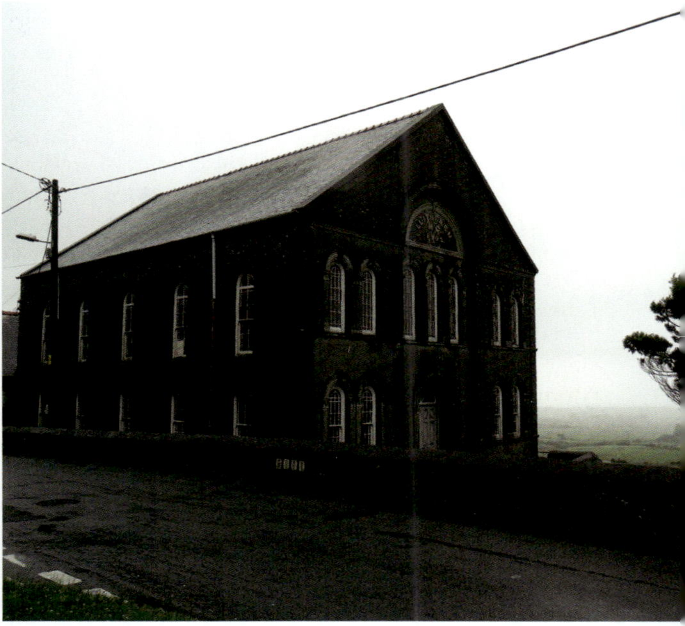

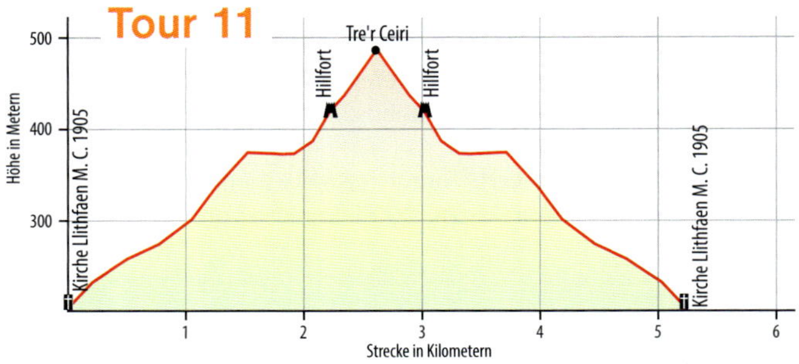

An einer Weggabelung laufen wir weiter geradeaus und folgen der Circular Route. Kurz darauf passieren wir ein Schwingtor und wandern weiterhin geradeaus nach oben. Mit dem nächs-

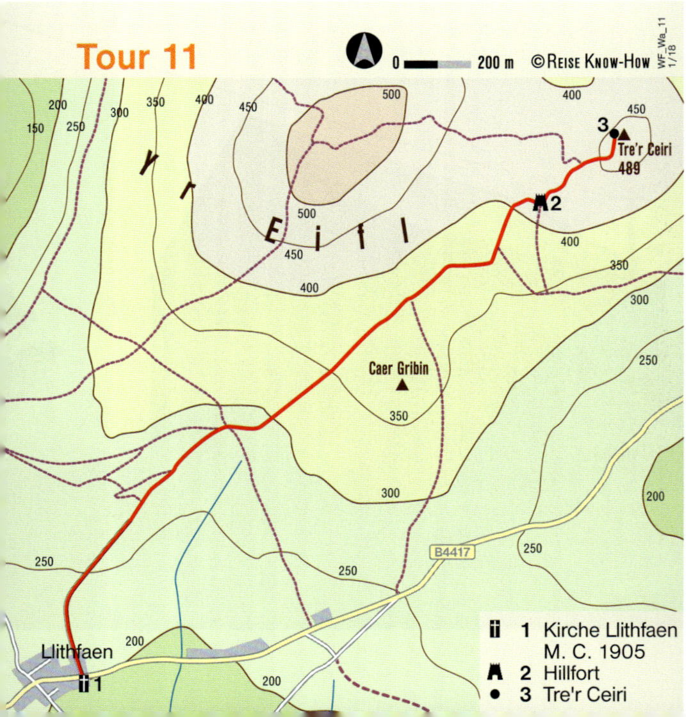

ten Schwingtor durchqueren wir eine Steinmauer und folgen weiter dem Hauptpfad bergauf. Nach etwas mehr als 2 Kilometern unserer Wanderung erreichen wir das **Hillfort (2).** Die beeindruckenden Steinmauern weisen auf das frühere Leben der Menschen hier oben hin.

Für den Aufstieg zum Gipfel halten wir uns an der Abzweigung zunächst links und kurz darauf rechts hoch bis zum **Tre'r Ceiri (3).** Nach 2,6 Kilometern genießen wir oben die herrliche Aussicht und gehen schließlich auf gleichem Weg zurück zur **Kirche in Llithfaen (1).**

1	**Kirche Llithfaen M. C. 1905**	52,96070° N, 4,44653° W
2	**Hillfort**	52,97328° N, 4,42614° W
3	**Tre'r Ceiri**	52,97519° N, 4,42263° W

051wa cs

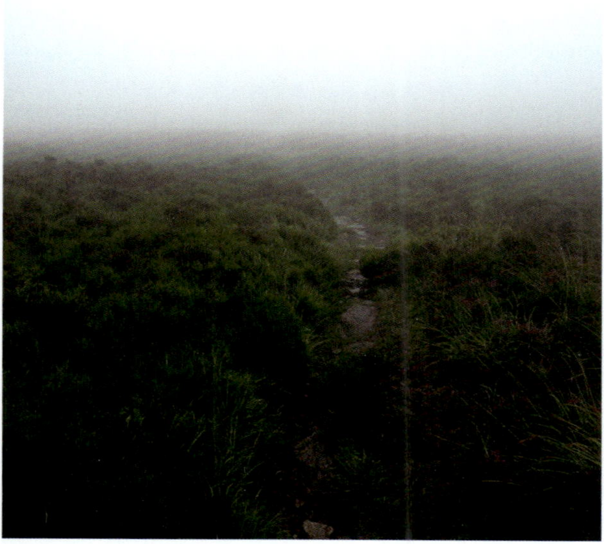

Wandern durch offenes Moorland

Tour 12
Am Fuße des Criccieth Castle

2 Std.
8 km
leicht

Die **Burg von Criccieth** erhebt sich auf einer kleinen Landzunge zwischen zwei Stränden. Sie wurde ursprünglich von Prinz Llywelin dem Großen erbaut. Später fiel sie jedoch unter der Herrschaft von König Edward I., der sie erweiterte und seiner Burgenkette im Norden von Wales hinzufügte, an die Engländer. Der Zugang zur Halbinsel Lleyn konnte von der Festung wunderbar kontrolliert werden. Im Jahr 1404 nahm Owain Glyndwr in seinem Aufstand gegen die Engländer die Burg ein und setze sie in Brand.

Die leichte Wanderung führt vom Criccieth Castle an der Küste entlang und schließlich über Weideland ins benachbarte **Llanystumdwy.** Das historische Dorf am Fluss Afon Dwyfor war Heimat des ehrenwerten David Lloyd George.

Das **Lloyd George Museum** im Herzen von Llanystumdwy gibt Einblicke in das Leben des Politikers, der während des Ersten Weltkriegs britischer Premierminister war.

052wa cs

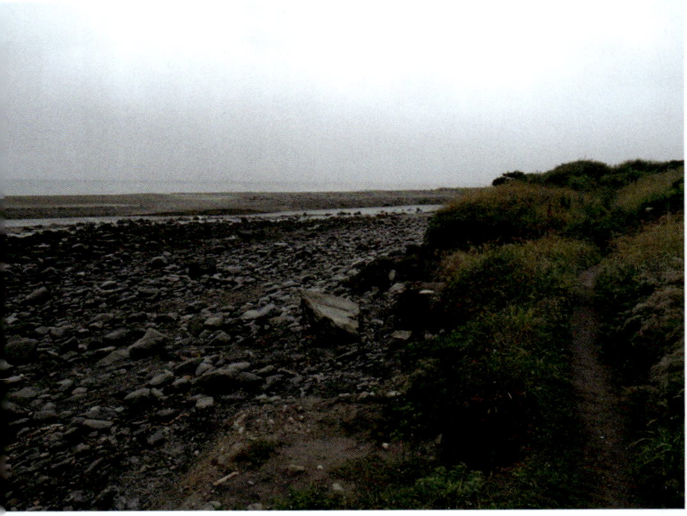

Von der Küste nach Llanystumdwy

Ausgangsort: Criccieth
Ausgangspunkt: Kostenloser Parkplatz (52,91607° N, 4,23366° W; Marine Cres, Criccieth, Gwynedd LL52 0EA) am Criccieth Castle (Castle Street, Criccieth, Gwynedd LL52 0DP); von der Bushaltestelle „Y Maes High Street“ (Nummer 1 Porthmadog – Caernarfon via Penygroes, Nummer 3 Pwllheli – Porthmadog und Nummer S97 Porthmadog – Pen-y-Pass via Beddgelert) ca. 300 Meter südlich auf der Straße Tanygrisiau Terrace, dann rechts abbiegen und ca. 200 Meter zum Ausgangspunkt
Höhenunterschied: 80 Meter
Gesamtzeit: 2 Stunden
Länge: 8 Kilometer
Schwierigkeit: leicht
Karte: OS Explorer 254, OS Landranger 123
Anforderungen: Wanderung auf deutlichen Wegen, weitestgehend markiert, Zaunübertritte
Einkehr: Tafarn y Plu in Llanystumdwy ca. 150 Meter südlich der Steinbrücke und schräg gegenüber des Lloyd George Museums, Castle Fish & Chip Shop in Criccieth nordöstlich der Burg in der Castle Street, weitere Einkehrmöglichkeiten in Criccieth rund um die High Street
Tipp: Lloyd George Museum und Criccieth Castle besichtigen
Kombinationsmöglichkeit: Tour 7 (ca. 20 Kilometer), Tour 10 (ca. 20 Kilometer), Tour 11 (ca. 20 Kilometer), Tour 18 (ca. 30 Kilometer)

Wegbeschreibung

Vom **Parkplatz am Criccieth Castle (1)** laufen wir in westlicher Richtung runter zur Küste. Mit dem Meer auf unserer linken Seite folgen wir der Straße geradeaus. Nach knapp 500 Metern gehen wir an der **Gabelung (2)** links weiter auf dem Wales Coast Path. Der schmale Schotterpfad führt zunächst oberhalb des Strands der **Ceredigion Bay (3)** entlang. Wir passieren ein Schwingtor und halten uns an der nächsten Gabelung rechts, um dem Küstenpfad weiter zu folgen. Bald erreichen wir das

An der Küste von Criccieth

Naturschutzgebiet Ynysgain (4). Wir folgen dem Wales Coast Path auf zum Teil sandigen und grasbewachsenen Pfaden am Strand entlang und erreichen schließlich die **Flussmündung des Afon Dwyfor (5)**. Bis hier sind es etwas mehr als 2 Kilometer.

Rechts des Flusses laufen wir weiter auf dem Wales Coast Path, der sich nun nach rechts von der Küste wegwindet. Nach einem Schwingtor wandern wir über den Holzsteg und im Anschluss über eine Schafweide. Nach dem nächsten Schwingtor laufen wir rechts und folgen dem Wales Coast Path nach Norden bis zu einem **Bahnübergang (6).** Hinter einem Tor, das wir mithilfe eines Zaunübertritts überqueren, gehen wir über die Gleise und dann am nächsten Tor über einen weiteren Zaunübertritt. Kurz darauf erreichen wir einen **Hof (7)** und folgen den Wegmarken des Wales Coast Path über einen kurzen Abschnitt einer Schafweide. Wir wandern rechts über den Hof und kreuzen nach knapp 500 Metern die **A497 (8).** Nachdem wir die Straße überquert haben, gehen wir durch das Schwingtor auf der anderen Seite und folgen der Circular Route (Wegmarke mit gelbem Pfeil auf blauem Hintergrund). Wir erreichen nun nach knapp 4,5 Kilometern das Örtchen **Llanystumdwy (9)** und halten uns vor der großen Steinbrücke rechts.

Mit dem Fluss auf unserer linken Seite verlassen wir Llanystumdwy auf einer schmalen asphaltierten Straße, der wir für etwa 2 Kilometer immer geradeaus folgen. Im Anschluss biegen wir rechts in eine für Lkw nicht zugelassene **Straße (10)** ab. Nach etwa 600 Metern treffen wir bei Criccieth erneut auf die **A497 (11).** Wir überqueren die Straße und folgen dem Wegweiser (Castell/Castle) zurück zur Burg, die wir nun vor uns auf dem Hügel sehen. Erst geradeaus und am Ende nach einer Linkskurve erreichen wir bald die Küstenstraße vom Hinweg, auf der wir zurück zum **Parkplatz am Criccieth Castle (1)** laufen.

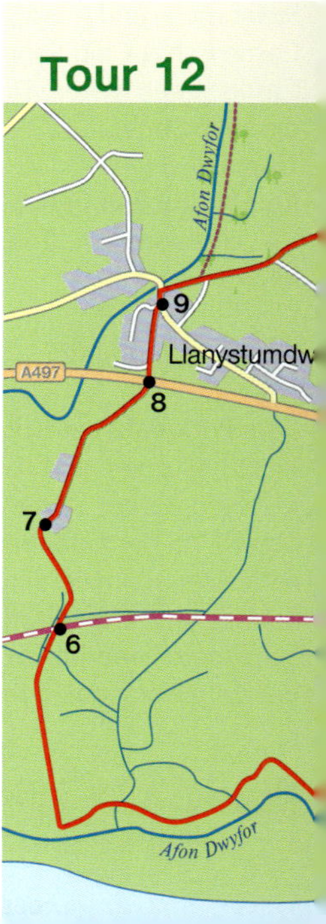

1	**Parkplatz am Criccieth Castle**	52,91607° N, 4,23366° W
2	**Gabelung**	52,91545° N, 4,23787° W
3	**Ceredigion Bay**	52,91529° N, 4,23895° W
4	**Naturschutzgebiet Ynysgain**	52,91436° N, 4,24924° W
5	**Flussmündung des Afon Dwyfor**	52,91134° N, 4,26329° W
6	**Bahnübergang**	52,91582° N, 4,27397° W
7	**Hof**	52,91779° N, 4,27450° W
8	**A497**	52,92068° N, 4,27087° W
9	**Llanystumdwy**	52,92232° N, 4,27045° W
10	**Straße**	52,92419° N, 4,24000° W
11	**A497**	52,91882° N, 4,24202° W

Nächste Seite: Criccieth Castle

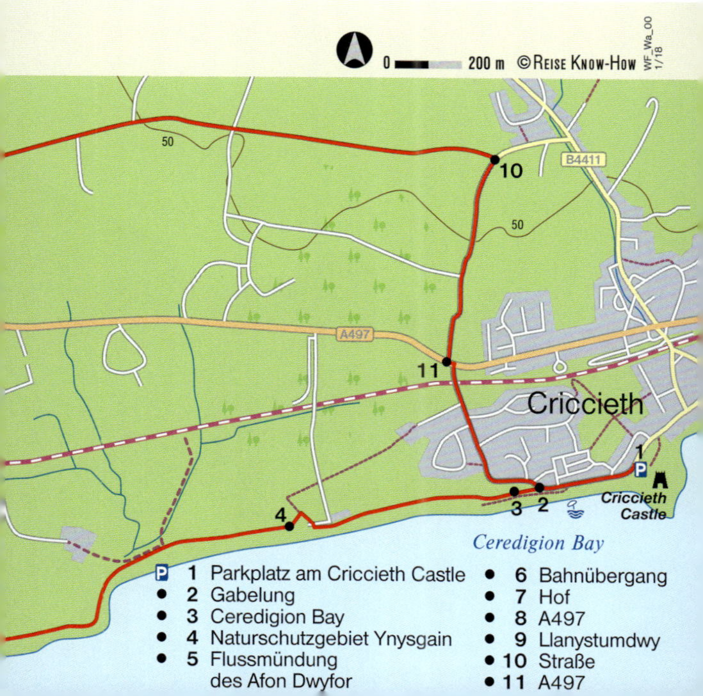

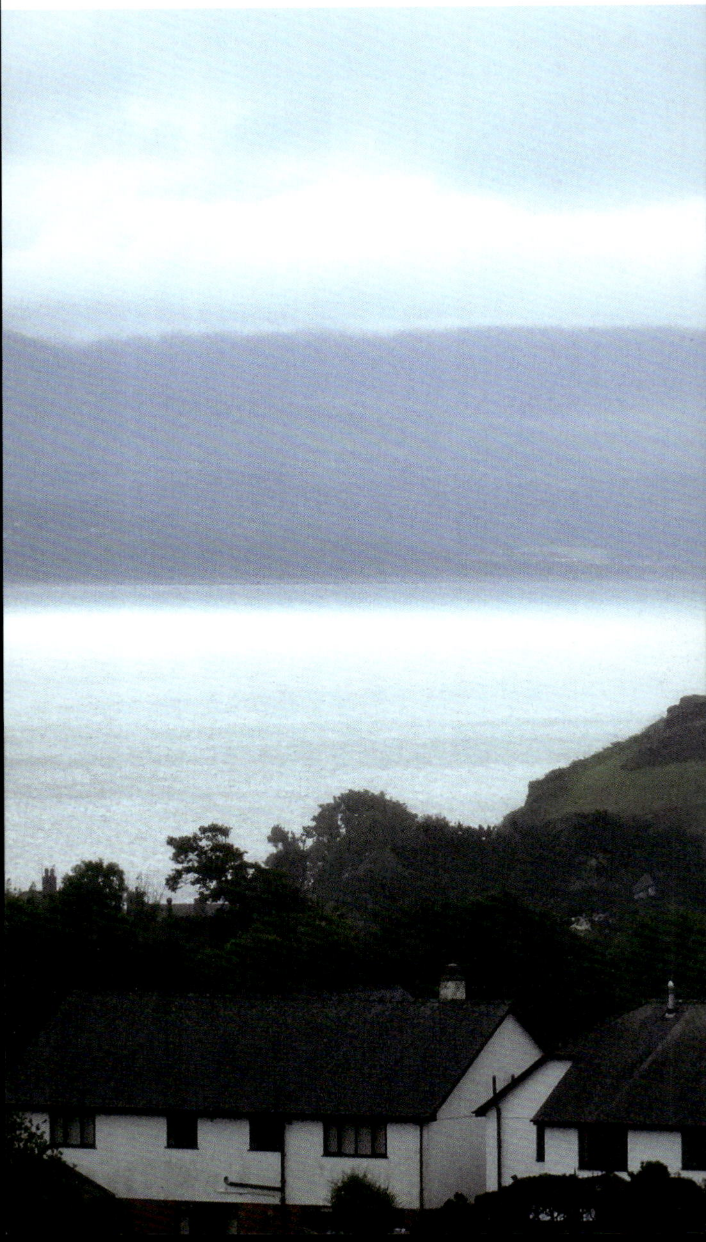

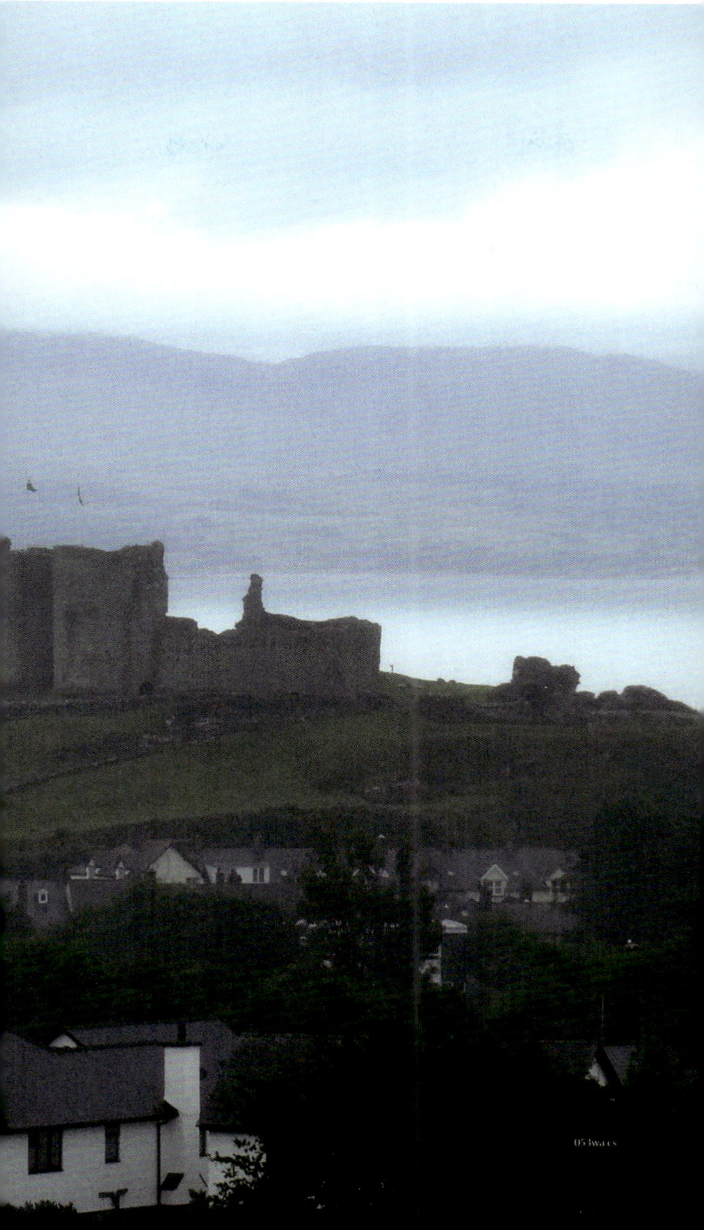

054wa cs

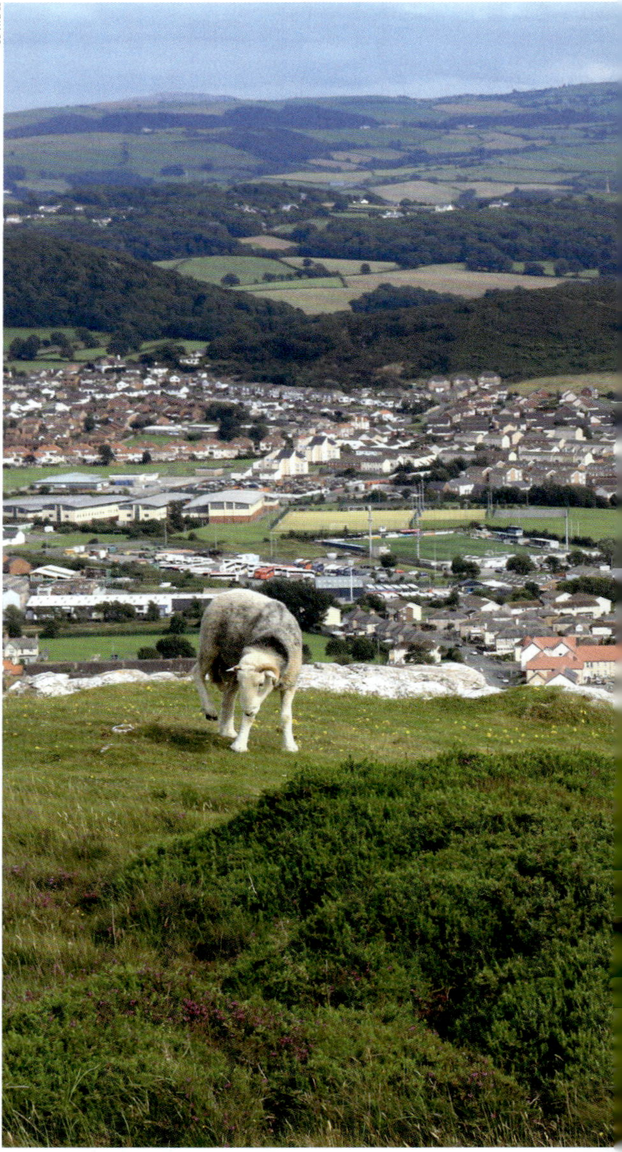

Wanderungen an der Nordküste

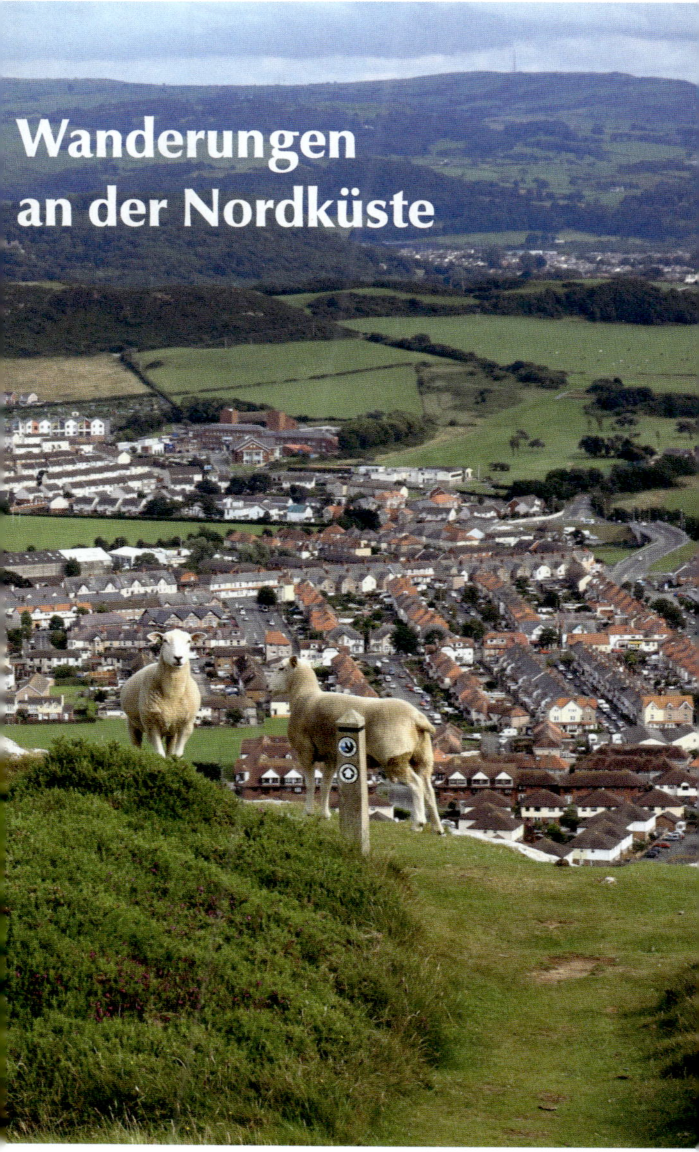

Tour 13
Der Alice in Wonderland Trail in Llandudno

1 ¾ Std.
6,3 km
leicht

In den 1860er und 1870er Jahren verbrachte die Familie Liddell mehrere glückliche Sommerurlaube sowie Oster- und Weihnachtsferien im viktorianischen Seebad Llandudno. Für die Töchter Lorina, Edith und allen voran Alice war Llandudno ein einziges Wunderland, in dem sie zahlreiche Abenteuer erlebten und magische Orte entdeckten. Die kleine Alice Liddel war es schließlich auch, die Schriftstellerin **Lewis Carroll** zu ihrem Werk **„Alice im Wunderland"** inspirierte.

Die Wanderung, bei der nicht nur zahlreiche **Holzskulpturen** aus dem Buch darauf warten, entdeckt zu werden, folgt den Spuren von Alice quer durch die Stadt. Dieser etwas andere Rundgang durch Llandudno lässt der Fantasie freien Lauf und lädt dazu ein, einmal mehr mit Kinderaugen durch die Welt zu gehen und in ein Wunderland einzutauchen.

Auf den Spuren von Alice im Wunderland

Ausgangsort: Llandudno
Ausgangspunkt: Touristeninformation im Victoria Centre (53,32360° N, 3,82893° W; Victoria Centre, Mostyn Street, Llandudno, Conwy LL30 2NG); kostenpflichtige Parkplätze unter anderem im Victoria Centre Car Park; Bushaltestelle „Marks & Spencers (Stop D)" (Nummer 5 Llandudno – Bangor, Nummer 12 Rhyl – Llandudno, Nummer 13 Llandudno – Prestatyn, Nummer 14 Conwy – Llysfaen, Nummer 15 Conwy – Llysfaen, Nummer 19 Llandudno – Cwm Penmachno via Llanrwst, Betws-y-Coed, Nummer 25 Eglwysbach – Llandudno, Nummer 26 Great Orme – Great Orme, Nummer X1 Blaenau Ffestiniog –

Wegmarke des Alice in Wonderland Trail

Kapitelstartseite:
Aussicht vom Kalksteinfelsen Great Orme (Tour 14)

Llandudno, Nummer X5 Bangor – Llandudno und Nummer X19 Blaenau Ffestinog – Llandudno) wenige Meter nordwestlich vom Ausgangspunkt
Höhenunterschied: 80 Meter
Gesamtzeit: 1¾ Stunden
Länge: 6,3 Kilometer
Schwierigkeit: leicht
Karte: Karte Alice in Wonderland Trail (erhältlich in der Touristeninformation)
Anforderungen: Wanderung auf deutlichen Wegen, Wegmarken im Boden teilweise etwas versteckt
Einkehr: Parisella's Cafeteria im Happy Valley, The Lilly in der Straße West Parade an der Westküste, zahlreiche Einkehrmöglichkeiten rund um die Mostyn Street (z.B. Burger und Pizza nach Wahl zusammenstellen im The Lilly Bar & Grill)
Tipp: Kupfermine besichtigen und mit der Great Orme Tramway und/oder der Llandudno Cable Car (Seilbahn) fahren
Kombinationsmöglichkeit: Tour 6 (ca. 30 Kilometer), Tour 8 (ca. 25 Kilometer), Tour 9 (ca. 25 Kilometer), Tour 14 (Llandudno), Tour 15 (Llandudno), Tour 16 (ca. 8 Kilometer), Tour 17 (ca. 20 Kilometer)

055wa cs

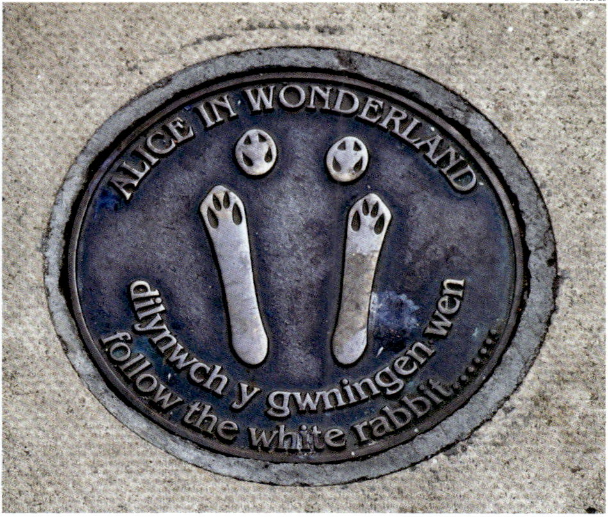

Tour 13

- ℹ 1 Touristeninformation in der Mostyn Street
- 2 Lloyd Street
- 3 Madoc Street
- 4 Holzskulptur „Alice"
- 5 Holzskulptur „White Rabbit"
- 6 Promenade
- 7 Holzskulptur „Mad Hatter"
- 8 Hotel St Tudno
- 9 Alex Munro Way
- 10 Happy Valley
- 11 Wunderland-Mosaik
- 12 Straße Church Walks
- 13 Haulfre Gardens
- 14 Holzskulptur „The Tweedles"
- 15 „Zick-Zack-Pfad"
- 16 „Pool of Tears"
- 17 „White Rabbit Weathervane"
- 18 Holzskulptur „Cheshire Cat"
- 19 Holzskulptur „Queen of Hearts"

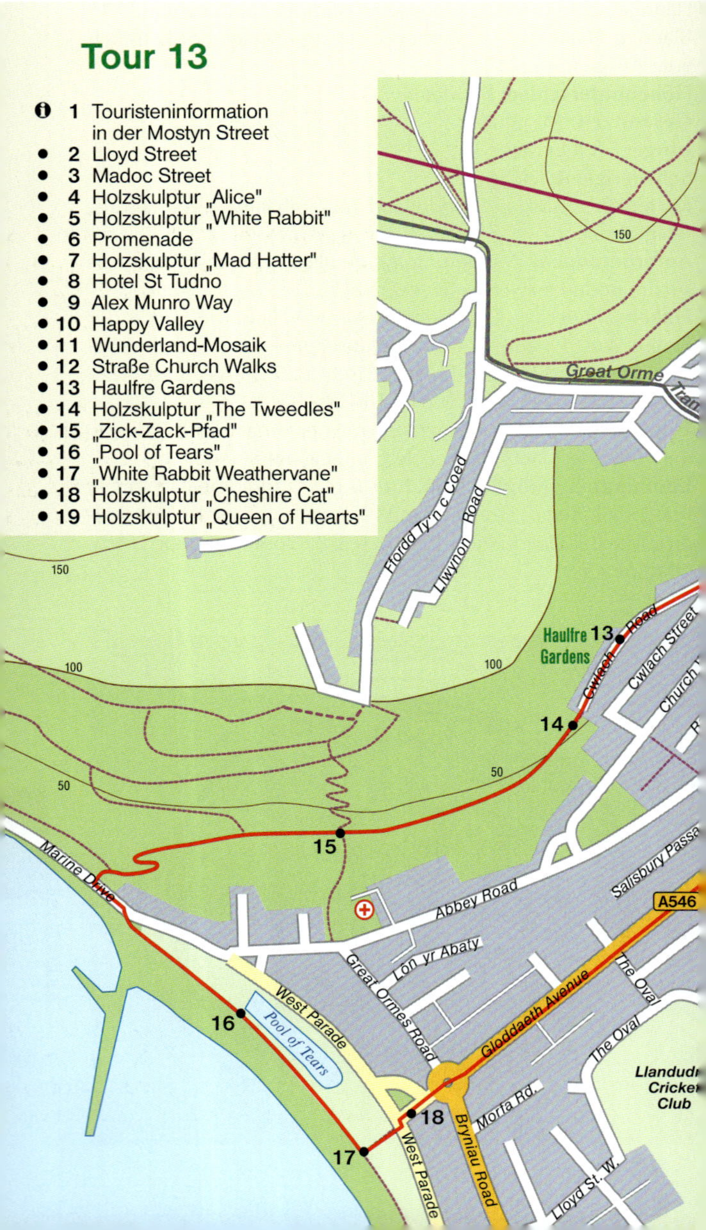

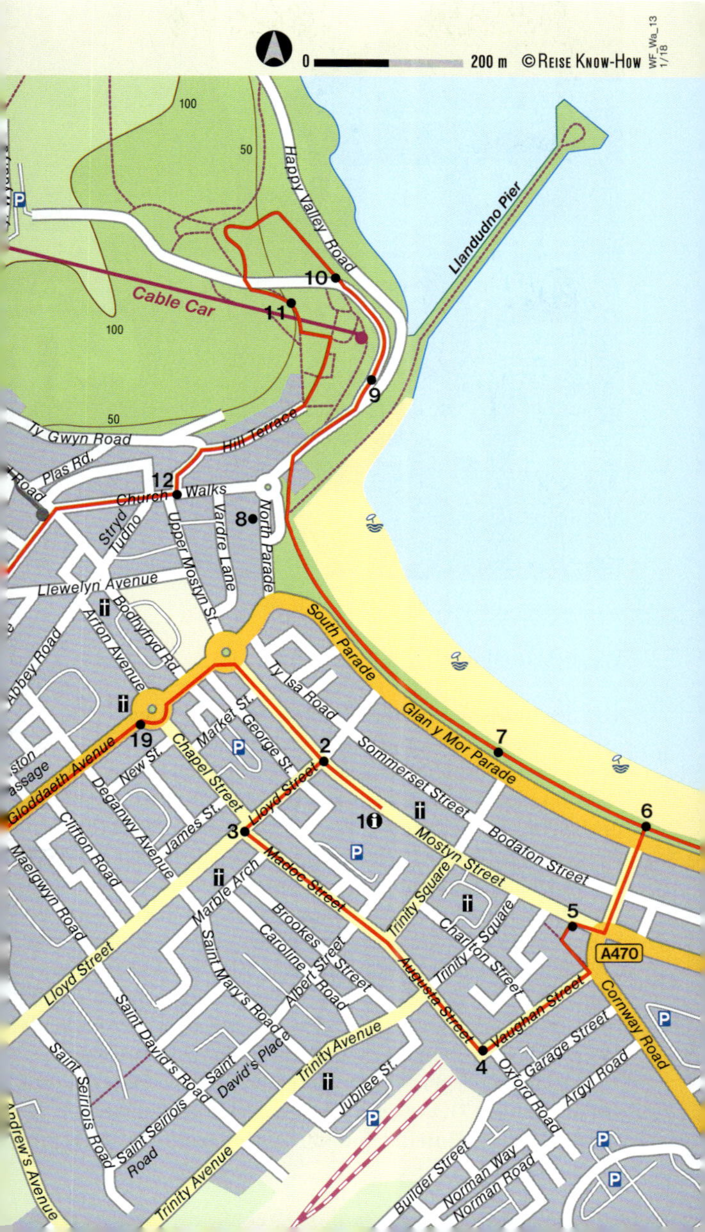
0 200 m
©Reise Know-How
WF_Wa_13 1/18
Llandudno Pier
Happy Valley Road
Cable Car
Ty Gwyn Road
Hill Terrace
Plas Rd.
Church Walks
Upper Mostyn St.
Vardre Lane
North Parade
Stryd Tudno
Llewelyn Avenue
Bodhyfryd Rd.
Arfon Avenue
Abbey Road
South Parade
Ty Isa Road
Glan y Mor Parade
Sommerset Street
Bodafon Street
Mostyn Street
Gloddaeth Avenue
Chapel Street
Market St.
George St.
New St.
Lloyd Street
James St.
Deganwy Avenue
Clifton Road
Maelgwyn Road
Madoc Street
Marble Arch
Trinity Square
Charlton Street
A470
Cornway Road
Brookes Street
Caroline Road
Albert Street
Augusta Street
Vaughan Street
Saint Mary's Road
Saint David's Road
Saint David's Place
Trinity Avenue
Jubilee St.
Oxford Road
Garage Street
Argyl Road
Saint Seiriols Road
Builder Street
Norman Way
Norman Road
Andrew's Avenue

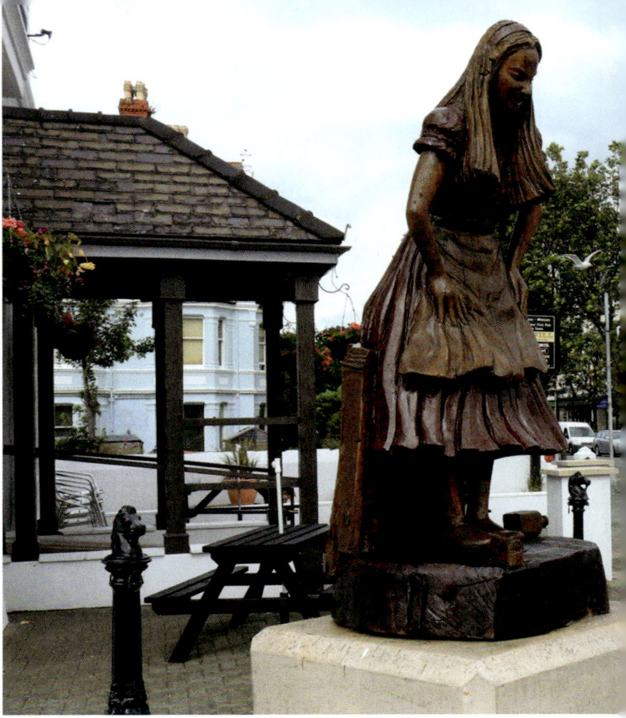

Wegbeschreibung

Von der **Touristeninformation in der Mostyn Street (1)** folgen wir den Wegmarken im Boden (kreisrunde Plakette mit Füßen des weißen Hasen) nach links und biegen kurz darauf an der Kreuzung links ab in die **Lloyd Street (2).** An der dritten Gelegenheit biegen wir erneut links ab in die **Madoc Street (3).** Dem Straßenverlauf folgen wir für knapp 500 Meter. An der Kreuzung zur Vaughan Street entdecken wir auf der linken Seite die **Holzskulptur „Alice" (4).** Wir biegen links ab und folgen der Vaughan Street. Kurz darauf entdecken wir die **Holzskulptur „White Rabbit" (5)** in einer kleinen Grünanlage links von uns. Wir überqueren die Mostyn Street, gehen kurz rechts und dann links weiter auf der Vaughan Street geradeaus zur **Promenade (6),** die wir nach etwas mehr als einem Kilometer erreichen.

Dort laufen wir nach links und entdecken die **Holzskulptur „Mad Hatter" (7).** Weiter auf der Promenade sehen wir auf der linken Seite das **Hotel St Tudno (8),** eine bei den Liddels sehr

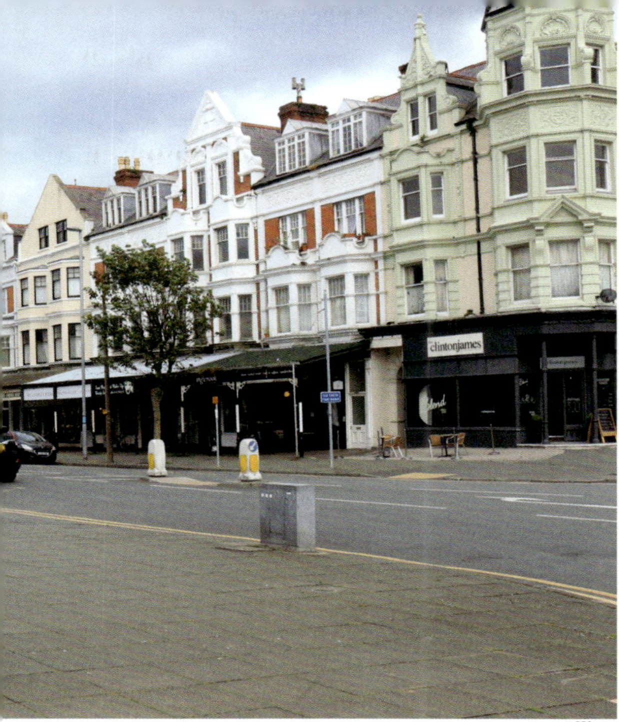

056wa cs

beliebte Unterkunft. Wir wandern links am Llandudno Pier vorbei und biegen im Anschluss rechts ab in die Straße North Parade. Nach etwa 100 Metern halten wir uns links und gehen hinauf in den **Alex Munro Way (9).** Oben haben wir nun einen schönen Ausblick auf das Llandudno Pier. Wenig später erreichen wir das **Happy Valley (10).** Bis hier sind es etwas mehr als 2 Kilometer.

Wir drehen eine kleine Runde gegen den Uhrzeigersinn und treffen auf weitere bekannte Figuren und Dinge aus dem Leben von Alice im Wunderland wie den „Teachers Chair“, eine kleine Ausgabe des „White Rabbit“, den „Eat Me Cupcake“, den „Mad Hatter Tea Party Table“, die „Small Door into Wonderland“, die „King & Queen Chairs“ und die „Cheshire Cat“. Bevor wir im Anschluss rechts an der Seilbahn vorbei weiter zur Hill Terrace wandern, bewundern wir das **Wunderland-Mosaik (11)** an der

Holzskulptur „Alice“

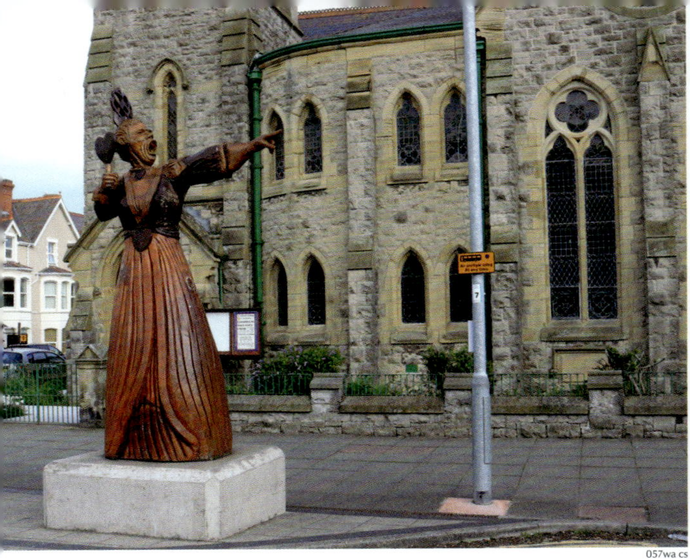

057wa cs

Steinwand gegenüber der Seilbahnstation. Von der Hill Terrace bieten sich uns schöne Blicke auf Llandudno.

Wir folgen dem asphaltierten Weg wieder etwas bergab. An der Gabelung gehen wir links und dann rechts weiter in die **Straße Church Walks (12),** der wir 300 Meter folgen. Vor dem Bron Orme Private Hotel biegen wir rechts ab (Tyn-y-Maes Hill) und laufen leicht bergauf. An der Kreuzung gehen wir rechts und dann scharf links in die Cwlach Road, die uns schließlich nach insgesamt etwa 3,5 Kilometern zu den **Haulfre Gardens (13)** führt.

Dort entdecken wir die **Holzskulptur „The Tweedles" (14).** Wir wandern weiter geradeaus durch die Haulfre Gardens und schon bald bietet sich uns ein schöner Ausblick auf die Westküste von Llandudno. Von rechts mündet der sogenannte **„Zick-Zack-Pfad" (15)** in unseren Weg. Wir gehen weiter geradeaus und sehen rechts oben in den Felsen das Loch zu einer Höhle, das „Rabbit Hole". Kurz darauf führt der Weg durch eine S-Kurve hinunter zur Küste.

Nach dem Schwingtor biegen wir links ab und laufen rechts an einem angelegten Teich vorbei, dem **„Pool of Tears" (16).**

Holzskulptur „Queen of Hearts"

Etwas weiter entdecken wir auf einem Mast eine Wetterfahne, die **„White Rabbit Weathervane“ (17).** Dort gehen wir nach 5 Kilometern links in die Straße Gloddaeth Avenue und sehen auf der linken Seite auf einer Verkehrsinsel die „Lewis Carroll White Rabbit Memorial Statue“. Rechts entdecken wir eine weitere **Holzskulptur der „Cheshire Cat“ (18).**

Wir folgen nun der Gloddaeth Avenue immer geradeaus und entdecken nach etwa 800 Metern hinter der Abzweigung zur Deganwy Avenue die **Holzskulptur „Queen of Hearts“ (19).** Nach weiteren etwa 150 Metern biegen wir am Kreisverkehr wieder rechts ab in die Mostyn Street und kehren zurück zum Ausgangspunkt an der **Touristeninformation (1).**

1	**Touristeninformation in der Mostyn Street**	53,32360° N, 3,82893° W
2	**Lloyd Street**	53,32419° N, 3,82993° W
3	**Madoc Street**	53,32341° N, 3,83142° W
4	**Holzskulptur „Alice“**	53,32094° N, 3,82672° W
5	**Holzskulptur „White Rabbit“**	53,32214° N, 3,82477° W
6	**Promenade**	53,32346° N, 3,82367° W
7	**Holzskulptur „Mad Hatter“**	53,32432° N, 3,82651° W
8	**Hotel St Tudno**	53,32703° N, 3,83179° W
9	**Alex Munro Way**	53,32837° N, 3,82931° W
10	**Happy Valley**	53,33002° N, 3,82968° W
11	**Wunderland-Mosaik**	53,32988° N, 3,83040° W
12	**Straße Church Walks**	53,32746° N, 3,83301° W
13	**Haulfre Gardens**	53,32573° N, 3,83924° W
14	**Holzskulptur „The Tweedles“**	53,32466° N, 3,84032° W
15	**„Zick-Zack-Pfad“**	53,32335° N, 3,84503° W
16	**„Pool of Tears“**	53,32123° N, 3,84700° W
17	**„White Rabbit Weathervane“**	53,31961° N, 3,84444° W
18	**Holzskulptur „Cheshire Cat“**	53,31998° N, 3,84357° W
19	**Holzskulptur „Queen of Hearts“**	53,32471° N, 3,83349° W

Tour 14
Rund um den Kalksteinfelsen Great Orme

2 Std.
6,3 km
mittelschwer

Der **Kalksteinfelsen Great Orme,** auf dem zahlreiche Schmetterlinge, Wildblumen und Vögel heimisch sind, bietet eine wunderschöne Aussicht auf das viktorianische Seebad Llandudno mit seinen zwei Stränden und bis hin zur Insel Anglesey. Der Name Orme (Schlange) geht auf die Wikinger zurück. Seit 1902 bringt die **Great Orme Tramway** Besucher auf den 209 Meter hohen Gipfel. Alternativ bietet sich eine Fahrt mit der etwas teureren Seilbahn *(cable car)* an.

Früher wurde in der Kupfermine auf halber Strecke zum Gipfel Kupfer abgebaut. Die **Great Orme Bronze Age Copper Mines** waren in der Bronzezeit die größten in Europa. Bronze wurde ebenfalls hergestellt. Zahlreiche Infotafeln verteilt über den Hügel geben Aufschluss über die Arbeiten in der Vergangenheit.

Die Tour führt von der Talstation der Great Orme Tramway durch das Happy Valley und vorbei an der Kirche des heiligen St. Tudno hinauf zum Gipfel.

Kupfermine und Schmetterlinge über Llandudno

Ausgangsort: Llandudno
Ausgangspunkt: Great Orme Tramway Station (53,32717° N, 3,83549° W; Church Walks, Llandudno, Conwy LL30 2HG); kostenlose Parkplätze in der Straße Church Walks (z.B. am Bron Orme Private Hotel etwa 150 Meter südwestlich); von den Bushaltestellen „Palladium (Stop B)“ (Nummer 19 Llandudno – Cwm Penmachno via Llanrwst, Betws-y-Coed, Nummer 25 Eglwysbach – Llandudno, Nummer 26 Great Orme – Great Orme, Nummer 75 Llandudno – Llanfairfechan via Conwy, Penmaenmawr, Nummer X1 Blaenau Ffestiniog – Llandudno und Nummer X19 Blaenau Ffestinog – Llandudno) und „Palladium (Stop C)“ (Nummer 5 Llandudno – Bangor, Nummer 12 Rhyl – Llandudno, Nummer 13 Llandudno – Prestatyn, Nummer 14 Conwy – Llysfaen, Nummer 15 Conwy – Llysfaen, Nummer 19 Llandudno – Cwm Penmachno via Llanrwst, Betws-y-Coed, Nummer 21 Colwyn Bay – Abergele via Betws-yn-Rhos, Rhyd-y-Foel, Nummer X5 Bangor – Llandudno und Nummer X19 Blaenau Ffesti-

nog – Llandudno) rechts abbiegen in die Bod-Hyfryd Road und dann ca. 300 nordwestlich geradeaus zum Ausgangspunkt
Höhenunterschied: 220 Meter
Gesamtzeit: 2 Stunden
Länge: 6,3 Kilometer
Schwierigkeit: mittelschwer
Karte: OS Explorer OL17, OS Landranger 115
Anforderungen: Wanderung auf meist deutlichen Wegen, weitestgehend markiert, teilweise steile Anstiege, Ausdauer erforderlich
Einkehr: Parisella's Cafeteria im Happy Valley, The Captains Table Cafe, Randolph Turpin Bar und Pub und Café im Great Orme Summit Complex auf dem Gipfel, Haulfre Tea Rooms in den Haulfre Gardens, The Kings Head oberhalb der Great Orme Tramway Station
Tipp: Kupfermine besichtigen und mit der Great Orme Tramway und/oder der Llandudno Cable Car (Seilbahn) fahren
Kombinationsmöglichkeit: Tour 6 (ca. 30 Kilometer), Tour 8 (ca. 25 Kilometer), Tour 9 (ca. 25 Kilometer), Tour 13 (Llandudno), Tour 15 (Llandudno), Tour 16 (ca. 8 Kilometer), Tour 17 (ca. 20 Kilometer)

Auf dem Gipfel des Great Orme

058wa cs

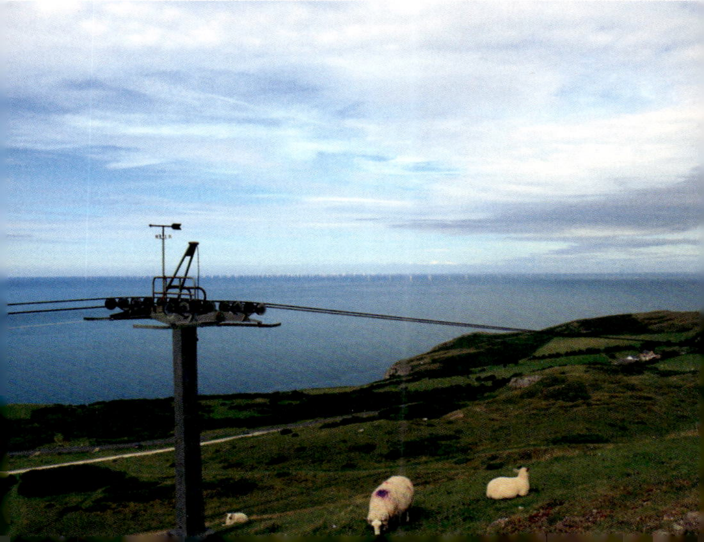

Tour 14

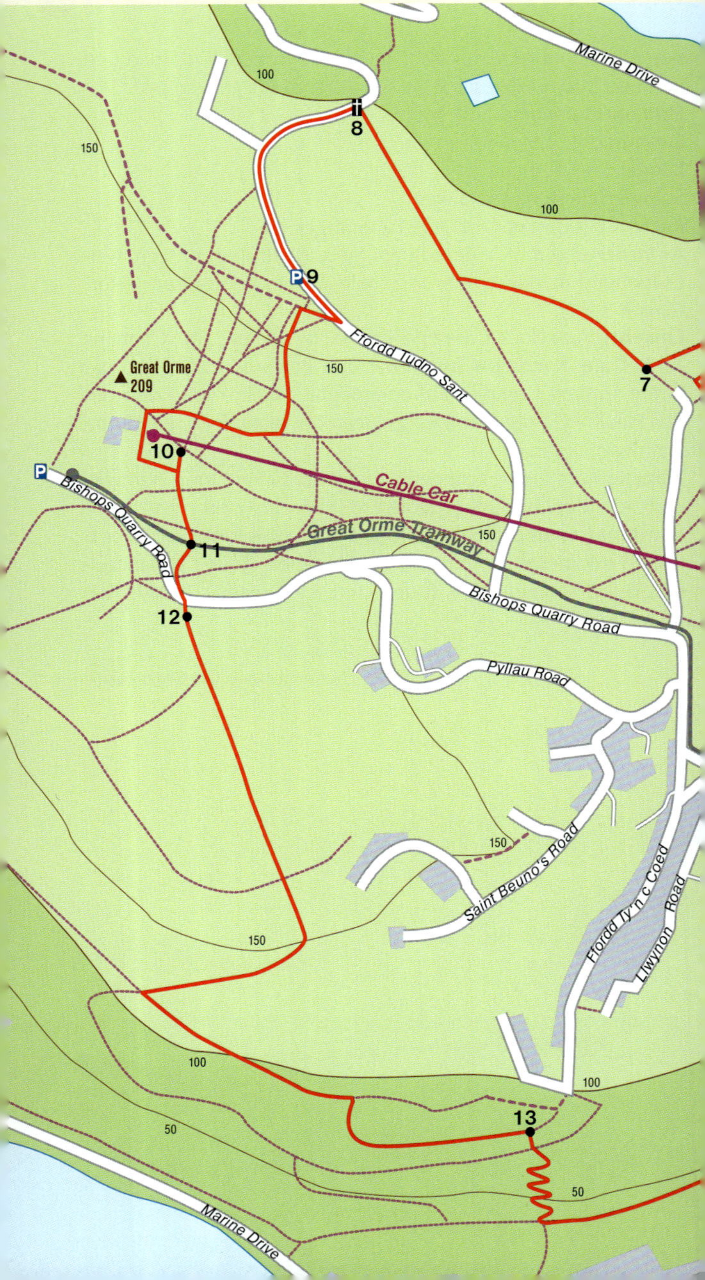

Marine Drive
100
8
150
100
P 9
Ffordd Tudno Sant
150
Great Orme
209
7
10
P
Bishops Quarry Road
Cable Car
Great Orme Tramway
150
11
Bishops Quarry Road
12
Pyllau Road
150
Saint Beuno's Road
Ffordd Ty'n'c Coed
Llwynon Road
150
100
100
13
50
50
Marine Drive

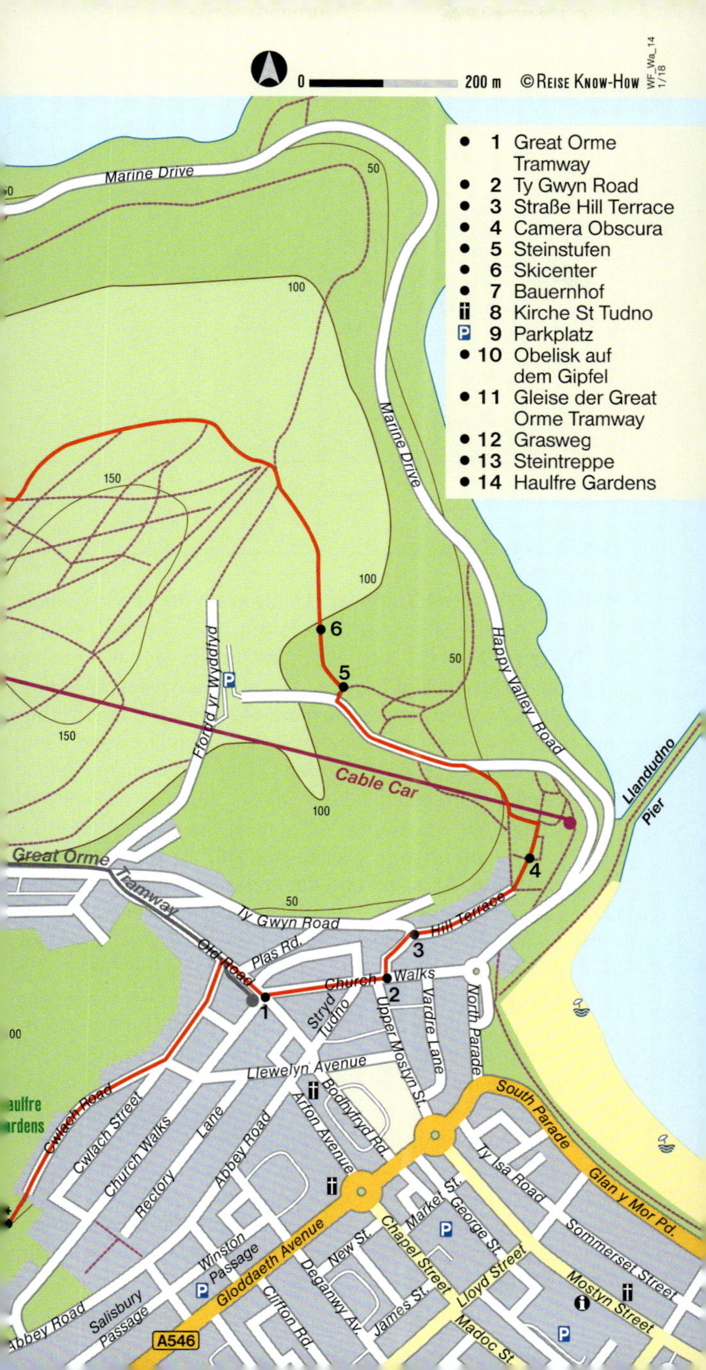
0 200 m
©Reise Know-How
WF_Wa_14 1/18
1 Great Orme Tramway
2 Ty Gwyn Road
3 Straße Hill Terrace
4 Camera Obscura
5 Steinstufen
6 Skicenter
7 Bauernhof
8 Kirche St Tudno
9 Parkplatz
10 Obelisk auf dem Gipfel
11 Gleise der Great Orme Tramway
12 Grasweg
13 Steintreppe
14 Haulfre Gardens
Marine Drive
Happy Valley Road
Ffordd yr Wyddfyd
Cable Car
Llandudno Pier
Great Orme Tramway
Ty Gwyn Road
Hill Terrace
Old Road
Plas Rd.
Church Walks
Stryd Tudno
Upper Mostyn St.
Vardre Lane
North Parade
Llewelyn Avenue
South Parade
Glan y Mor Pd.
Cwlach Road
Cwlach Street
Church Walks
Rectory Lane
Abbey Road
Arfon Avenue
Bodhyfryd Rd.
Ty Isa Road
Sommerset Street
Mostyn Street
Gloddaeth Avenue
A546
Winston Passage
Salisbury Passage
Clifton Rd.
Deganwy Av.
New St.
Chapel Street
Market St.
George St.
Lloyd Street
James St.
Madoc St.

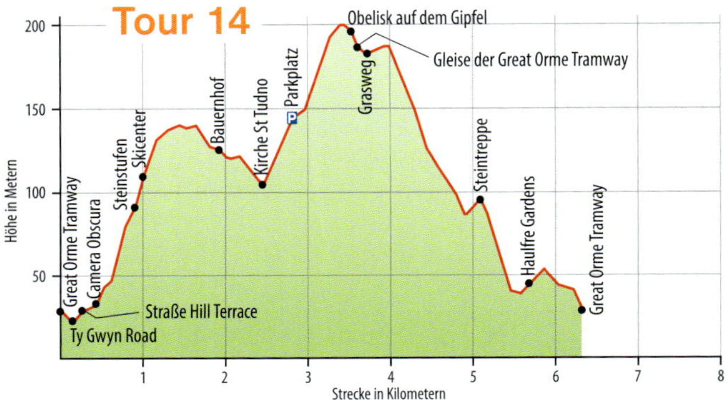

Wegbeschreibung

Von der **Great Orme Tramway (1)** folgen wir der Straße Church Walks knapp 200 Meter nach Nordosten, bevor wir nach links in die **Ty Gwyn Road (2)** abbiegen. Dann gehen wir gleich rechts weiter in die **Straße Hill Terrace (3)** und etwas weiter die Stufen nach oben. An der **Camera Obscura (4)** laufen wir links vorbei und noch oberhalb der Seilbahn-Station nach links und dann rechts in einen schmalen Pfad oberhalb der Cafeteria mit einem Geländer auf der rechten Seite. Wir erreichen eine asphaltierte Straße am Rande des Happy Valley und folgen dieser für etwa 200 Meter. Dann gehen wir rechts und kurz darauf schräg links die **Steinstufen (5)** hinauf und durch das Schwingtor Richtung I'r Copa/To Summit. Bis hier ist es knapp ein Kilometer.

Die Stufen führen am **Skicenter (6)** vorbei. Wir wandern auf dem unbefestigten Pfad weiter nach oben Richtung Gipfel und erreichen weitere Stufen. Am Wegweiser folgen wir weiter der Wegmarke zum Gipfel und halten uns rechts Richtung St Tudno's Church/Eglwys Tudno Sant. Auf dem Grasweg folgen wir stets den Wegmarken zum Gipfel. Kurz nach einem Schwingtor aus Holz gehen wir rechts durch ein weiteres Schwingtor und folgen dem Fußweg (gelber Pfeil auf grünem Hintergrund), dann links und wieder links. Nach dem Schwinggatter gehen wir vor dem **Bauernhof (7)** rechts und durch ein weiteres Schwingtor weiter zum Gipfel. Der schmale, von Bäumen und Sträuchern umgebene Schotterpfad führt durch ein weiteres Schwingtor zur **Kirche St Tudno (8)**, die wir nach 2,5 Kilometern erreichen.

Hier lohnt sich ein kleiner Abstecher, bevor wir links hoch auf die Straße einbiegen und weiter dem Wegweiser zum Gipfel folgen. Wir wandern auf der Straße durch eine Linkskurve bis zum **Parkplatz (9)** auf der rechten Seite und biegen dahinter scharf rechts ab. An dieser Stelle führen mehrere kleine Pfade auf den bereits sichtbaren Gipfel. Je nach Können kann man etwas weitläufiger nach oben gehen und der Wegmarke zum Gipfel folgen oder auf direktem Weg steil nach oben wandern. Nach 3,5 Kilometern bietet sich uns am **Obelisk (10) oben auf dem Gipfel** eine tolle Panoramaaussicht.

Im Anschluss steigen wir den Gipfel in südliche Richtung hinab, kreuzen dabei die **Gleise der Great Orme Tramway (11)** sowie die Autostraße. Dahinter gehen wir weiter geradeaus in einen **Grasweg (12)** und folgen von nun an den Wegmarken (To Town) zurück nach Llandudno. Dabei genießen wir einen schönen Ausblick auf die Westküste und bis nach Conwy. Nach einer Abzweigung nach rechts laufen wir etwa 250 Meter weiter nach links und erreichen nach etwas mehr als 5 Kilometern eine **Steintreppe (13),** die im Zickzack hinunter auf einen schmalen Asphaltweg führt. Dort gehen wir nach links und durch die **Haulfre Gardens (14)** bis zur Kreuzung mit der Tramlinie. Wir biegen rechts ab und laufen die Straße hinunter bis zum Ausgangspunkt der Wanderung an der **Great Orme Tramway (1).**

1	**Great Orme Tramway**	53,32717° N, 3,83549° W
2	**Ty Gwyn Road**	53,32747° N, 3,83299° W
3	**Straße Hill Terrace**	53,32788° N, 3,83229° W
4	**Camera Obscura**	53,32881° N, 3,82999° W
5	**Steinstufen**	53,33097° N, 3,83385° W
6	**Skicenter**	53,33161° N, 3,83435° W
7	**Bauernhof**	53,33361° N, 3,84276° W
8	**Kirche St Tudno**	53,33669° N, 3,84873° W
9	**Parkplatz**	53,33479° N, 3,85008° W
10	**Obelisk auf dem Gipfel**	53,33255° N, 3,85235° W
11	**Gleise der Great Orme Tramway**	53,33150° N, 3,85219° W
12	**Grasweg**	53,33063° N, 3,85228° W
13	**Steintreppe**	53,32451° N, 3,84521° W
14	**Haulfre Gardens**	53,32408° N, 3,84122° W

Tour 15
Vom Llandudno Pier nach Conwy

3½ Std.
13,3 km
mittelschwer

Llandudno trägt seit 1864 den Titel „Queen of Welsh Resorts". Das größte Seebad in Wales liegt am Fuß des Kalksteinfelsens Great Orme und umfasst zwei Sandstrände. Mit einer Länge von 700 Metern ist zudem das **Llandudno Pier** das längste des Landes und das fünftlängste in Wales und England.

Diese Küstenwanderung führt vom Pier einmal entlang des Marine Drive um den Great Orme herum bis ins benachbarte Conwy mit seiner imposanten Burg. Auf dem 6,5 Kilometer langen **Marine Drive** kann man die spektakulären Blicke auf die Küste auch vom Auto aus genießen. Die mautpflichtige Straße führt gegen den Uhrzeigersinn von der Nord- zur Westküste Llandudnos. Die 2,50 Pfund (etwa 2,80 Euro) berechtigen auch zum Parken – einschließlich auf dem Gipfel des Great Orme. Eine gemütliche Alternative zur Wanderung dieser Etappe auf dem Wales Coast Path.

059wa cs

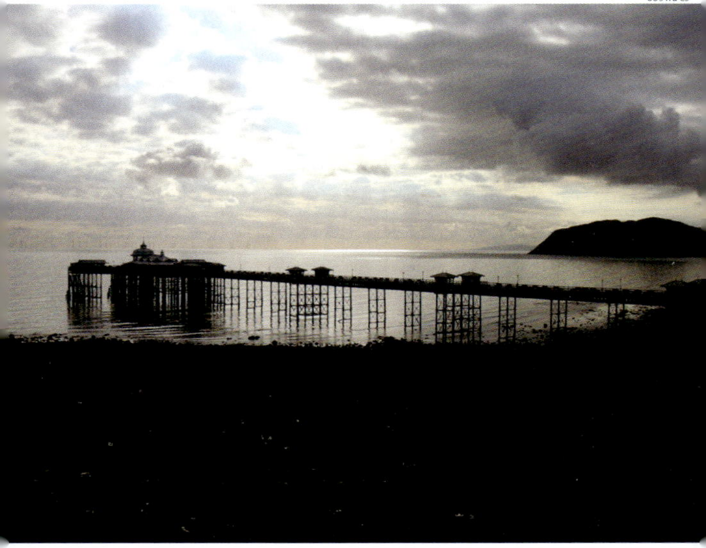

An der Küste auf dem spektakulären Marine Drive

Ausgangsort: Llandudno
Ausgangspunkt: Llandudno Pier (53,32720° N, 3,83069° W; Pier Entrance, North Parade, Llandudno, Conwy LL30 2LP); kostenpflichtige Parkplätze unter anderem im Happy Valley Car Park (Happy Valley Road, Llandudno, Conwy LL30) etwa 300 Meter nordöstlich (Parkplätze siehe auch Tour 13 und Tour 14); Von den Bushaltestellen „Palladium (Stop B)" (Nummer 19 Llandudno – Cwm Penmachno via Llanrwst, Betws-y-Coed, Nummer 25 Eglwysbach – Llandudno, Nummer 26 Great Orme – Great Orme, Nummer 75 Llandudno – Llanfairfechan via Conwy, Penmaenmawr, Nummer X1 Blaenau Ffestiniog – Llandudno und Nummer X19 Blaenau Ffestinog – Llandudno) und „Palladium (Stop C)" (Nummer 5 Llandudno – Bangor, Nummer 12 Rhyl – Llandudno, Nummer 13 Llandudno – Prestatyn, Nummer 14 Conwy – Llysfaen, Nummer 15 Conwy – Llysfaen, Nummer 19 Llandudno – Cwm Penmachno via Llanrwst, Betws-y-Coed, Nummer 21 Colwyn Bay – Abergele via Betws-yn-Rhos, Rhyd-y-Foel, Nummer X5 Bangor – Llandudno und Nummer X19 Blaenau Ffestinog – Llandudno) ca. 350 Meter nordöstlich Richtung Promenade zum Ausgangspunkt
Höhenunterschied: 160 Meter
Gesamtzeit: 3½ Stunden
Länge: 13,3 Kilometer
Schwierigkeit: mittelschwer
Karte: OS Explorer OL17, OS Landranger 115
Anforderungen: Wanderung auf deutlichen Wegen, weitestgehend markiert, am Anfang stetig bergauf, Ausdauer erforderlich
Einkehr: Burgerrestaurant Pier Grill am Ausgangspunkt am Llandudno Pier, weitere Einkehrmöglichkeiten auf dem Pier, Coffee Shop Rest & Be Thankful am Marine Drive, The Lilly an der Westküste von Llandudno in der Straße West Parade, West Shore Beach Cafe am Strand an der Westküste, einige Einkehrmöglichkeiten in der Station Road in Deganwy gegenüber des Bahnhofs, zahlreiche Einkehrmöglichkeiten in der Altstadt von Conwy (z.B. das Tower Coffee House oder der Pub George & Dragon)
Tipp: Llandudno Pier besichtigen

Llandudno Pier

Tour 15

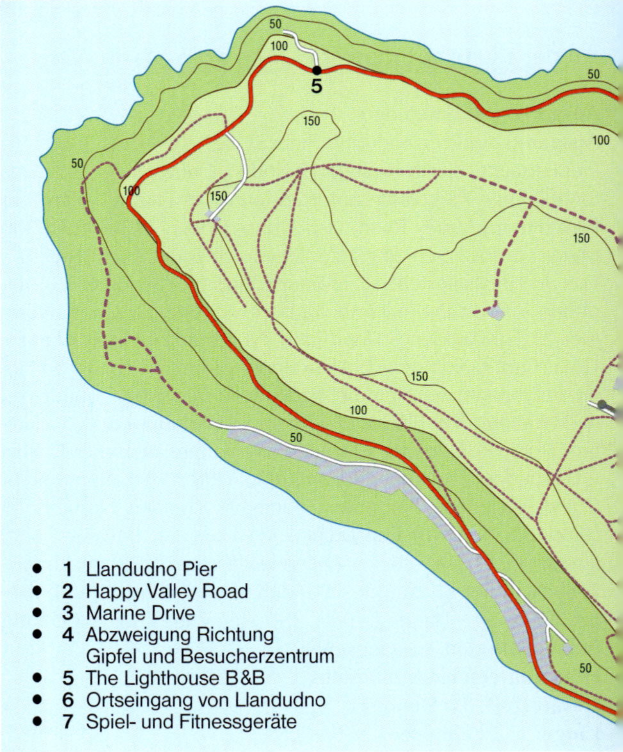

Kombinationsmöglichkeit: Tour 6 (ca. 30 Kilometer), Tour 8 (ca. 25 Kilometer), Tour 9 (ca. 25 Kilometer), Tour 13 (Llandudno), Tour 14 (Llandudno), Tour 16 (ca. 8 Kilometer), Tour 17 (ca. 20 Kilometer)

Wegbeschreibung

Am **Llandudno Pier (1)** an der Promenade starten wir unsere Küstenwanderung auf dem Wales Coast Path in Richtung Norden und biegen rechts ab in die Straße North Parade, die kurz vor einem weiteren Eingang zum Llandudno Pier in die **Happy Valley Road (2)** übergeht. Wir lassen das Pier auf unserer rechten Seite hinter uns und gehen an einem Parkplatz vorbei. Nach

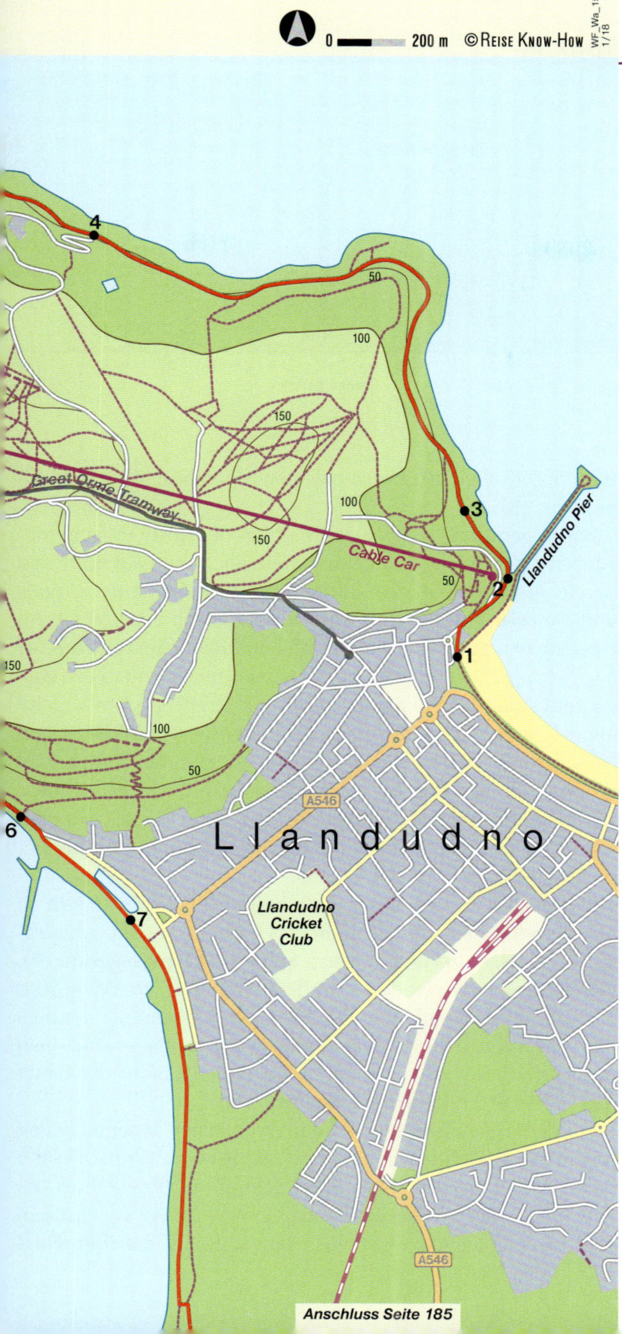

Anschluss Seite 185

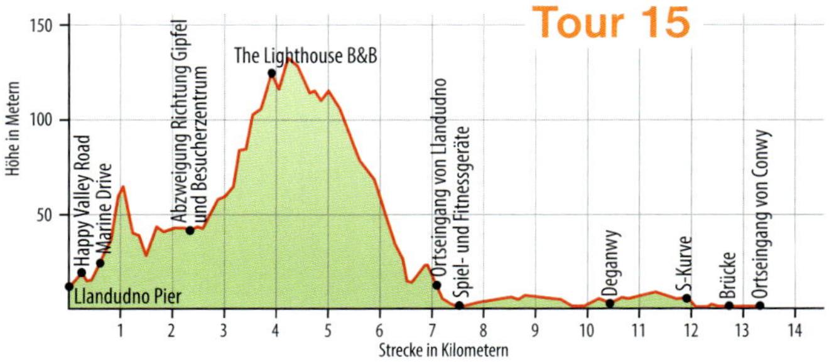

etwa 500 Metern beginnt am kleinen Mauthäuschen der **Marine Drive (3).**

Wir folgen dem Wales Coast Path an der Küste entlang, der zunächst durch langgezogene Kurven leicht bergauf führt und bereits erste spektakuläre Blicke auf das Meer rechts von uns und die Felsen des Great Orme auf der linken Seite bietet. An einer **Abzweigung Richtung Gipfel und Besucherzentrum (4)** nach knapp 2,5 Kilometern halten wir uns rechts und folgen weiter dem Wales Coast Path am Marine Drive entlang. Etwa 1,5 Kilometer später kommen wir am **The Lighthouse B&B (5)** und wenige Meter später an einem Coffee Shop vorbei. Kurz darauf eröffnet sich uns eine erste Aussicht auf die Bucht von Conwy. Wir folgen weiter dem Wales Coast Path, nun bergab, auf dem Marine Drive bis zum **Ortseingang von Llandudno (6).** Bis hier sind es etwas mehr als 7 Kilometer.

Dort halten wir uns an der Gabelung rechts und wandern an der Strandpromenade weiter. Rechts vorbei an einem angelegten Teich folgen dahinter diverse **Spiel- und Fitnessgeräte (7).** Wir gehen weiter geradeaus am Strand entlang. Der Weg wird nun schmaler und folgt dem Radweg mit der Nummer 5 auf einem schmalen, unbefestigten und teilweise sandigen Pfad. Bald passieren wir den Conway Yacht Club und erreichen kurz darauf nach etwa 10,5 Kilometern **Deganwy (8).**

Vor dem Bahnübergang und den öffentlichen Toiletten gehen wir rechts und folgen weiter dem Wales Coast Path parallel zur Bahnlinie auf unserer linken Seite. Schräg rechts sehen wir bereits das immer größer werdende Conwy Castle. Vor der nun bald vor uns liegenden Straße Conway Road über den Fluss

Tour 15

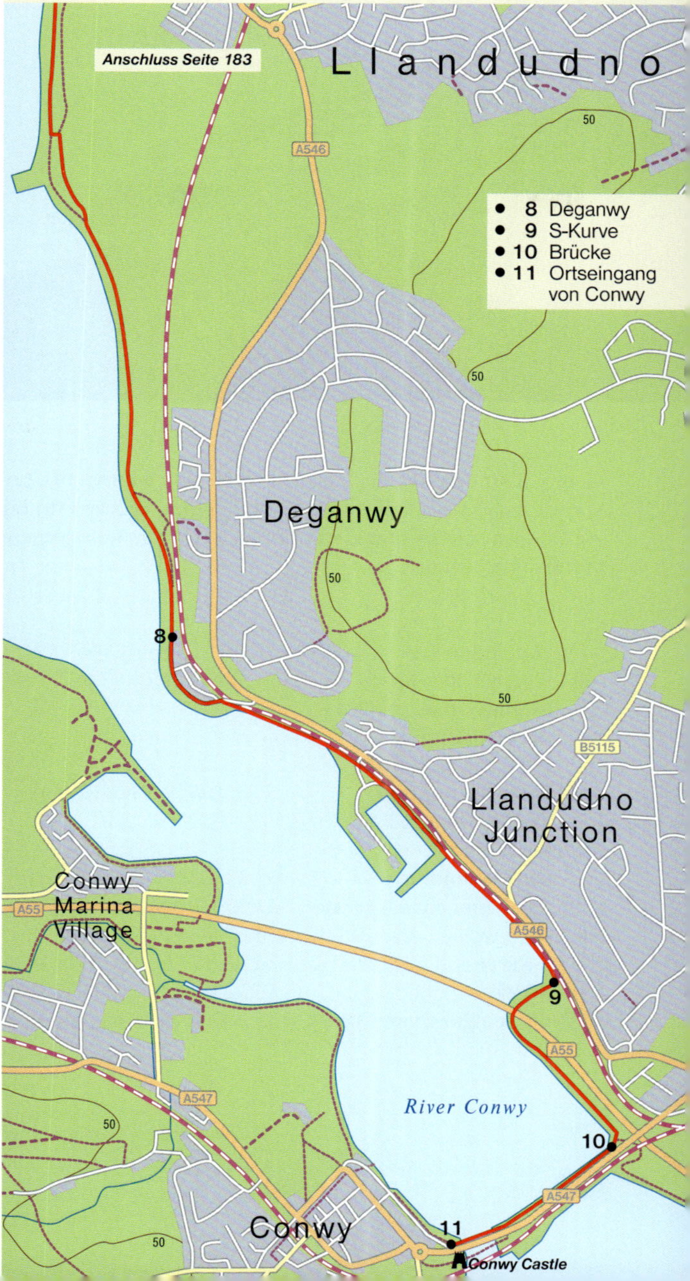

0 200 m
©Reise Know-How
WF_Wa_15b 1/18
Anschluss Seite 183
Llandudno
A546
• 8 Deganwy
• 9 S-Kurve
• 10 Brücke
• 11 Ortseingang von Conwy
50
Deganwy
8
B5115
Llandudno Junction
Conwy Marina Village
A55
9
River Conwy
A547
10
11
Conwy
Conwy Castle

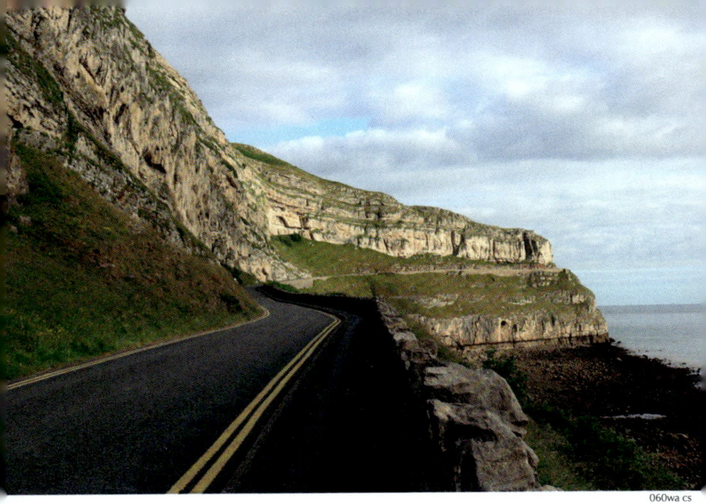
060wa cs

Conwy führt der Weg noch einmal durch eine **S-Kurve (9),** bevor wir rechts dem Wales Coast Path über die **Brücke (10)** bis zur Burg am **Ortseingang von Conwy (11)** folgen und unsere Wanderung beenden.

1	**Llandudno Pier**	53,32720° N, 3,83069° W
2	**Happy Valley Road**	53,32832° N, 3,82941° W
3	**Marine Drive**	53,33120° N, 3,83047° W
4	**Abzweigung Richtung Gipfel und Besucherzentrum**	53,33815° N, 3,84677° W
5	**The Lighthouse B&B**	53,34112° N, 3,86723° W
6	**Ortseingang von Llandudno**	53,32302° N, 3,85041° W
7	**Spiel- und Fitnessgeräte**	53,32010° N, 3,84527° W
8	**Deganwy**	53,29675° N, 3,83762° W
9	**S-Kurve**	53,28767° N, 3,82030° W
10	**Brücke**	53,28327° N, 3,81773° W
11	**Ortseingang von Conwy**	53,28060° N, 3,82486° W

Marine Drive

Tour 16
Vom Conwy Castle nach Llanfairfechan

3½ Std.
14,3 km
mittelschwer

Diese **Küstenwanderung** führt auf dem Wales Coast Path von der Burg in Conwy vorbei am beschaulichen Penmaenmawr nach **Llanfairfechan,** einer beliebten Anlaufstelle für Vogelbeobachtungen.

Conwy Castle, seit 1986 UNESCO-Welterbe, dominiert auch heute noch die Stadt. Die ab 1284 in nur viereinhalb Jahren von König Edward I. errichtete Festung ist ein beeindruckendes Beispiel mittelalterlicher Militärarchitektur und Symbol der englischen Herrschaft über Wales. Seit dem Bürgerkrieg im 17. Jahrhundert wurde sie nicht mehr genutzt. Zu einem Besuch gehört auch ein Spaziergang auf der gut erhaltenen Stadtmauer, die mit ihren 21 Türmen und 3 Toren rund um die Altstadt zu den besten in Europa zählt.

Bei **Penmaenmawr** lohnt zudem ein Abstecher zum vorgeschichtlichen Kreis aus der Zeit etwa 3000 v. Chr. mit etwa 30 Steinen.

062wa cs

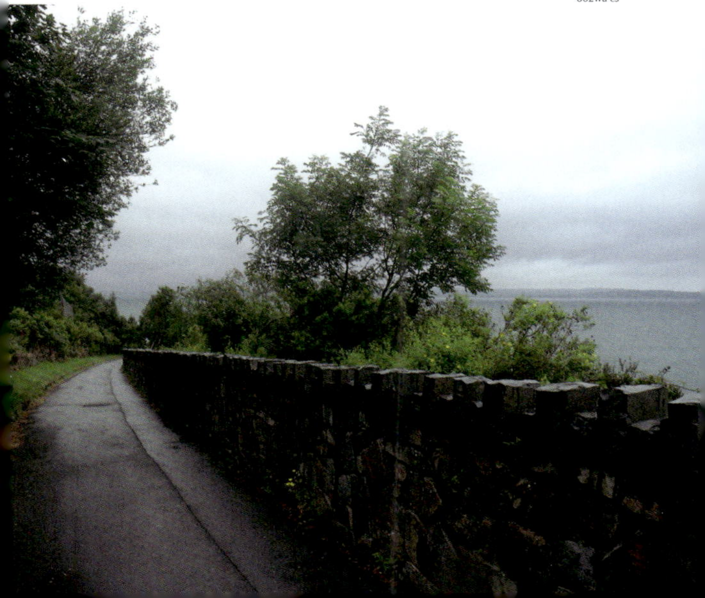

Zeitreise mit Küstenwanderung

Ausgangsort: Conwy
Ausgangspunkt: Kostenpflichtiger Parkplatz Vicarage Gardens Car Park (53,28024° N, 3,82791° W; Rose Hill Street, Conwy, Conwy LL32 8LD) am Conwy Castle (Conway Road, Conwy, Conwy LL32 8BD) gegenüber der Touristeninformation; von der Bushaltestelle „Castle Square (Stop R)" (Nummer 5 Llandudno – Bangor, Nummer 14 Conwy – Llysfaen, Nummer 15 Conwy – Llysfaen, Nummer 19 Llandudno – Cwm Penmachno via Llanrwst, Betws-y-Coed, Nummer 27 Old Colwyn – Conwy, Nummer 75 Llandudno – Llanfairfechan via Conwy, Penmaenmawr, Nummer 77 Rowen – Conwy, Nummer A55 Llandudno – Caernafon und Nummer X5 Bangor – Llandudno) wenige Meter südwestlich, dann rechts abbiegen in die Rose Hill Street und ca. 50 Meter zum Ausgangspunkt oder von der Bushaltestelle „Railway Station (Stop M)" (Buslinien siehe Bushaltestelle „Castle Square (Stop R)") auf der Rose Hill Street ca. 150 Meter östlich zum Ausgangspunkt
Höhenunterschied: 120 Meter
Gesamtzeit: 3½ Stunden

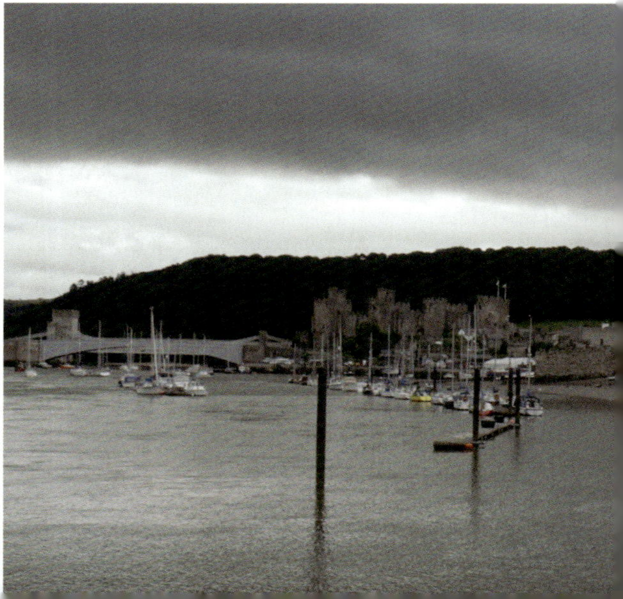

Länge: 14,3 Kilometer
Schwierigkeit: mittelschwer
Karte: OS Explorer OL17, OS Landranger 115
Anforderungen: Wanderung auf weitestgehend deutlichen Wegen, weitestgehend markiert, Ausdauer erforderlich
Einkehr: Liverpool Arms am Hafen von Conwy, zahlreiche Einkehrmöglichkeiten in der Altstadt von Conwy, The Beach Cafe am Strand von Penmaenmawar, The Village Inn in Llanfairfechan in der Penmaenmawr Road vor der Kreuzung zur Station Road, weitere Einkehrmöglichkeiten in der Station Road, Beach Pavilion Cafe an der Promenade von Llanfairfechan
Tipp: Conwy Castle und Steinkreis von Penmaenmawr besichtigen
Kombinationsmöglichkeit: Tour 6 (ca. 25 Kilometer), Tour 8 (ca. 15 Kilometer), Tour 9 (ca. 15 Kilometer), Tour 13 (ca. 8 Kilometer), Tour 14 (ca. 8 Kilometer), Tour 15 (ca. 8 Kilometer), Tour 17 (ca. 10 Kilometer)

Blick auf Conwy

061wa cs

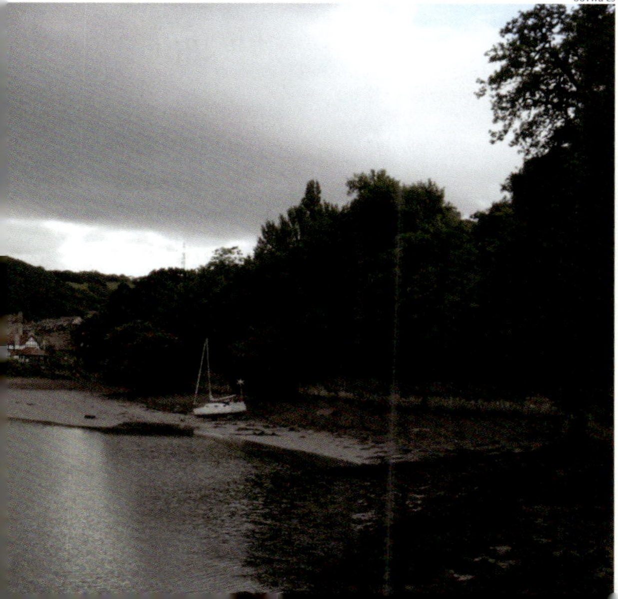

Wegbeschreibung

Vom **Parkplatz am Conwy Castle (1)** gehen wir nach rechts und folgen der Rose Hill Street für etwa 100 Meter nach Osten. Dann überqueren wir die Castle Street, halten uns rechts und laufen links am Conwy Castle vorbei bis zur **Conway Road Bridge (2).** Dort folgen wir dem Wales Coast Path nach links die Straße hinunter zum kleinen **Hafen (3).** Wenige Meter weiter sehen wir auf der linken Seite das kleinste Haus in Großbritannien. Wir wandern weiter durch eine kleine Unterführung der Stadtmauer und halten uns danach direkt rechts, um dem Wales Coast Path an der Küste entlang zu folgen. Auf dem asphaltierten Weg bietet sich uns eine tolle Aussicht auf die Bucht von Conwy.

Wir lassen das Conwy Castle hinter uns und folgen dem Weg an der Mauer entlang. Etwa 700 Meter weiter kommen wir nach einer langen Linkskurve am Eingang zum **Naturschutzgebiet**

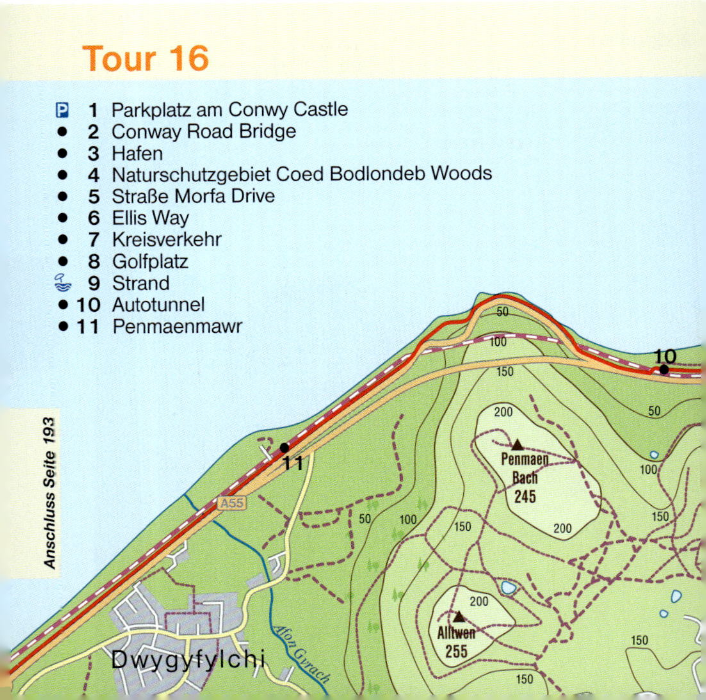

Coed Bodlondeb Woods (4) vorbei. Wir wandern weiter auf dem Wales Coast Path und biegen rechts in die **Straße Morfa Drive (5)** ab. Bis hier sind es etwas mehr als 1,5 Kilometer.

Dem Straßenverlauf folgen wir für etwa 300 Meter und überqueren dabei auf einer Brücke den North Wales Expressway. Im Anschluss biegen wir links in den **Ellis Way (6)** ab. Am folgenden **Kreisverkehr (7)** gehen wir geradeaus und wandern ein kurzes Stück auf dem Beacons Way. Vor der Rechtskurve gehen wir nach links und dann gleich wieder rechts über den **Golfplatz (8)** bis hinunter zum **Strand (9),** den wir nach rund 3 Kilometern erreichen.

Dort biegen wir links ab. Nach etwa 700 Metern kommen wir an einer Infotafel zu den Dünen von Morfa Conwy vorbei und gehen weiter auf dem asphaltierten Weg. Vor dem **Autotunnel (10)** folgen wir der Brücke über die Bahnlinie, gehen weiter auf dem Wales Coast Path und überqueren die Bahnlinie kurz darauf erneut. Nach einer langgezogenen Linkskurve um den Hü-

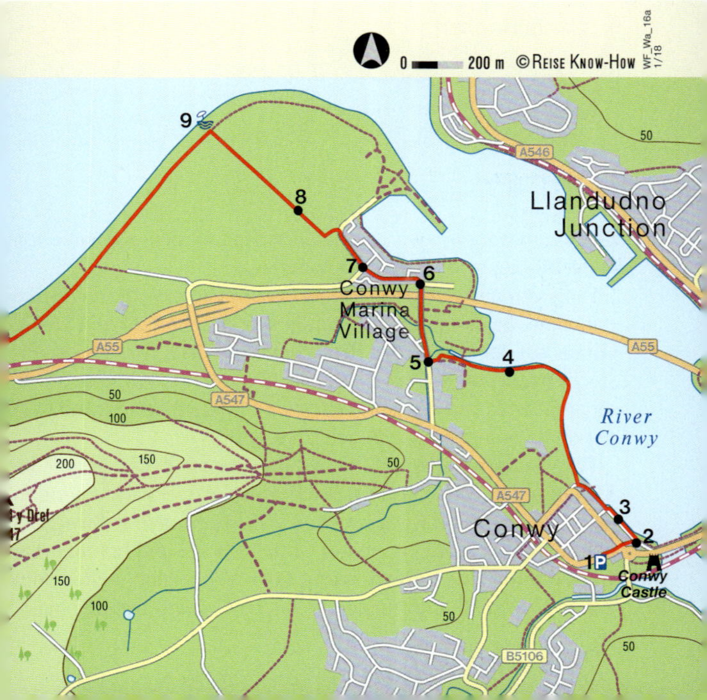

Tour 16

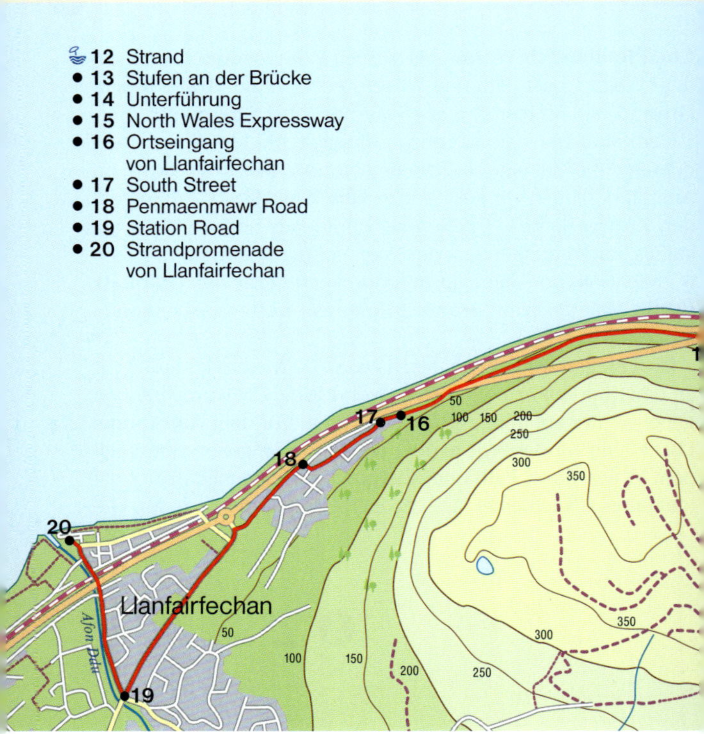

gel herum wandern wir geradeaus weiter auf dem asphaltierten Weg. Bis hier sind es etwa 6 Kilometer.

Links von uns verläuft der North Wales Expressway, rechts die Bahnlinie. Etwa eine halbe Stunde später sehen wir ein wenig voraus auf der linken Seite **Penmaenmawr (11),** wo sich ein Abstecher zum vorgeschichtlichen Steinkreis lohnt. Wir gehen weiter geradeaus und erreichen nach 9 Kilometern den **Strand (12)** mit dem Penmaenmawr Beach Cafe.

Wir wandern weiter auf dem Wales Coast Path und gehen die **Stufen an der Brücke (13)** nach oben. Am darauffolgenden Kreisverkehr halten wir uns rechts und folgen dem Fußweg. An der nächsten Gabelung gehen wir links hoch und nehmen die Treppe unter der **Unterführung (14).** Wir folgen weiter dem Wales Coast Path und steigen rechts erneut eine Treppe hinauf.

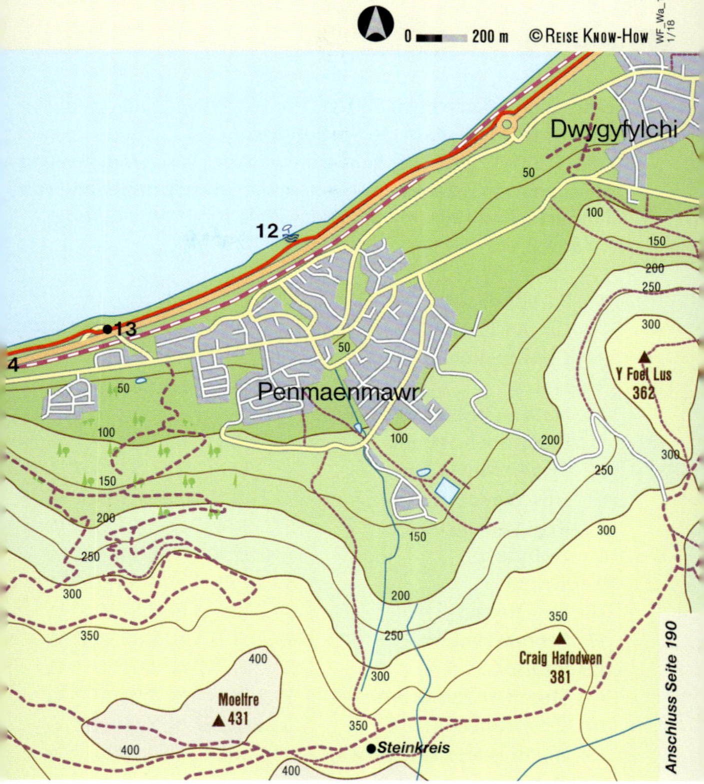

Oben biegen wir rechts ab, überqueren die Straße und folgen schräg links dem asphaltierten Weg Richtung Llanfairfechan und Bangor auf die Brücke. Wir überqueren den **North Wales Expressway (15)** und gehen links weiter nach oben. Oberhalb der Autostraße haben wir eine schöne Aussicht aufs Meer. Wir wandern auf dem Höhenweg, bis dieser nach insgesamt nun knapp 12 Kilometern am **Ortseingang von Llanfairfechan (16)** in die Straße Mona Terrace mündet.

Auf dem Wales Coast Path halten wir uns geradeaus, vorbei an einer Abzweigung nach links, und gehen im Anschluss an der Gabelung links hoch in die **South Street (17).** Nach etwa 300 Metern biegen wir an der zweiten Gelegenheit rechts ab und dann kurz darauf links in die **Penmaenmawr Road (18).** Dieser Straße folgen wir für 300 Meter, ehe wir an der T-Kreuzung links weitergehen. Nach etwa 800 Metern biegen wir hinter dem The Village Inn rechts ab in die **Station Road (19)** Richtung Promenade. Parallel zum Fluss Afon Ddu wandern wir geradeaus und erreichen nach weiteren 600 Metern die **Strandpromenade von Llanfairfechan (20)** und damit das Ziel unserer Wanderung.

1	**Parkplatz am Conwy Castle**	53,28024° N, 3,82791° W
2	**Conway Road Bridge**	53,28063° N, 3,82505° W
3	**Hafen**	53,28167° N, 3,82725° W
4	**Naturschutzgebiet Coed Bodlondeb Woods**	53,28683° N, 3,83377° W
5	**Straße Morfa Drive**	53,28744° N, 3,83844° W
6	**Ellis Way**	53,28994° N, 3,83890° W
7	**Kreisverkehr**	53,29045° N, 3,84217° W
8	**Golfplatz**	53,29270° N, 3,84653° W
9	**Strand**	53,29535° N, 3,85135° W
10	**Autotunnel**	53,28699° N, 3,87104° W
11	**Penmaenmawr**	53,28391° N, 3,89355° W
12	**Strand**	53,27158° N, 3,92291° W
13	**Stufen an der Brücke**	53,26849° N, 3,93407° W
14	**Unterführung**	53,26720° N, 3,94131° W
15	**North Wales Expressway**	53,26664° N, 3,94311° W
16	**Ortseingang von Llanfairfechan**	53,26385° N, 3,96225° W
17	**South Street**	53,26361° N, 3,96320° W
18	**Penmaenmawr Road**	53,26218° N, 3,96779° W
19	**Station Road**	53,25395° N, 3,97843° W
20	**Strandpromenade von Llanfairfechan**	53,25938° N, 3,98158° W

Am Strand von Llanfairfechan

Tour 17
Vögel beobachten in Llanfairfechan

1 Std.
4 km
leicht

Llanfairfechan ist einer der besten Orte für Vogelbeobachtungen im Norden von Wales. Hier kann man gut und gerne mehrere Stunden verbringen und dabei eine Vielzahl an unterschiedlichen Arten entdecken. Die weiten Salzwiesen in den Naturschutzgebieten **Traeth Trafan**, **Glan y Môr Elias** und **Morfa Madryn** sind Heimat für die größte Population an Haubentauchern in Großbritannien sowie unter anderem auch für Austernfischer, Mittelsäger oder Schellenten.

Die leichte **Rundwanderung** an der Küste beginnt an der etwas mehr als einen Kilometer langen Promenade des kleinen viktorianischen Küstenresorts Llanfairfechan, die herrliche Blicke hinüber zur Meerenge Menai Strait und zur Insel Anglesey bietet. Von dort führt die Tour direkt ins Naturschutzgebiet.

063wa cs

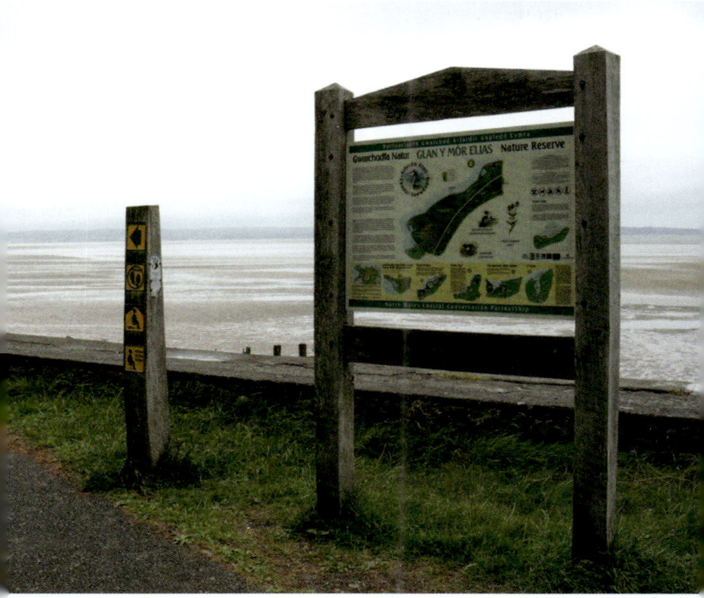

Die größte Population an Haubentauchern

Ausgangsort: Llanfairfechan
Ausgangspunkt: Kostenloser Parkplatz am Beach Pavilion Cafe (53,25949° N, 3,98161° W; Promenade, Llanfairfechan, Conwy LL33 0BY); Bushaltestelle „Beach Pavilion" (Nummer 75 Llandudno – Llanfairfechan via Conwy, Penmaenmawr) am Ausgangspunkt oder von der Bushaltestelle „Bont Newydd" (Nummer 5 Llandudno – Bangor, Nummer A55 Llandudno – Caernafon und Nummer X5 Bangor – Llandudno) in der Aber Road links abbiegen in die Station Road und dann ca. 600 Meter geradeaus zum Ausgangspunkt
Höhenunterschied: 10 Meter
Gesamtzeit: 1 Stunde
Länge: 4 Kilometer
Schwierigkeit: leicht
Karte: OS Explorer OL17, OS Landranger 115
Anforderungen: Wanderung auf deutlichen Wegen, weitestgehend markiert

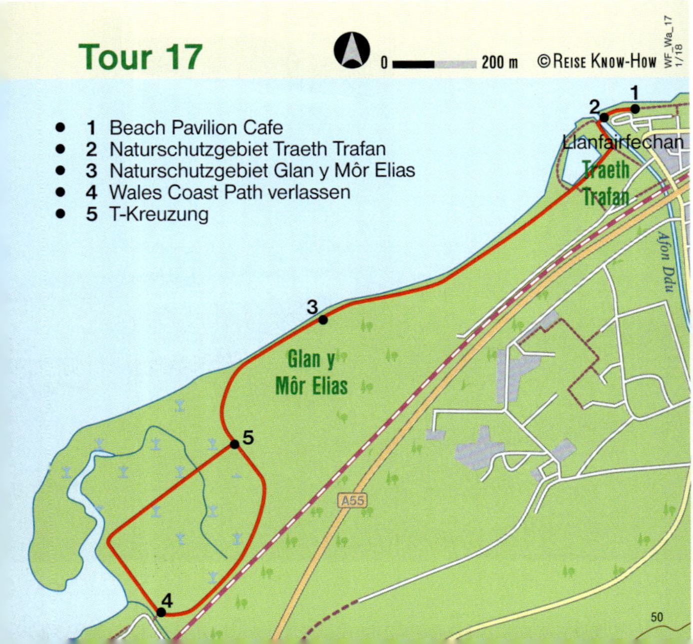

Einkehr: Beach Pavilion Cafe an der Promenade von Llanfairfechan
Tipp: Fernglas und viel Zeit mitbringen, um die Vögel zu beobachten
Kombinationsmöglichkeit: Tour 1 (ca. 35 Kilometer), Tour 4 (ca. 30 Kilometer), Tour 5 (ca. 25 Kilometer), Tour 6 (ca. 40 Kilometer), Tour 8 (ca. 1,5 Kilometer), Tour 9 (ca. 30 Kilometer), Tour 13 (ca. 20 Kilometer), Tour 14 (ca. 20 Kilometer), Tour 15 (ca. 20 Kilometer), Tour 16 (ca. 10 Kilometer), Tour 18 (ca. 30 Kilometer)

Wegbeschreibung

Vom **Beach Pavilion Cafe (1)** an der Strandpromenade von Llanfairfechan gehen wir links – dem Wales Coast Path in Richtung Bangor folgend – über eine kleine Brücke ins **Natur-**

Naturschutzgebiet Glan y Môr Elias

064wa cs

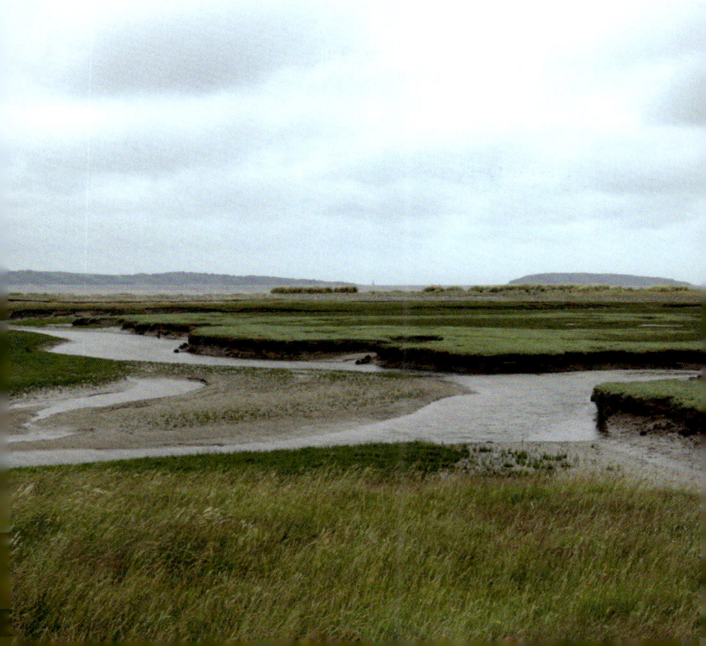

schutzgebiet Traeth Trafan (2). Dahinter wandern wir rechts am angelegten Teich vorbei und dann rechts weiter auf einem asphaltierten Weg an der Küste entlang. Bei Ebbe können wir parallel zum Asphaltweg wunderbar im Sand laufen. Nach etwa einem Kilometer durchqueren wir ein Schwinggatter und gehen weiter geradeaus ins **Naturschutzgebiet Glan y Môr Elias (3).**

Kurz darauf schwenkt der nun mit Gras bewachsene Weg etwa auf der Höhe einer Gedenkbank für Ellen und Bert Bennett nach links. An einer Abzweigung nach rechts laufen wir weiter geradeaus und folgen dem Wales Coast Path in eine langgezogene Rechtskurve. An der nächsten Gelegenheit wandern wir rechts weiter und **verlassen damit den Wales Coast Path (4).** Bis hier sind es etwa 2 Kilometer.

Nach einem kurzen Stück geradeaus schwenkt der Weg erneut nach rechts. Das Meer ist nun links von uns. An der **T-Kreuzung (5)** gehen wir nach links und befinden uns damit wieder auf dem Hinweg. Wir wandern an der Küste entlang zurück zur Promenade in Llanfairfechan.

1	**Beach Pavilion Cafe**	53,25949° N, 3,98161° W
2	**Naturschutzgebiet Traeth Trafan**	53,25948° N, 3,98274° W
3	**Naturschutzgebiet Glan y Môr Elias**	53,25515° N, 3,99319° W
4	**Wales Coast Path verlassen**	53,24903° N, 3,99861° W
5	**T-Kreuzung**	53,25268° N, 3,99593° W

Tour 18
Küste und Wiesen am Caernarfon Castle

2¼ Std.
7,5 km
leicht

Das **Caernarfon Castle** in der gleichnamigen Stadt ist die wohl schönste und majestätischste der Burgen des englischen Königs Edward I. im Norden von Wales. Die Festung mit den achteckigen Türmen, die einst als Symbol der Stärke galt und für die Herrschaft Englands über Wales stand, zählt seit 1986 zum UNESCO-Welterbe. Ebenso wie von Beaumaris Castle auf der Insel Anglesey konnte man von hier die Meerenge Menai Strait kontrollieren.

Die Machtansprüche der englischen Nachbarn gegenüber Wales stiegen nicht zuletzt durch die Geburt des Sohnes von Edward I., dem späteren Herrscher **Edward II.,** in der Burg von Caernarfon. 1301 verlieh er seinem Erstgeborenen und künftigen König Englands den Ehrentitel **„Prince of Wales"** (siehe Exkurs „Der ‚Prince of Wales'"). Damit bekam Wales zwar einen Prinzen, der auf walisischem Boden geboren wurde, die englische Sprache nicht beherrschte und dem walisischen Volk nie geschadet hat. Dennoch stieß dieses Vorgehen auf wenig Gegenliebe. Nicht umsonst bezeichnen auch heute noch viele Waliser Prinz Llywelin II. als Llywelin den Letzten. Die Krönung des aktuellen Titelträgers Prinz Charles kann man im nordöstlichen Turm nachvollziehen. Nicht auslassen sollte man zudem einen Spaziergang auf den Mauern, die die Türme miteinander verbinden und traumhafte Aussichten auf Stadt und Umgebung garantieren.

Diese Rundtour führt vom Caernarfon Castle über den Fluss Afon Seiont zum Wales Coast Path an der Küste, wo sich der schönste Blick auf die Burg bietet. Über Felder und Wiesen windet sich der Weg zurück nach Caernarfon.

Die wohl schönste Burg in Wales

Ausgangsort: Caernarfon
Ausgangspunkt: Haupteingang des Caernarfon Castle an der Nordseite der Burg (53,13967° N, 4,27686° W; Castle Ditch, Caernarfon, Gwynedd LL55 2AY); an der Südseite der Burg gibt es einen großen Parkplatz (Castle Hill, Caernarfon, Gwynedd

LL55); von der Bushaltestelle „Turf Square" (Nummer 1 Porthmadog – Caernarfon via Penygroes, Nummer 1A Nasareth – Caernarfon via Nebo, Nummer 2 Barmouth – Bangor via Oakeley Arms, Nummer 5B Bangor – Caernarfon, Nummer 5C Bangor – Caernarfon, Nummer 9 Caernarfon – Bangor via Ysbyty Gwynedd und Nummer 9A Caernarfon – Bangor via Tesco) ca. 150 Meter südlich, dann rechts abbiegen und ca. 150 Meter zum Ausgangspunkt
Höhenunterschied: 50 Meter
Gesamtzeit: 2¼ Stunden
Länge: 7,5 Kilometer
Schwierigkeit: leicht
Karte: OS Explorer OL17, OS Landranger 115
Anforderungen: Wanderung auf weitestgehend deutlichen Wegen, weitestgehend markiert, teilweise wegloses Gelände
Einkehr: Anglesey Arms an der Burg, The Black Boy Inn ca. 150 Meter nördlich der Burg in der Straße Stryd Pedwar a Chwech, weitere Einkehrmöglichkeiten in Caernarfon

Caernarfon Castle

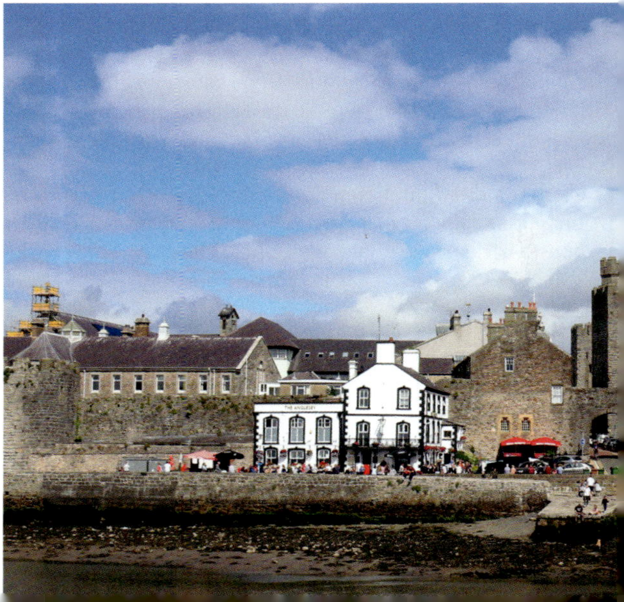

Tipp: Caernarfon Castle besichtigen
Kombinationsmöglichkeit: Tour 1 (ca. 30 Kilometer), Tour 4 (ca. 30 Kilometer), Tour 5 (ca. 15 Kilometer), Tour 6 (ca. 40 Kilometer), Tour 8 (ca. 25 Kilometer), Tour 10 (ca. 20 Kilometer), Tour 11 (ca. 25 Kilometer), Tour 12 (ca. 30 Kilometer), Tour 17 (ca. 30 Kilometer)

Wegbeschreibung

Vom **Haupteingang des Caernarfon Castle (1)** gehen wir auf der Straße Castle Ditch Richtung Westen und unter einer alten Steinmauer hindurch. Hinter der Mauer laufen wir links und dann rechts über die **Brücke Pont yr Aber (2).** Nachdem wir den Fluss Afon Seiont überquert haben, wandern wir rechts weiter und folgen dem Wales Coast Path an der Küste entlang. Hier lohnt sich ein Blick zurück ganz besonders. Die Aussicht auf die Burg von Caernarfon ist traumhaft. Auf dem asphaltierten Weg kommen wir schließlich am Caernarfon Golf Club vorbei, bevor wir nach etwas mehr als 2 Kilometern die Küste verlassen.

Wir biegen links ab durch das **Schwingtor (3)** und folgen dem Fußweg (public footpath, weißer Wanderer und gelber Pfeil auf

065wa cs

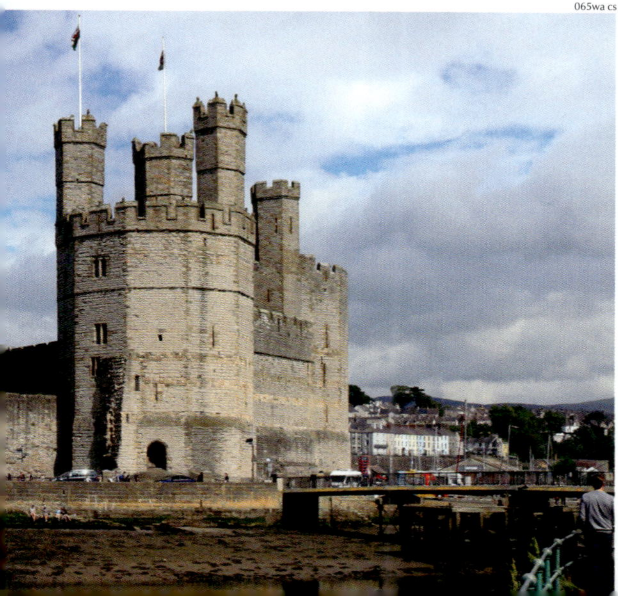

grünem Hintergrund). Wir wandern eine Weile geradeaus, kommen an einem Wohnhaus vorbei und gehen durch ein weiteres Schwingtor. Vor einem **Tor (4)** laufen wir rechts weiter auf einem auf beiden Seiten von Sträuchern umgebenen Weg, der uns zu einem **Bauernhof (5)** führt. Bis hier sind es 3 Kilometer.

Wir passieren das Schwingtor, gehen ein paar Meter über den Bauernhof und folgen schließlich dem Fußweg nach schräg links. Auf dem Weg wandern wir für weitere 500 Meter, passieren dabei ein Schwinggatter und biegen im Anschluss links ab in den **Fußweg Cefn Coed Uchaf (6).** Dem Fußweg folgen wir rechts vorbei an alten Steinhäusern. Hinter einem weiteren Schwingtor wandern wir über die Wiese einen sanften Hügel

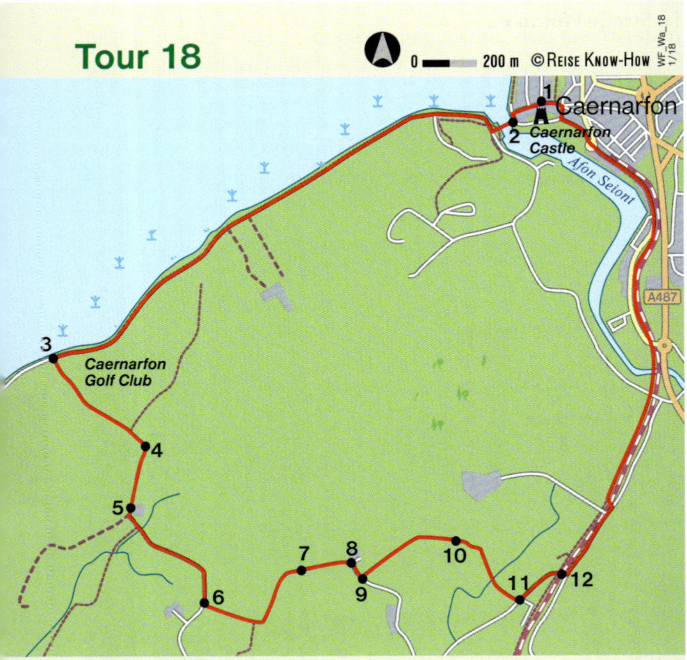

- **1** Haupteingang des Caernarfon Castle
- **2** Brücke Pont yr Aber
- **3** Schwingtor
- **4** Tor
- **5** Bauernhof
- **6** Fußweg Cefn Coed Uchaf
- **7** Getreidefeld
- **8** Haus
- **9** Schwingtor
- **10** Landwirtschaftsbetrieb
- **11** Straße Ffordd Pant
- **12** Gleise

hinauf. Nach dem nächsten Schwingtor folgen wir dem Fußweg rechts nach oben, dann wieder leicht rechts und im Anschluss links über ein **Getreidefeld (7)** in Richtung eines weißen Hauses auf der gegenüberliegenden Seite. Etwa auf halber Strecke über das Feld gehen wir links an einem großen Baum vorbei. Vor dem **Haus (8)** passieren wir das Schwingtor.

Nach etwa 50 Metern auf dem nun asphaltierten Fußweg laufen wir links durch das **Schwingtor (9)** über die Wiese, erneut mit Blick auf einen großen Baum. Wir gehen links am Baum vorbei, folgen dem Fußweg zum nächsten Schwingtor und wandern weiter über die Wiese. Vor einem Schwinggatter, das zu einem **Landwirtschaftsbetrieb (10)** führt, gehen wir rechts und kurz darauf durch das Schwingtor zwischen Sträuchern und Steinmauer und links vorbei an einem Haus. Dem asphaltierten Weg folgen wir für etwa 200 Meter und biegen schließlich links ab in die **Straße Ffordd Pant (11),** die wir nach rund 5 Kilometern erreichen.

Wir überqueren eine Brücke über der Bahnlinie und biegen kurz darauf scharf links ab. Nach dem Schwinggatter gehen wir über die **Gleise (12)** und achten dabei auf Züge, dann nach dem nächsten Schwinggatter nach rechts. Nun wandern wir links der Bahnlinie auf einem von Bäumen und Sträuchern umgebenen, asphaltierten Fußweg, dem wir bis zurück zum **Caernarfon Castle (1)** folgen.

1	**Haupteingang des Caernarfon Castle**	53,13967° N, 4,27686° W
2	**Brücke Pont yr Aber**	53,13914° N, 4,27836° W
3	**Schwingtor**	53,13133° N, 4,30422° W
4	**Tor**	53,12838° N, 4,29903° W
5	**Bauernhof**	53,12631° N, 4,29989° W
6	**Fußweg Cefn Coed Uchaf**	53,12312° N, 4,29594° W
7	**Getreidefeld**	53,12427° N, 4,29041° W
8	**Haus**	53,12458° N, 4,28776° W
9	**Schwingtor**	53,12401° N, 4,28693° W
10	**Landwirtschaftsbetrieb**	53,12539° N, 4,28194° W
11	**Straße Ffordd Pant**	53,12327° N, 4,27819° W
12	**Gleise**	53,12467° N, 4,27520° W

070wa cs

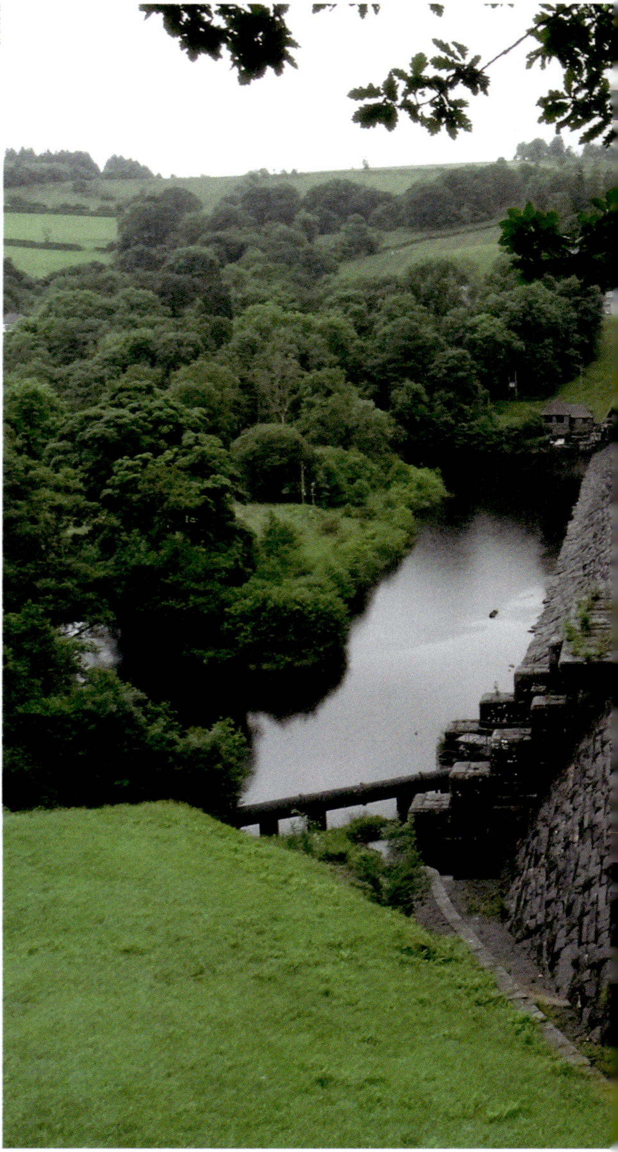

Wanderungen im nördlichen Grenzland

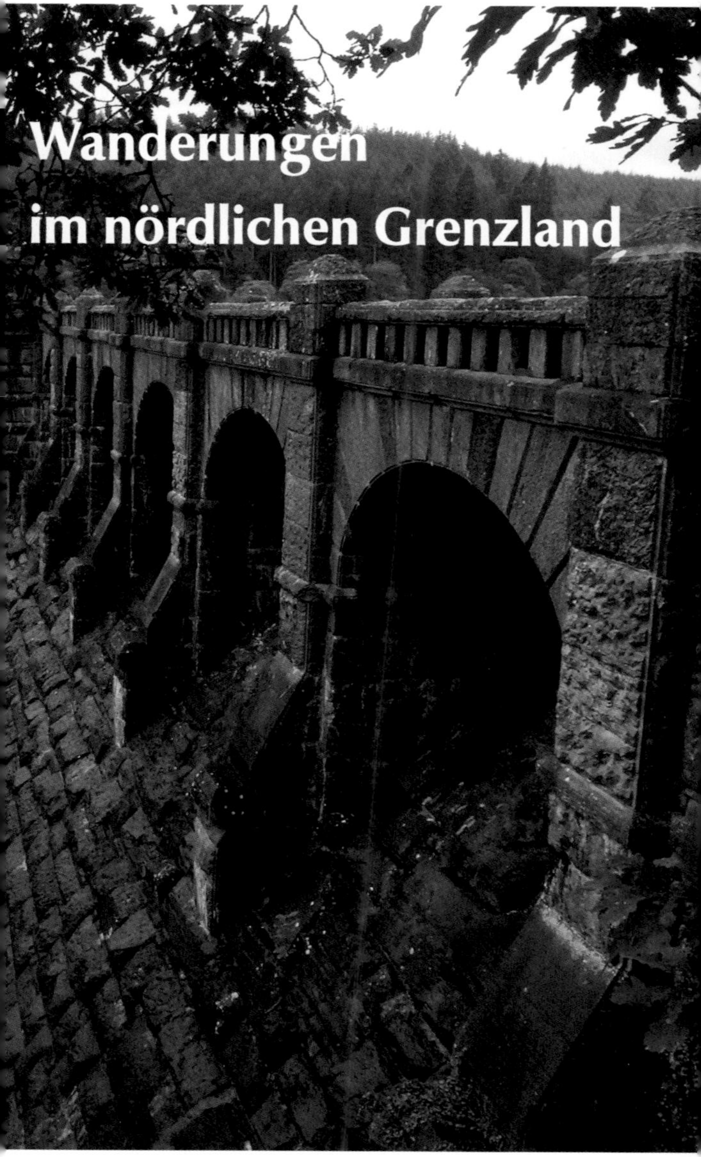

Tour 19 Der Llangollen History Trail

4 Std.
11,7 km
schwer

Eine Wanderung auf dem Llangollen History Trail ist die beste Möglichkeit, die reiche Geschichte der Stadt im Tal des **Dee,** in der jährlich das **International Eisteddfod Festival** stattfindet, zu erkunden.

Vom Stadtzentrum führt die Tour über die **alte Steinbrücke** aus dem Jahr 1347, die zu den Sieben Wundern von Wales gehört, zum **Kanal von Llangollen.** Der 1805 eröffnete Kanal diente einst dazu, Schiefer aus den umliegenden Schieferbrüchen in die Städte nach England zu befördern. Doch mit dem Aufstieg der Eisenbahn geriet diese Transportmöglichkeit allmählich in den Hintergrund. Noch heute können Besucher mit einem von Pferden gezogenen Boot über den Kanal fahren.

Ebenfalls Teil der Tour sind die 1806 vom schottischen Baumeister Thomas Telford konstruierten **Horseshoe Falls.** Das Stauwehr am Fluss Dee sollte die Wasserversorgung des Shropshire Union Canal sichern. Allerdings zog der Kanal so viel Wasser aus dem Fluss, dass einige der lokalen Mühlen aus dem Geschäft verdrängt wurden.

Etwas weiter nördlich befindet sich die **Llantysilio Church** aus dem Jahr 1254, die 1869 von den Viktorianern restauriert wurde. Über den Velvet Hill mit schönem Ausblick auf das Tal des Dee geht es weiter zur **Valle Crucis Abbey.** Die 1201 von den Zisterziensern gegründete Abtei war einst die zweitreichste in Wales und bis zu ihrer Auflösung im Jahr 1537 bewohnt. Nach den Bränden von 1236 musste sie neu aufgebaut werden. Im 18. Jahrhundert wurden die Ruinen als Bauernhof genutzt.

Zum Abschluss führt die Rundwanderung zum **Castle Dinas Bran.** Die 1260 vom walisischen Herrscher Prinz Gruffudd ap Madoc errichtete Burg diente dazu, die strategisch wichtige Strecke durch das Tal des Dee zu bewachen. 1282 wurde die

Wegmarke des Llangollen History Trail

Kapitelstartseite:
Steinbrücke Llanymynech (Tour 21)

Festung jedoch wieder verlassen. Ein paar Jahre später versuchte der walisische Volksheld Owain Glyndwr 1402, Dinas Bran einzunehmen. Heute thronen nur noch die malerischen Ruinen auf dem bereits in der Eisenzeit besiedelten Hügel über Llangollen, von wo aus sich eine wunderschöne Aussicht bietet.

Wer während der Tour hin und wieder aufmerksam nach oben schaut, kann zudem mit etwas Glück einen der großen **Bussarde** bei der Jagd beobachten.

Auf den Spuren der Vergangenheit

Ausgangsort: Llangollen
Ausgangspunkt: Kostenpflichtiger Parkplatz Market Street Car Park (52,96965° N, 3,17192° W; Market Street, Llangollen, Denbighshire LL20 8RB); Bushaltestelle „Market Street Car Park" (Nummer 5 Wrexham – Llangollen, Nummer 5C Wrexham – Llangollen, Nummer 55 Ruthin – Corwen, Nummer 64 Llanarmon DC – Llangollen via Glyn Ceiriog, Chirk, Froncysyllte, Nummer 98 Llangollen – Llangollen via Llantysilio, Nummer T3 Barmouth – Wrexham via Dolgellau, Bala und Nummer X5 Wrexham – Corwen) direkt am Ausgangspunkt

067wa cs

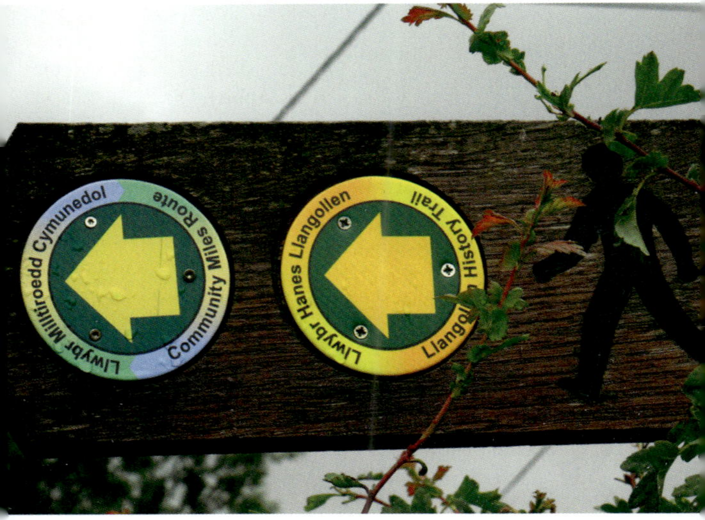

Höhenunterschied: 300 Meter
Gesamtzeit: 4 Stunden
Länge: 11,7 Kilometer
Schwierigkeit: schwer
Karte: OS Explorer 255, OS Landranger 117
Anforderungen: Wanderung auf weitestgehend deutlichen Wegen, weitestgehend markiert, teilweise feucht, Zaunübertritte, Ausdauer erforderlich
Einkehr: The Corn Mill an der alten Steinbrücke, zahlreiche Einkehrmöglichkeiten in Llangollen
Tipp: Valle Crucis Abbey, Castle Dinas Bran und das knapp 7 Kilometer entfernte Pontcysyllte-Aquädukt besichtigen, mit der Llangollen Railway fahren
Kombinationsmöglichkeit: Tour 22 (ca. 40 Kilometer)

Wegbeschreibung

Vom **Parkplatz in Llangollen (1)** gehen wir zunächst auf der Market Street 100 Meter nach rechts und biegen dann links ab in die **Castle Street (2).** Wir laufen vorbei an der Touristeninformation und überqueren den Fluss Dee auf der alten **Steinbrücke (3)** aus dem Jahr 1347, einem der Sieben Wunder von Wales. Hinter der Brücke biegen wir links ab, gehen an der Llangollen Railway Station vorbei und kurz darauf an der Wegmarke des Llangollen History Trail rechts hoch zum **Kanal von Llangollen (4).**

Dort wandern wir auf dem asphaltierten Weg am linken Ufer des

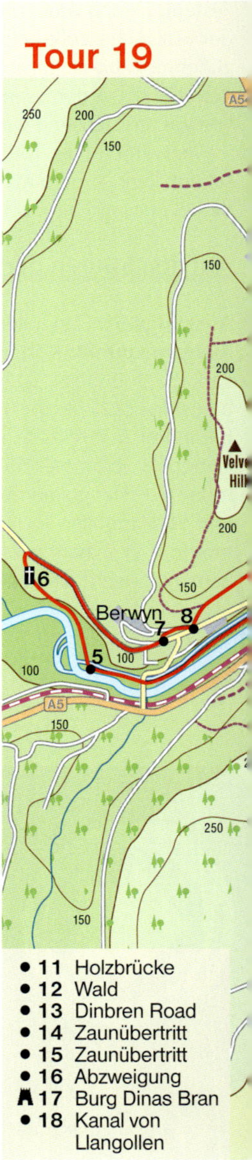

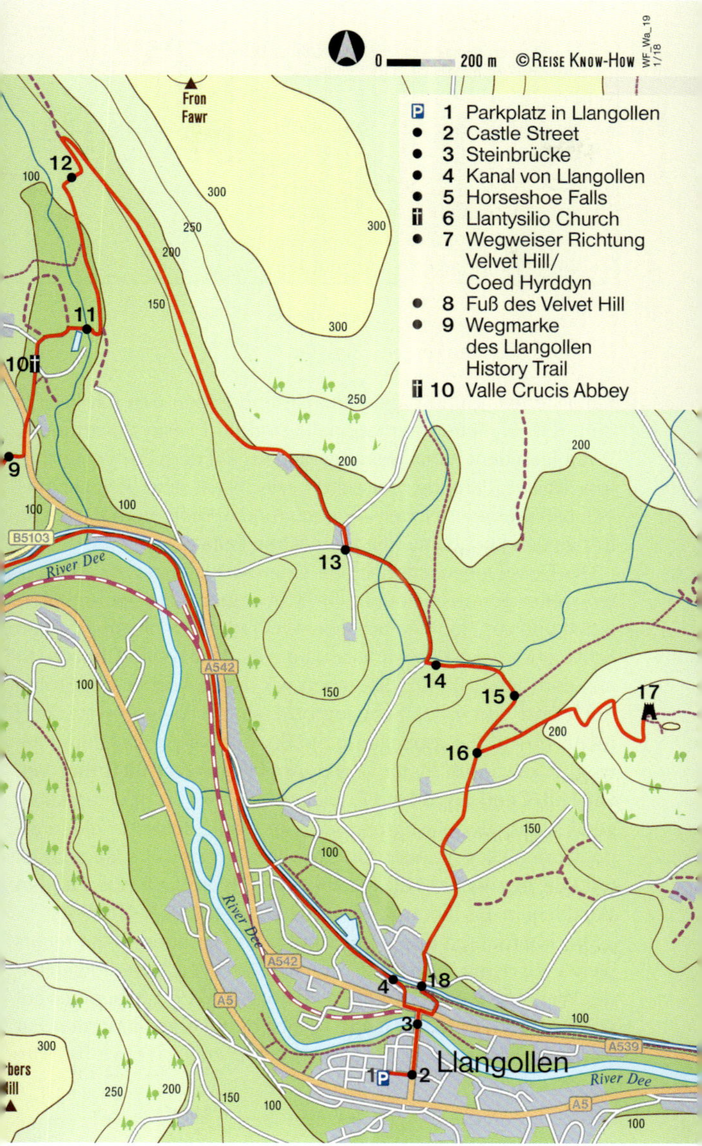
0 200 m
©Reise Know-How
WF_Wa_19 1/18
1 Parkplatz in Llangollen
2 Castle Street
3 Steinbrücke
4 Kanal von Llangollen
5 Horseshoe Falls
6 Llantysilio Church
7 Wegweiser Richtung Velvet Hill/ Coed Hyrddyn
8 Fuß des Velvet Hill
9 Wegmarke des Llangollen History Trail
10 Valle Crucis Abbey
Fron Fawr
River Dee
B5103
A542
A5
A539
Llangollen

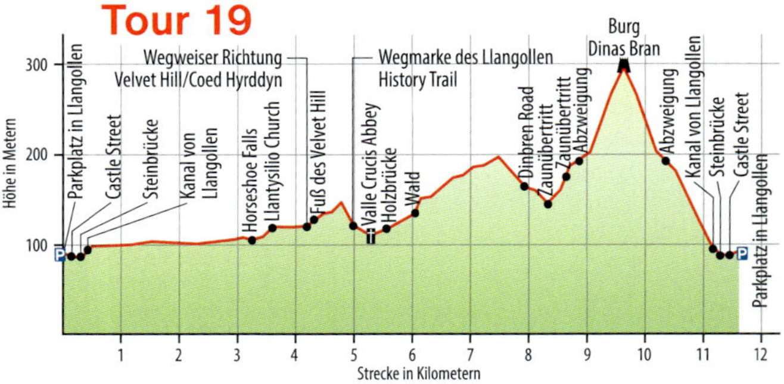

Kanals entlang und passieren währenddessen den Pavilion, in dem das jährliche International Eisteddfod Festival stattfindet. Wir folgen dem Kanal weiter geradeaus auf dem Llangollen History Trail in Richtung Horseshoe Falls. Nach einer langgezogenen Linkskurve erreichen wir nach rund 3 Kilometern die Chain Bridge und kurz darauf die **Horseshoe Falls (5).**

Der Fluss Dee macht dahinter einen Knick nach links. Wir laufen weiter geradeaus durch ein Schwingtor auf einen unbefestigten und von Bäumen umgebenen Pfad. Nach einem weiteren Schwingtor erreichen wir kurz darauf die **Llantysilio Church (6)** aus dem Jahr 1254. Dort gehen wir rechts vorbei, die Stufen hoch und durch das Schwingtor. Dahinter biegen wir scharf rechts ab auf die asphaltierte Straße, der wir parallel zum Hinweg für etwa 600 Meter folgen. Am **Wegweiser Richtung Velvet Hill/Coed Hyrddyn (7)** biegen wir links ab in einen leicht versteckten, unbefestigten Pfad, der wenig später in einen asphaltierten Weg mündet. Dort gehen wir rechts und kurz darauf am **Fuß des Velvet Hill (8)** links die Stufen nach oben in den Wald hinein. Bis hier sind es etwas weniger als 4,5 Kilometer.

Wir überqueren den Zaunübertritt und wandern dann rechts weiter auf dem Höhenweg. Am nächsten Wegweiser folgen wir der **Wegmarke des Llangollen History Trail (9)** (gelber Pfeil auf grünem Hintergrund) nach rechts den Hügel hinunter zur Straße. Dort biegen wir links ab, überqueren nach etwa 100 Metern die Straße und gehen schräg rechts in den Weg hinein zur **Valle Crucis Abbey (10).** Knapp 5,5 Kilometer liegen nun hinter uns.

Hinter der Ruine halten wir uns rechts und laufen rechts am Caravanpark vorbei über die alte **Holzbrücke (11).** Dahinter steigen wir die Stufen nach oben und folgen dem Llangollen History Trail weiter nach links am Rand der Wiese. Wir überqueren den Zaunübertritt und wandern weiter geradeaus zum nächsten Zaunübertritt. Dahinter gehen wir rechts hoch in den **Wald (12)** und biegen kurz nach einer Linkskurve scharf rechts ab Richtung Castell Dinas Brân. Wir folgen dem Weg für etwa 1,5 Kilometer geradeaus und biegen nach einem Schwinggatter rechts in die asphaltierte Straße ab und kurz darauf an der Kreuzung links in die **Dinbren Road (13)** Richtung Llangollen.

068wa cs

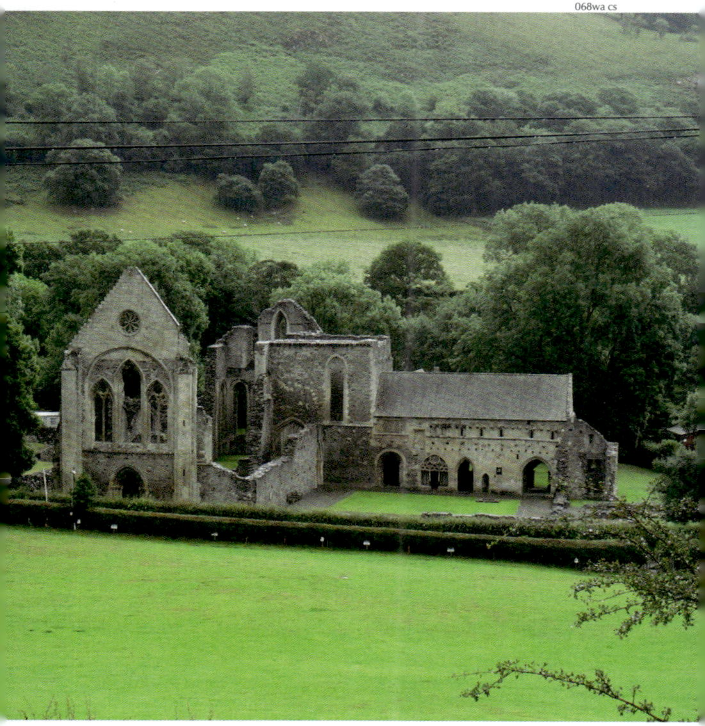

An einer Gabelung halten wir uns rechts und bleiben weiter auf der asphaltierten Straße. Kurz darauf überqueren wir links einen **Zaunübertritt (14)** und wandern über die Kuhweide rechts eines kleinen Bachs. Am Zaun gehen wir rechts nach oben und dann über den **Zaunübertritt (15).** Dahinter laufen wir rechts auf dem grasbewachsenen Weg weiter Richtung Llangollen. Kurz darauf erreichen wir nach knapp 9 Kilometern die **Abzweigung (16)** scharf links hoch zu den Ruinen der **Burg Dinas Bran (17).**

Nach einem Abstecher nach oben kehren wir auf gleichem Weg zur Abzweigung zurück und wandern nun weiter geradeaus auf dem Llangollen History Trail den Hügel hinunter. Hinter einem Schwingtor erreichen wir bald wieder die Stadt. Dort angekommen überqueren wir den **Kanal von Llangollen (18),** gehen dann links und kurz darauf rechts. An der Hauptstraße biegen wir rechts ab und laufen wenige Meter später links erneut über die alte **Steinbrücke (3)** und über die **Castle Street (2)** zurück zum Ausgangspunkt am **Parkplatz in Llangollen (1).**

1	**Parkplatz in Llangollen**	52,96965° N, 3,17192° W
2	**Castle Street**	52,96969° N, 3,17043° W
3	**Steinbrücke**	52,97076° N, 3,17029° W
4	**Kanal von Llangollen**	52,97216° N, 3,17121° W
5	**Horseshoe Falls**	52,98091° N, 3,19890° W
6	**Llantysilio Church**	52,98324° N, 3,20140° W
7	**Wegweiser Richtung Velvet Hill/Coed Hyrddyn**	52,98145° N, 3,19517° W
8	**Fuß des Velvet Hill**	52,98177° N, 3,19421° W
9	**Wegmarke des Llangollen History Trail**	52,98613° N, 3,18857° W
10	**Valle Crucis Abbey**	52,98850° N, 3,18730° W
11	**Holzbrücke**	52,98943° N, 3,18518° W
12	**Wald**	52,99353° N, 3,18575° W
13	**Dinbren Road**	52,98359° N, 3,17345° W
14	**Zaunübertritt**	52,98064° N, 3,16973° W
15	**Zaunübertritt**	52,97975° N, 3,16573° W
16	**Abzweigung**	52,97809° N, 3,16765° W
17	**Burg Dinas Bran**	52,97903° N, 3,16016° W
18	**Kanal von Llangollen**	52,97202° N, 3,17005° W

Tour 20
Powis Castle an der Grenze zu England

1 ¼ Std.
5,4 km
leicht

Diese leichte Rundwanderung führt von der Grenzstadt **Welshpool** zu einem der am besten erhaltenen Herrenhäuser von Wales. Das mittelalterliche **Powis Castle** mit seinen roten Mauern wurde im 13. Jahrhundert aus rotem Sandstein ursprünglich als Ritterburg erbaut, um die Grenze zu England zu schützen. Später wurde sie zum elisabethanischen Herrenhaus umfunktioniert. Die Gärten um die Burg bieten ausreichend Platz für gemütliche Spaziergänge.

Vom Powis Castle geht die Tour weiter zum **Montgomery Canal,** an dem auch der Fernwanderweg **Severn Way** verläuft. Der Kanal ist einer der wichtigsten für die Natur im ganzen Land. Er bietet beste Bedingungen für den Wasserwegerich. Die Naturschutzgebiete rund um den Kanal sind zudem voll von Wildblumen und Insekten. Weit verbreitet ist die Libelle.

Die Tour folgt ein Stück dem **Montgomery Canal Trail** und führt schließlich nach Welshpool zurück zum **Powysland Museum,** einem Museum für Heimatkunde und Archäologie der Region.

Vom Herrenhaus zum Montgomery Canal

Ausgangsort: Welshpool
Ausgangspunkt: Kostenpflichtiger Parkplatz (52,65999° N, 3,14559° W; Church Street, Welshpool, Powys SY21 7DQ) östlich der Touristeninformation (1 Vicarage Gardens, Welshpool, Powys SY21 7DD); Bushaltestelle „Smithfield Car Park" (Nummer 81 Welshpool – Newtown, Nummer 88 Welshpool – Welshpool, Nummer 409 London – Aberystwyth University, Nummer X3 Newtown – Shrewsbury via Welshpool und Nummer X75 Llanidloes – Shrewsbury via Newtown, Welshpool) direkt am Ausgangspunkt
Höhenunterschied: 70 Meter
Gesamtzeit: 1 ¼ Stunden
Länge: 5,4 Kilometer
Schwierigkeit: leicht
Karte: OS Explorer 216, OS Landranger 126

Anforderungen: Wanderung auf deutlichen Wegen, weitestgehend markiert
Einkehr: zahlreiche Einkehrmöglichkeiten in Welshpool (z.B. Restaurant im Royal Oak Hotel)
Tipp: Powis Castle und Powysland Museum besichtigen, mit der Welshpool and Llanfair Light Railway fahren
Kombinationsmöglichkeit: Tour 21 (ca. 35 Kilometer)

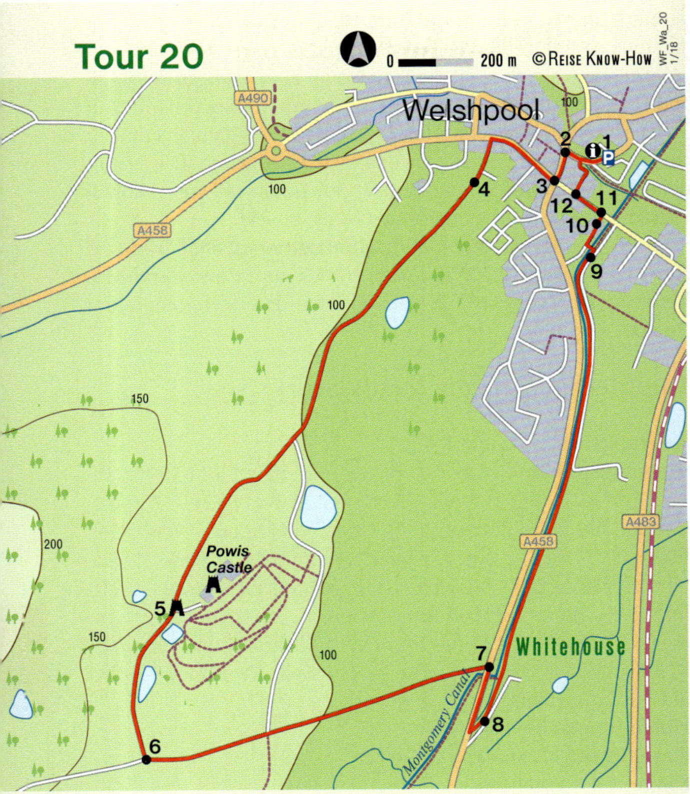

- 1 Parkplatz in Welshpool
- 2 Church Street
- 3 Broad Street
- 4 Powis Castle Parks
- 5 Powis Castle
- 6 Straße Red Lane
- 7 A458
- 8 Montgomery Canal
- 9 Welshpool Town Lock
- 10 Powysland Museum
- 11 Severn Street
- 12 Gasse mit blau-weißer Wand

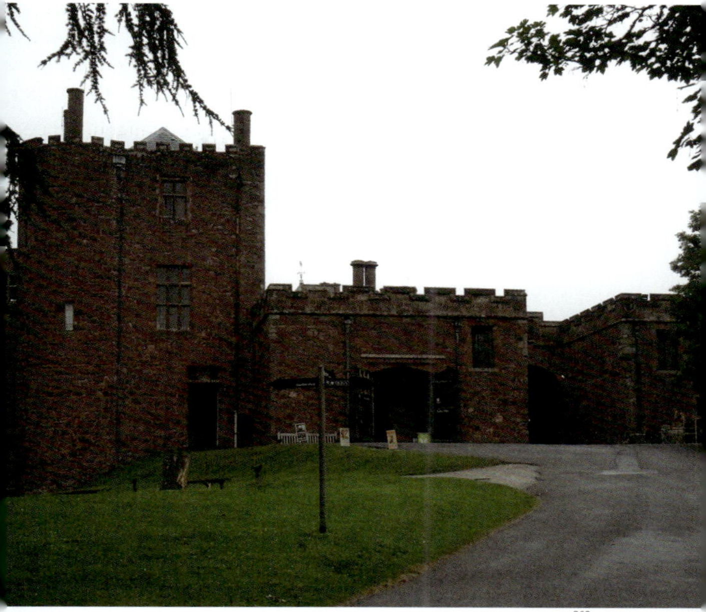
069wa cs

Wegbeschreibung

Vom **Parkplatz in Welshpool (1)** laufen wir zunächst links an der Touristeninformation in der New Road vorbei. An der T-Kreuzung biegen wir links ab in die **Church Street (2)** und kurz darauf rechts in die **Broad Street (3).** Nach etwa 200 Metern gehen wir links in die kleine Straße und durch das Eisentor in die **Powis Castle Parks (4).** Rund 500 Meter liegen nun hinter uns.

Auf dem asphaltierten Weg wandern wir geradeaus durch den Park und erreichen nach etwa 2 Kilometern hinter dem Parkplatz das **Powis Castle (5)** links von uns, das zu einer Besichtigung einlädt.

Powis Castle

Im Anschluss gehen wir weiter geradeaus, dann durch ein Tor und rechts an einem kleinen Teich vorbei. Etwas weiter verlassen wir durch das Tor an der Steinmauer das Gelände von Powis Castle und biegen links ab auf die **Straße Red Lane (6),** der wir einen Kilometer folgen.

Im Anschluss überqueren wir die **A458 (7)** und wandern rechts weiter. Nach etwa 200 Metern gehen wir links durch das Schwinggatter und folgen dem Montgomery Canal Trail rechts am **Montgomery Canal (8)** entlang zurück Richtung Welshpool. Nach einigen Metern erreichen wir das Naturschutzgebiet Whitehouse und nach knapp 1,5 Kilometern die **Welshpool Town Lock (9),** wo wir über die kleine Brücke und dann rechts weiter zum **Powysland Museum (10)** gehen. Hinter dem Museum biegen wir links ab in die **Severn Street (11)** und etwa 100 Meter weiter rechts in eine schmale überdachte **Gasse mit blau-weißer Wand (12).** Nach einer Linkskurve kehren wir rechts zum **Parkplatz in Welshpool (1)** zurück.

1	**Parkplatz in Welshpool**	52,65999° N, 3,14559° W
2	**Church Street**	52,66025° N, 3,14677° W
3	**Broad Street**	52,65961° N, 3,14717° W
4	**Powis Castle Parks**	52,65965° N, 3,15038° W
5	**Powis Castle**	52,64946° N, 3,16265° W
6	**Straße Red Lane**	52,64556° N, 3,16394° W
7	**A458**	52,64779° N, 3,15005° W
8	**Montgomery Canal**	52,64639° N, 3,15032° W
9	**Welshpool Town Lock**	52,65782° N, 3,14577° W
10	**Powysland Museum**	52,65848° N, 3,14553° W
11	**Severn Street**	52,65880° N, 3,14543° W
12	**Gasse mit blau-weißer Wand**	52,65931° N, 3,14640° W

Tour 21
Skulpturen am Lake Vyrnwy

¾ Std.
2,4 km
leicht

Der **Lake Vyrnwy** war einer der ersten Seen in Wales, die als Reservoir für die Wasserversorgung der englischen Stadt Liverpool künstlich errichtet wurden. Dennoch gilt er als der wohl schönste See im Land. Am Ende des 19. Jahrhunderts wurde der Ort Llanwddyn geflutet, der 6,5 Kilometer lange Lake Vyrnwy entstand. Wenn der Wasserspiegel im Sommer sinkt, kommen die Ruinen zum Vorschein. Eine Straße führt auf 18 Kilometern einmal um den malerischen See herum. Baden ist leider verboten.

Die **Brücke Llanymynech** am südlichen Ufer stammt aus dem Jahr 1826 und bietet eine herrliche Aussicht aufs Wasser.

Diese leichte Rundwanderung führt vom Parkplatz am RSPB Visitor Centre über die Llanymynech in den alten Skulpturenpark zwischen See und dem Fluss Vyrnwy.

Der wohl schönste See in Wales

Ausgangsort: Llanwddyn
Ausgangspunkt: Kostenloser Parkplatz (52,76023° N, 3,45837° W) schräg gegenüber dem RSPB Visitor Centre (B4393, Oswestry, Powys SY10 0LZ); Bushaltestelle „Lake Vyrnwy Dam“ (Nummer T82 Lake Vyrnwy – Oswestry) wenige Meter nördlich des RSPB Visitor Centre
Höhenunterschied: 30 Meter
Gesamtzeit: ¾ Stunde
Länge: 2,4 Kilometer
Schwierigkeit: leicht
Karte: OS Explorer 239, OS Landranger 125
Anforderungen: Wanderung auf deutlichen Wegen, weitestgehend markiert
Einkehr: The Old Barn Cafe (nur im Sommer) wenige Meter südlich des Ausgangspunkts, Artisans Coffee Shop am Ausgangspunkt
Tipp: Fahrrad ausleihen und einmal um den See fahren
Kombinationsmöglichkeit: Tour 20 (ca. 35 Kilometer)

Wegbeschreibung

Wir verlassen den **Parkplatz (1)** Richtung Norden und wandern nachdem wir das **RSPB Visitor Centre (2)** passiert haben rechts über die alte **Steinbrücke Llanymynech (3)** am südlichen Ufer des Sees. Hier genießen wir die wunderschöne Aussicht auf den malerischen Lake Vyrnwy.

Nach der Brücke gehen wir scharf rechts durch das Schwingtor und die **Stufen (4)** hinunter. Unten laufen wir nach rechts, dann links über die Brücke, um den **Fluss Vyrnwy (5)** zu überqueren. Nun erreichen wir den **Skulpturenpark (6).** Bis hier sind es etwa 700 Meter.

An der ersten **Gabelung (7)** halten wir uns links und folgen dem kurvenreichen Schotterweg. An der **T-Kreuzung (8)** sehen wir den Fluss Vyrnwy vor uns. Wir wandern rechts weiter, um unsere Runde durch den Skulpturenpark fortzusetzen. Wieder an der **Gabelung (7)** am Anfang des Skulpturenparks angekommen gehen wir nun rechts und erneut den kurvenreichen Schotterweg entlang bis zur **T-Kreuzung (8)** am Fluss Vyrnwy. Rund 1,7 Kilometer liegen nun hinter uns.

Dieses Mal wandern wir links weiter und laufen dann kurz darauf nach dem Schwingtor rechts über die **Brücke (9).** Am Wegweiser biegen wir rechts ab Richtung Visitor Facilities/Cyfleusterau i ymwelwyr und gehen wenig später an der Gabelung rechts in den **Pfad mit Holzgeländer (10)** zum Fluss hinunter. Wir wandern ein Stück am Ufer entlang, biegen anschließend am **Parkplatz (11)** links ab und laufen kurz darauf rechts zurück zum **Parkplatz (1)** am Ausgangspunkt der Wanderung.

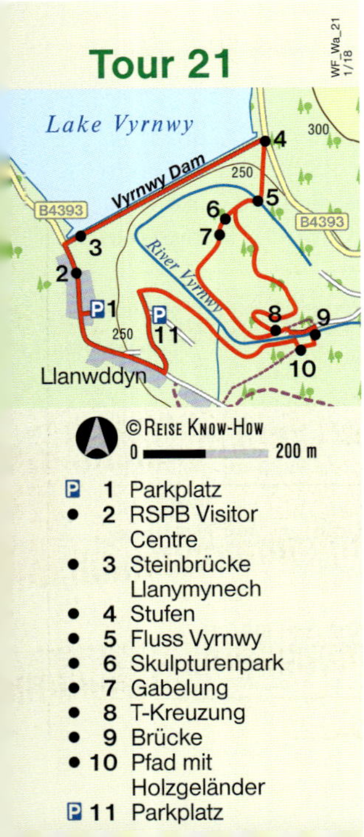

Steinbrücke Llanymynech

1	**Parkplatz**	52,76023° N, 3,45837° W
2	**RSPB Visitor Centre**	52,76065° N, 3,45862° W
3	**Steinbrücke Llanymynech**	52,76133° N, 3,45861° W
4	**Stufen**	52,76267° N, 3,45413° W
5	**Fluss Vyrnwy**	52,76184° N, 3,45445° W
6	**Skulpturenpark**	52,76155° N, 3,45495° W
7	**Gabelung**	52,76139° N, 3,45498° W
8	**T-Kreuzung**	52,75986° N, 3,45377° W
9	**Brücke**	52,75998° N, 3,45289° W
10	**Pfad mit Holzgeländer**	52,75964° N, 3,45316° W
11	**Parkplatz**	52,76009° N, 3,45652° W

066wa cs

Tour 22
Am Ufer des Llyn Brenig

1½ Std.
6,3 km
leicht

Der See **Llyn Brenig** ist eines der größten Wasserreservoire in Wales. Die Umgebung ist geprägt von Heide- und Moorland sowie einigen Wäldern. Als eine der beliebtesten Wanderregionen im Norden von Wales umfasst sie mehrere Touren mit spektakulären Aussichten auf den See und die Hügel der **Clwydian Range** im Osten. Mit etwas Glück erhascht man bei einem Rundgang am frühen Morgen einen Blick auf einen Hirsch.

Die **Rundwanderung** beginnt am Visitor Centre des Llyn Brenig und führt zunächst vom See weg ins offene Weideland, wo sich zahlreiche Schafe tummeln. Von dort geht es weiter in einen Wald etwas oberhalb des Sees und schließlich am Ufer mit tollem Blick zurück zum Ausgangspunkt.

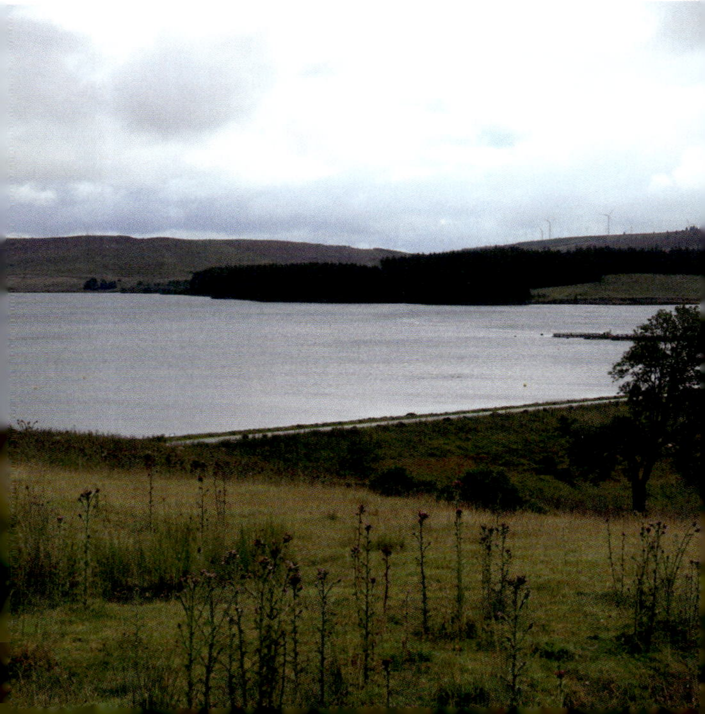

Wald und Weide im Osten der Clwydian Range

Ausgangsort: Llyn Brenig
Ausgangspunkt: Kostenpflichtiger Parkplatz (53,08008° N, 3,54324° W) am Llyn Brenig Visitor Centre (Cerrigydrudion, Conwy LL21 9TT)
Höhenunterschied: 100 Meter
Gesamtzeit: 1½ Stunden
Länge: 6,3 Kilometer
Schwierigkeit: leicht
Karte: OS Explorer 264, OS Landranger 116
Anforderungen: Wanderung auf deutlichen Wegen, teilweise nicht markiert

Blick auf Llyn Brenig

071wa cs

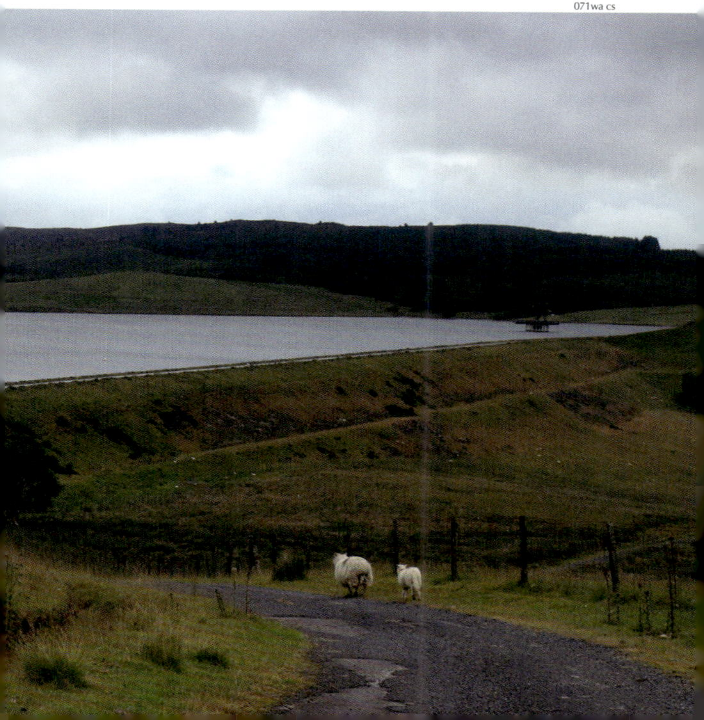

Einkehr: Café im Llyn Brenig Visitor Centre
Kombinationsmöglichkeit: Tour 6 (ca. 30 Kilometer), Tour 9 (ca. 35 Kilometer), Tour 19 (ca. 40 Kilometer)

Wegbeschreibung

Am **Parkplatz am Visitor Centre (1)** des Llyn Brenig gehen wir links in den schmalen Schotterpfad Richtung Süden und folgen dem Lwybr Brenig Trail (weiße Wegmarke auf blauem Holzpfosten). Wir laufen an weiteren **Parkplätzen (2)** vorbei geradeaus und dann durch ein Schwingtor weiter bis zum südlichen Ende des Sees. Am Wegweiser an der **T-Kreuzung (3)** biegen wir rechts ab und folgen dem Taith Cylch Circular Trail. Nach einem **Schwinggatter (4)** biegen wir an der Kreuzung links ab und verlassen damit den Taith Cylch Circular Trail. Dem Schotterweg folgen wir für etwa einen Kilometer leicht bergab und gehen anschließend an der nächsten **Gabelung (5)** links hoch durch das Schwinggatter. Bis hier sind es knapp 2 Kilometer.

Der Weg steigt nun wieder etwas an und macht hinter dem kleinen Waldstück einen Schwenker nach rechts. Wir folgen

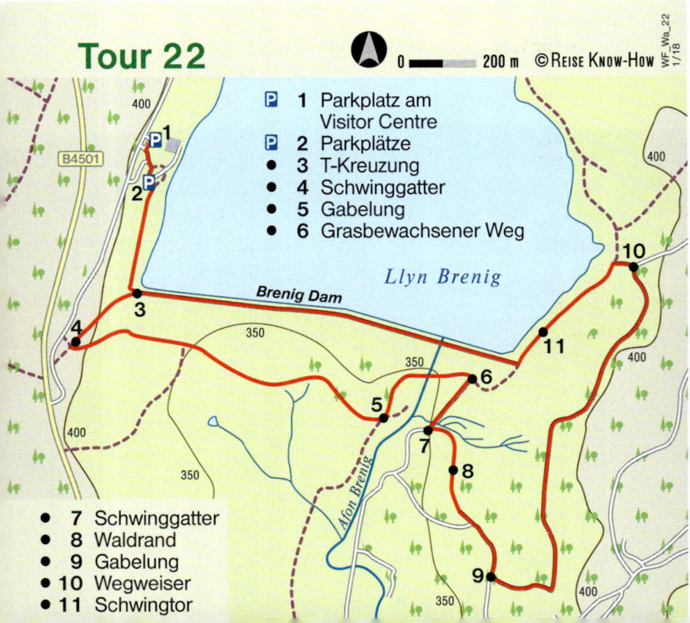

dem Weg nicht ganz hoch zurück auf die Höhe des Sees, sondern biegen bei der nächsten Gelegenheit rechts ab in einen **grasbewachsenen Weg (6)** mit kleinen Steinmauern auf beiden Seiten. Nach etwa 200 Metern gehen wir links hoch durch das **Schwinggatter (7)** und laufen über die Wiese in einer leichten Rechtskurve zum **Waldrand (8),** den wir nach rund 2,5 Kilometern erreichen.

Dort gehen wir durch ein weiteres Schwinggatter hinein in den Wald. An der nächsten **Gabelung (9)** halten wir uns links und folgen dem Schotterweg für etwa 200 Meter leicht nach oben. Dann laufen wir wieder links und wandern auf dem Schotterweg für etwas mehr als einen Kilometer. Am **Wegweiser (10)** biegen wir links ab Richtung Visitor Centre/Canolfan Ymwelwyr. Etwas mehr als 4 Kilometer liegen nun hinter uns.

Kurz darauf verlassen wir den Wald, gehen nach links und wandern am Ufer des Sees weiter. Kurz nach dem **Schwingtor (11)** biegen wir rechts ab auf den Weg parallel zum Südende des Sees, an dessen Ende wir wieder den Hinweg erreichen und zum Ausgangspunkt am **Parkplatz am Visitor Centre (1)** des Llyn Brenig zurückkehren.

1	**Parkplatz am Visitor Centre**	53,08008° N, 3,54324° W
2	**Parkplätze**	53,07945° N, 3,54323° W
3	**T-Kreuzung**	53,07611° N, 3,54413° W
4	**Schwinggatter**	53,07476° N, 3,54670° W
5	**Gabelung**	53,07276° N, 3,53272° W
6	**Grasbewachsener Weg**	53,07379° N, 3,52884° W
7	**Schwinggatter**	53,07244° N, 3,53089° W
8	**Waldrand**	53,07107° N, 3,52980° W
9	**Gabelung**	53,06863° N, 3,52792° W
10	**Wegweiser**	53,07675° N, 3,52155° W
11	**Schwingtor**	53,07493° N, 3,52571° W

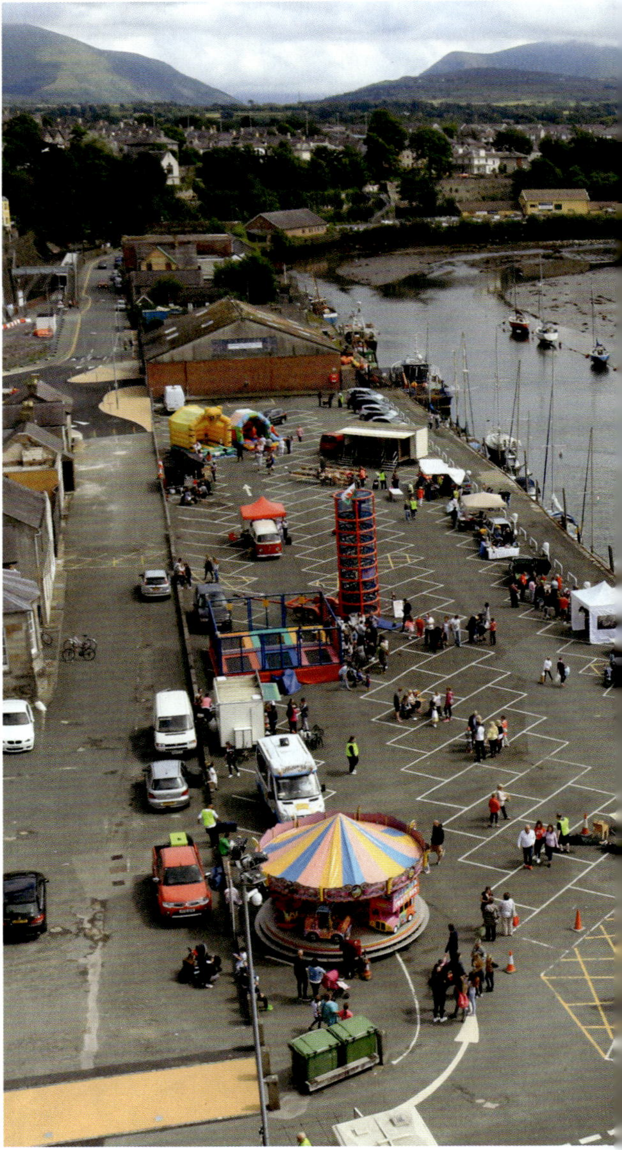

072wa cs

Anhang

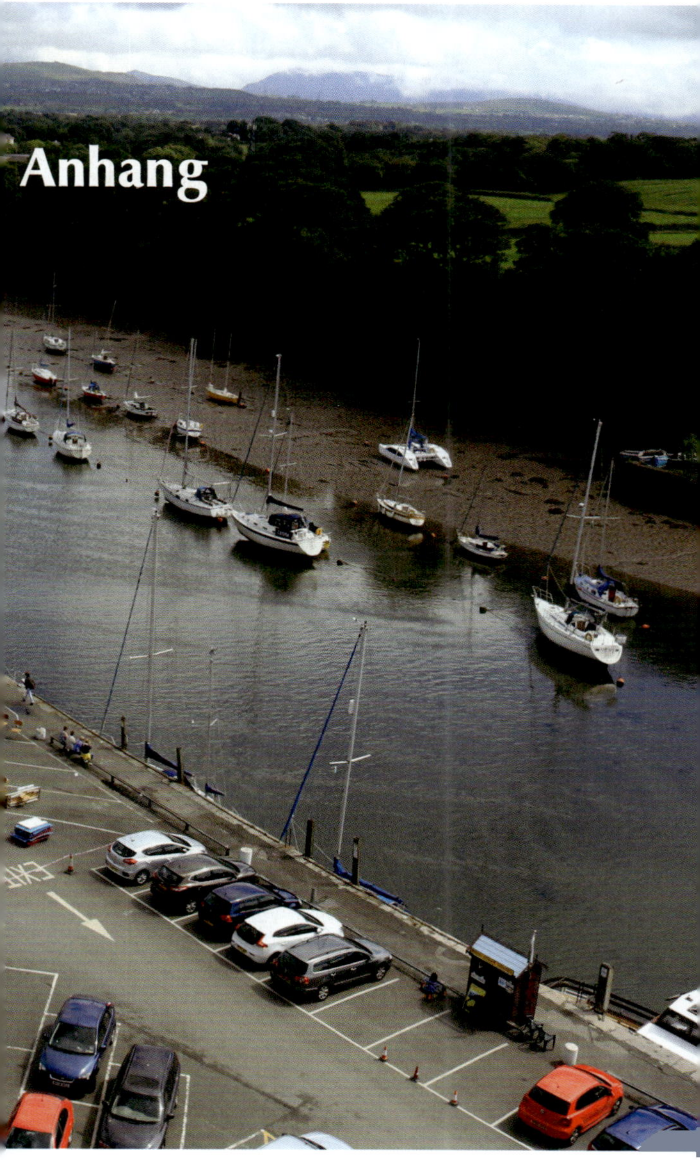

Kleine Sprachhilfe Deutsch – Englisch – Walisisch

Wales ist ein zweisprachiges Land. Während Englisch überall im Land gesprochen wird, ist immerhin fast ein Fünftel der Bevölkerung der walisischen Sprache mit den zwei „ll“ am Wortanfang mächtig. Als wesentlichen Bestandteil findet man das doppelte „ll“ unter anderem in Ortsnamen (z.B. Llandudno oder Llangollen). Zudem kommen in den walisischen Varianten von Ortsnamen oder Regionen häufig geografische Bezeichnungen vor (z.B. Betws-y-Coed = Kapelle des Waldes).

Wer mehr über die keltische Sprache lernen möchte, kann einen Blick in den **Kauderwelsch-Band „Walisisch – Wort für Wort“** (Band 153) des Reise Know-How Verlags werfen und den Aussprache-Trainer auf Audio-CD oder als mp3-Download hören.

Englisch und Walisisch für Wanderer

Deutsch – Englisch – Walisisch
Bach – *brook, stream* – *nant* [nant]
Berg – *mountain* – *mynydd* [mönith]
Bergrücken – *ridge* – *cefn* [kewn]
Brunnen – *well, fountain* – *ffynnon* [fönon]
Brücke – *bridge* – *pont* [pont]
Burg – *castle* – *castell* [kastehl]
Busch – *bush* – *llwyn* [hluin]
Dorf – *village* – *pentref* [pentre]
Durchgang – *passage, pass* – *bwlch* [bulch]
Dünen – *warren* – *tywyn* [töwin]
Einzäunung – *enclosure* – *clostir* [klostir]
Feld – *field* – *ma* [ma], *maes* [meis], *cae* [kae]
Felsen – *rock, crag* – *craig* [kreig]
Fluss – *river* – *afon* [awon]

Kapitelstartseite:
In Caernarfon fallen die Boote trocken

Flussmündung – *estuary* – *aber* [aber]
Fontäne – *spout* – *pistyll* [pistihl]
Fort – *fort* – *caer* [kaer]
Gebirge – *mountains* – *mynyddoedd* [mönötheuth]
Gebirgskette – *(mountain) range* – *cadwyn o fynyddoedd* [kadwin o wönötheuth]
Gefälle – *slope* – *rhiw* [hriu]
Gemeinde – *community* – *llan* [hlan]
Gipfel – *peak, summit* – *ban* [ban], *pen* [pen]
Grab – *grave* – *bedd* [beeth]
Hafen – *port, harbour* – *porth* [por]
Hang – *hillside* – *bron* [bron]
Haus – *house* – *ty* [tii]
Herrenhaus – *manor house, mansion* – *plas* [plaas]
Hof – *courtyard, farm* – *llys* [hlis]
Höhle – *cave* – *ogof* [ogo]
Hügel – *hill* – *bryn* [brin], *allt* [ahlt]
Insel – *island* – *ynys* [önis]
Kahler Gipfel – *bald peak* – *moel* [meul]
Kamm – *ridge* – *crib* [kriib], *trum* [trim]
Kapelle – *chapel* – *betws* [betus]
Karte – *map* – *map* [map]
Kein Zugang – *no access* – *dim mynediad* [dim mönediad]
Kirche – *church* – *llan* [hlan], *capel* [kapel]
Klettern – *scramble* – *dringo* [dringo]
Kreuz – *cross* – *croes* [kreus]
Küste – *coast* – *arfordir* [arwordir]
Küstenpfad – *coast(al) path* – *llwybr (yr) arfordir* [hluibr (ör) arwordir]
Meer – *sea* – *môr* [moor]
Moor – *bog, moor* – *rhos* [hros], *gwaun* [gwein]
Moorland – *moorland* – *morfa* [morwa]
Mühle – *mill* – *melin* [melin]
Mündung – *estuary* – *aber* [aber]
Nacht – *night* – *nos* [nos]
Nationalpark – *national park* – *parc cenedlaethol* [park kenedläithol]
Ort – *small town* – *tre* [tree]
Öffentlicher Fußweg – *public footpath* – *llwybr cyhoeddus* [hluibr köhoithis]
Palast – *palace* – *plas* [plaas]

Pass – *pass* – *bwlch* [bulch]
Pfad – *path* – *llwybr* [hluibr]
Privat – *private* – *preifat* [präiwat]
Pub – *pub* – *tafarn* [tawarn]
Quelle – *well* – *ffynnon* [fönon]
Schloss – *castle* – *castell* [kastehl]
Schlucht – *gorge* – *ceunant* [käinant]
Schwinggatter – *kissing gate* – *gât fochyn* [gaat wochin]
See – *lake* – *llyn* [hlin]
Spitze – *peak, top* – *pig* [piig], *pen* [pen], *blaen* [blein]
Stadt – *city* – *tre* [tree]
Steigung – *gradient* – *rhiw* [hriu]
Stein – *stone* – *maen* [mein], *carreg* [karreg]
Steinbruch – *quarry* – *chwarel* [chwarel]
Steine – *stones* – *meini* [mäini], *cerrig* [kerrig]
Steinhaufen – *cairn* – *carn* [karn]
Stirnseite – *face side* – *tal* [tal]
Strand – *beach* – *traeth* [treith], *glan* [glan]
Sumpf – *bog, swamp, marsh* – *cors* [kors]
Tal – *vale, valley* – *cwm* [kum], *dyffryn* [döfrin]
Teich – *pool* – *pwll* [puhl]
Thron – *throne* – *cadair* [kadeir]
Ufer – *shore* – *glan* [glan]
Wald – *forest, wood* – *coed* [keud], *coedwig* [keudwig], *fforest* [forest]
Wandern – *walking* – *cerdded* [kerthed], *crwydro* [kruidro]
Wanderer/-in – *walker* – *cerddwr* [kerthur], *cerddwraig* [kerthwreig]
Wasserfall – *waterfall* – *rhaeadr* [hreiadr]
Weg – *path* – *llwybr* [hluibr]
Wegweiser – *signpost* – *arwydd* [arwith]
Zaunübertritt – *stile* – *camfa* [kamwa]

Gruß- und Höflichkeitsformen

Deutsch – Englisch – Walisisch
Danke – *thanks* – *diolch* [djolch]
Das ist – *this is* – *dyma* [döma]
Entschuldigung – *sorry* – *esgusodwch fi* [edgisoduch wi]
Guten Morgen – *good morning* – *bore da* [bore da]
Gute Nacht – *good night* – *nos da* [nos da]

Guten Tag – *good afternoon* – *prynhawn da* [prönhaun da]
Hallo – *hello* – *shwmae* [schumei]
Ich bin ... – *I am ...* – *... dw i* [du i]
Ich komme aus Deutschland/Österreich/der Schweiz – *I'm from Germany/Austria/Switzerland* – *Dw i'n dod o'r Almaen/o Awstria/o'r Swistir* [du in dood or almein/o austria/or swistir]
Prost – *cheers* – *lechyd da* [jechid da]
Sehr gut – *very good* – *da iawn* [daa jaun]
Tschüss – *bye bye* – *hwyl* [huil]
Willkommen – *welcome* – *croeso* [kreuso]

Orientierung und Hilfe

Deutsch – Englisch – Walisisch
Ich habe mich verlaufen – *I'm lost* – *Dw i wedi mynd ar goll* [du i wedi mind ar gohl]
Wo ist ...? – *Where is ...?* – *Ble mae ...?* [ble maa]
Haben Sie ...? – *Do you have ...?* – *Oes ... gyda chi?* [eus ... göda chi]
Ja/Nein – *yes/no* – *oes* [eus]/*nac oes* [nak eus]
Hilfe! – *Help!* – *Cymorth!* [kömorth]
Handy – *mobile phone* – *ffôn symudol* [foon sömidol]
Pflaster – *plaster* – *plastr* [plaster]
Verband – *bandage* – *rhwymyn* [hruimin]
Ich habe ... verletzt – *I've hurt ...* – *Dw i wedi brifo ...* [du i wedi briwo]
Mein Bein – *my leg* – *fy nghoes i* [föng hois i]
Meinen Fuß – *my foot* – *fy nhroed i* [fön hreud i]
Meinen Knöchel – *my ankle* – *fy ffêr i* [fö feer i]

Weitere Titel

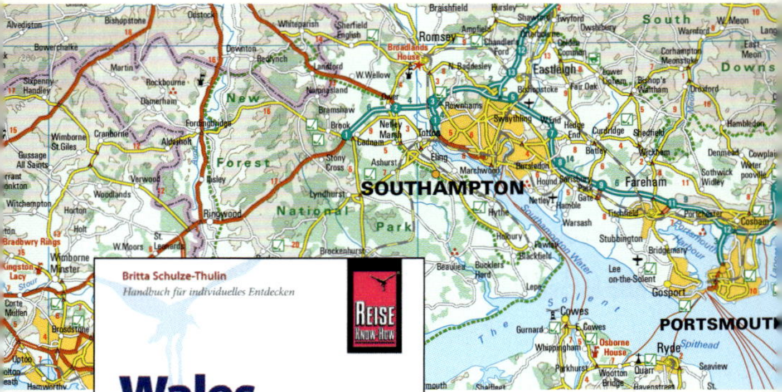

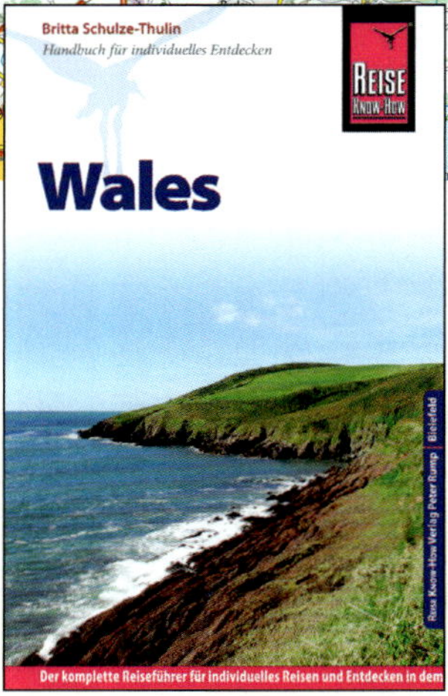

Reiseführer
Wales
ISBN 978-3-8317-2925-8
€ 22,50 [D]

- Aktuelle Reise- und wichtige Hintergrundinformationen
- Kartenmaterial: Übersichtskarten, Stadtpläne, Ortskarten
- Empfehlenswerte Unterkünfte
- Exkurse zu landesspezifischen Themen
- Kleine Sprachhilfe Walisisch
- Alle walisischen Ortsnamen auch in Lautschrift

Ortsregister

Ortsnamen in Wales gibt es häufig sowohl in englischer als auch in walisischer Sprache, wobei beide Varianten oftmals stark voneinander abweichen. Sofern sich die Namen unterscheiden, steht im Ortsregister die walisische Variation an zweiter Stelle.

Kartenverzeichnis

Übersichtskarten

Wanderkarten

Die Autorin

Christina Schneider, 1988 in Frankfurt am Main geboren, studierte Sportwissenschaften und Betriebswirtschaftslehre an der Goethe-Universität Frankfurt am Main sowie Technische Redaktion und Multimediale Dokumentation an der Technischen Hochschule Mittelhessen. Nach ihrem Masterabschluss war sie zunächst als Technische Redakteurin im Softwarebereich angestellt, bevor sie sich als Reisejournalistin, Technische Redakteurin und Übersetzerin selbstständig gemacht hat (www.schneider-schreibt.de). Von ihren Reisen in mittlerweile 20 Länder berichtet sie zudem auf ihrem eigenen Blog (www.triptotheplanet.de).

Die leidenschaftliche Fotografin begeistert sich seit jeher für alte Burgen und ist regelmäßig zu Fuß in der Natur unterwegs. Während ihrer ersten Reise nach Schottland hat sie ihr Herz an Großbritannien verloren. Mit ihren Wanderungen durch die spektakuläre Landschaft im Norden von Wales erfüllte sie sich einen großen Traum und möchte ihre Begeisterung für das keltische Land in ihrem Wanderführer teilen.

Danksagung

Ich danke meiner Familie für die große Unterstützung, die ich seit jeher erfahren darf und dafür, dass ich durch ihren bedingungslosen Rückhalt meine Leidenschaft zum Beruf machen konnte.

100wa cs

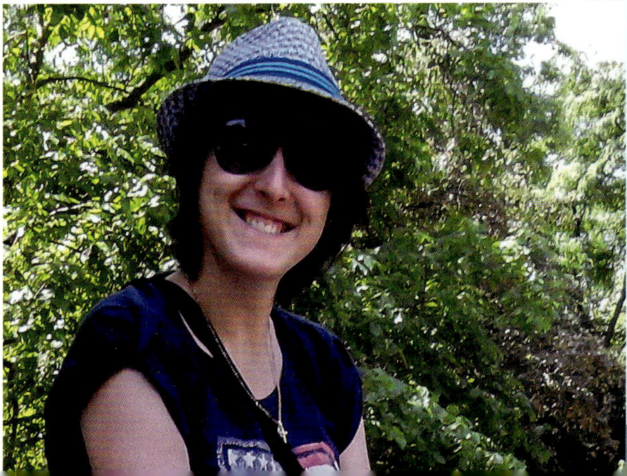